Christa Keding-Pütz
Gesund durch analytische Kinesiologie

Von Christa Keding-Pütz ist bei Jopp/Oesch lieferbar:

Gesund durch psychologische Kinesiologie
Die Kraft der Psyche als Tür zur Heilung
2. Auflage, 148 Seiten
ISBN 3-89698-115-3

Christa Keding-Pütz

Gesund durch analytische Kinesiologie

Der Muskeltest als Brücke zu ganzheitlicher Heilung

Jopp
Oesch

Die Deutsche Bibliothek – CIP-Einheitsaufnahme

Keding-Pütz, Christa:
Gesund durch analytische Kinesiologie : der Muskeltest als Brücke zu ganzheitlicher Heilung / Christa Keding-Pütz – 3. Aufl. – Zürich : Jopp bei Oesch, 2000
ISBN 3-89698-112-9

3. Auflage 2000

Umschlaggestaltung: Kreativ Design Gerd Aumann, Wiesbaden
Zeichnungen: Brigitte Braun-Dähler, Bad Schwalbach
Druck und Bindung: Druckerei Fritz Steinmeier, Nördlingen
Printed in Germany

ISBN 3-89698-112-9

Gern senden wir Ihnen unser Verlagsverzeichnis:
Oesch Verlag, Jungholzstraße 28, 8050 Zürich
E-Mail: info@oeschverlag.ch
Telefax 0041/1 305 70 66 (CH: 01/305 70 66)

Unser Buchprogramm finden Sie im Internet unter:
www.oeschverlag.ch

Inhaltsverzeichnis

Einführung
Der Muskeltest – ein Wunder? ... 9
Warum dieses Buch? ... 10
Was bietet Ihnen dieses Buch? ... 13
Unser Weg zur Kinesiologie ... 14
Geschichte der Kinesiologie ... 19
Weshalb gerade Muskeltest? ... 22

Grundlagen des Muskeltests ... 25

Der Muskeltest praktisch ... 28
Sinnesreiz und Muskelreaktion ... 30
Objektive Nachweise ... 31
Adaptation ... 33
Hören, riechen, schmecken ... 35
Der Lügendetektor ... 36
    Die Bewußtseinspyramide ... 36
Substanztestungen ... 39
Varianten des Muskeltests ... 41
    Armlängentest ... 41
    Eigentests ... 42
    Zu guter Letzt: der Surrogattest ... 45
Was tun, wenn es nicht klappt? ... 49
    Testtechnik ... 50
    Wassermangel ... 51
    Die Blockade ... 52
    Das „Switching“ ... 53
    Erwartungshaltung ... 54

Der analytische Test ... 57
Alarmpunkte ... 58
Lage der Alarmpunkte ... 59
Die Sonderpunkte ... 62
Thymusdrüse ... 62
Weitere Sonderpunkte ... 63
Andere Bezugssysteme des Muskeltests ... 64
Die Da-wo's-Methode (der Zonentest) ... 64
Verbales Testen ... 65
Die Modi (Modalitäten) ... 66
Zuordnung der Modalitäten ... 69
Strukturelle Krankheitsursachen ... 71
Funktionelle Krankheitsursachen ... 73
Die Nosoden ... 74
.... Grundgedanken zur Homöopathie ... 75
.... Differenzierung der Nosoden ... 77
.... Verbale Differenzierungen ... 82
Der Substanztest ... 85
.... Energie ab- und aufbauen ... 85
.... Die Wirkung von Substanzen auf Alarmpunkte ... 86
.... Mentale Vorgaben ... 88
.... Einnahmeempfehlungen ... 92
.... Der Allergie- bzw. Belastungstest ... 93
.... Testkontakt und Testbehältnis ... 96
Emotionale Ursachen im Krankheitsgeschehen ... 99
Energetische (elektrische) Krankheitsursachen ... 105
Narben als Störfelder ... 106
.... Narbenentstörungen ... 111
Zähne als Störfelder ... 113
Externe Störfelder ... 115
.... Nachweis einer elektromagnetischen Zone ... 121
.... Was tun? ... 124
.... Symptomatische Behandlung ... 125
Weitere energetische Störungen ... 127

Weitere Testmöglichkeiten ... 130
Allopathischer Medikamententest ... 131
Verbale Differenzierung von Therapiewegen ... 133

Heilungsgeschichten ... 135

Glaubenskriege? ... 147
Amalgam ist nur im Abwasser giftig ... 147
Modekrankheit Mykose? ... 151
Krankmachende Vorbeugung ... 153
Streß mit dem Elektrostreß ... 157
1001 Ernährungslehren? ... 160

Die Perspektive des Muskeltests ... 164

Glossar ... 176

Literatur ... 177

Register ... 179

Einführung

Der Muskeltest – ein Wunder?

Oder: Die Faszination des Einfachen

Jan Philipp ist ein Kind des analytischen Muskeltests. Im wörtlichen Sinne. Seine Eltern hatten eine wahre Odyssee hinter sich, da ihr Kinderwunsch unerfüllt blieb trotz langer Hormonbehandlungen, „Liebe nach Plan", wiederholter künstlicher Insemination. Ein letzter, eher halbherziger Versuch war eine Konsultation in meiner Praxis.
Es war geradezu erschreckend einfach: Über einen einfachen Test von Muskelreaktionen stellte sich heraus, daß beide Ehepartner unter einer chronischen Störung des Immunsystems litten mit Auswirkung auf den Hormonhaushalt. In beiden Fällen war ein alltägliches Virus, nämlich das der Windpocken, dafür verantwortlich. Beide Partner wurden 3 Monate lang mit einer homöopathischen Ausleitung behandelt. 6 Wochen nach Beendigung der Therapie erhielt ich die Nachricht des Jahres: Die junge Frau war schwanger, auf ganz natürlichem Wege!
Jan Philipp geht inzwischen zur Schule und ist ein gesundes Kind in einer fröhlichen Familie.
Wenn man sich einmal ernsthaft auf die Kinesiologie eingelassen hat, ist es schwer, sie wieder loszuwerden. Ich kenne keine einfachere und überzeugendere Methode, mit unbewußten Informationen in Kontakt zu treten.
Dies geschieht über einen leicht zu erlernenden Test der Muskelkraft. Dieser ist einfach wie das Abc und so vielseitig wie dessen Ausdrucksformen. Er ist der Übersetzer einer Sprache, auf die wir verlernt haben zu hören oder die uns aus anderen Gründen verschlossen ist. Er macht es möglich, in Verbindung zu treten zu unbewußten Informationen unseres Körpers – unserer Psyche – unseres Geistes – unseres Selbst.

Er ist einfach, praktisch und überzeugend.

Warum dieses Buch?

Mit dem analytischen Muskeltest haben wir einen Schatz gehoben, der sich ständig vergrößert, wenn man ihn mit anderen teilt, der wächst, wenn man ihn benutzt. Suchen auch Sie einen so profitablen Schatz?
Solche Schätze sind eine hervorragende Investition, nicht nur im Gesundheitswesen, aber ganz besonders dort. Bekanntermaßen ist Gesundheit ein kostbares Gut. Keine Zeitschrift ohne Gesundheitstips, kaum ein Supermarkt, eine Bushaltestelle, Kaffeeklatsch oder Kegelabend, wo nicht in Grüppchen Beschwerden, Untersuchungen, Befunde und die neuesten Antibiotika und dergleichen diskutiert werden. Der Büchermarkt quillt über von Ratgebern zur Selbsthilfe und Gesundheitspflege, von stimmigen und abstrusen Rezepten, von wertvollen Informationen und Dogmen.

> Der analytische Muskeltest bietet eine Chance, sich im Dschungel des Gesundheitsmarkts zu orientieren und zu den wahren Wurzeln von Krankheit, Gesundheit und Heilung (zurück) zu finden.

Er hilft uns, aus den Tausenden von Puzzlesteinen, die das Bild unseres Lebens gestalten, diejenigen herauszufinden, die sich nicht in das Gesamte fügen, die verdreht oder verschoben sind und so zu Disharmonie, Krankheit und Leid geführt haben. Und das zu erkennen, scheint gerade heute dringend nötig zu sein!
Trotz dankenswerter Erfolge in der Eindämmung vieler Infektionskrankheiten und Anstieg unserer Lebenserwartung klagen mehr Menschen als je zuvor über sogenannte „Befindlichkeitsstörungen“, haben wir kein Rezept gefunden zur erfolgreichen Behandlung von Krebs und Aids, leiden und sterben immer mehr Menschen an den Folgen sogenannter Zivilisationskrankheiten, nehmen Erkrankungen des Immunsystems wie Allergien, Neurodermitis und chronische Infekte stetig zu, treten neue unbeherrschbare Viruserkrankungen auf.
Die etablierte Medizin hilft sich, indem sie eifrig nach Kampfstrategien forscht, ohne den Boden zu ergründen, auf dem Krankheit gedeiht. Dem schließen sich nahtlos etliche komplementärmedizinische Richtungen an, indem sie dasselbe tun – nämlich Symptome behandeln –, nur mit weniger radikalen Werkzeugen.
Wenn Sie all das satt haben, wenn Sie durchschauen, daß hier auf allen Ebenen ein riesiger Markt boomt, auf dem sich Heilsversprecher und Dogmatiker jeglicher Couleur tummeln, dann sehnen Sie sich vielleicht wie ich nach einer Möglichkeit, aus diesem Rad von Reaktionen auszusteigen, wieder kreativ und konstruktiv zu werden. Mit der Gefahr, daß

es Arbeitslose geben kann bei den Symptomkriegern. Aber keine Sorge, so schnell werden auch die Kranken und Hilfesuchenden sich nicht umorientieren, immerhin bevorzugen es die meisten Patienten immer noch, die Verantwortung für das eigene Wohl an Experten zu delegieren, anstatt sie mit beiden Händen selbst zu packen.
Sollten Sie jedoch zu denjenigen gehören, die gern ökonomisch arbeiten, dann kann Ihnen kaum etwas Sinnvolleres begegnen wie der analytische Muskeltest. Er ist einfach, billig, vielseitig. Er ist extrem ökonomisch, da wir bei einer ursächlichen Heilung so gut wie keine Symptombekämpfung mehr brauchen und damit Freiraum schaffen, entweder für die effektive Behandlung von immer mehr Menschen, oder zum eigenen Vergnügen.
Mit diesem Buch möchte ich eine Brücke bauen für alle, die sich in der heutigen Medizin nicht mehr (ausschließlich) aufgehoben fühlen, die erkennen, daß die vielpropagierte „Machbarkeit" der Medizin nur eine scheinbare ist.
Worum es mir *nicht* geht:

- um die Bekämpfung der Schulmedizin,
- um die Verbreitung einer weiteren alternativen Therapiemethode im Topf der schon kaum noch überschaubaren Angebote,
- um Dogmen,
- um wissenschaftlichen Kampf.

Was ich möchte:

- allen, die des bisherigen schulmedizinischen Systems müde geworden sind, eine echte Alternative oder Ergänzung anbieten,
- Neugier wecken, Fragen anregen, wach machen für neue Blickwinkel,
- Möglichkeiten aufzeigen, die integrieren statt trennen.

Ich schreibe dieses Buch unter dem Eindruck begeisternder Erfahrungen mit dem analytischen Muskeltest. Ich möchte diese Erfahrungen mitteilen, besonders natürlich anderen Therapeuten, die ihre Antennen schon ausgefahren haben, ich möchte Sie zum Mitmachen animieren.
Obwohl ich mich einer allgemeinverständlichen Sprache bediene, weil Verantwortung für Gesundheit eine allgemeine Herausforderung ist, die nicht auf sogenannte Experten beschränkt werden darf, formuliere ich therapeutisch, das heißt, ich gebe konkrete Regieanweisungen, die praxisorientiert aufgegriffen werden können.
Ja, ich möchte Ihnen ein therapeutisches Handbuch vorlegen, mit dem Sie umgehend in eine neue Dimension der Medizin starten könnten, sofern Sie die technische Anwendung des Tests beherrschen. Ob Sie nun als Arzt, Mutter, Zahnarzt, Gärtner, Heilpraktiker, Psychotherapeut, Hebamme, Krankengymnast, Tierarzt oder einfach als neugieriger Mensch

an den analytischen Muskeltest und dieses Buch herangehen, in Verbindung mit Ihrem eigenen Wissen sowie Ihren Aufgaben und Fähigkeiten, werden Sie spannende, erstaunliche und überzeugende Erfahrungen machen.
Noch ein paar Worte zum „wissenschaftlichen" Anspruch dieses Buches. Eigentlich hat es keinen. Zumindest nicht im herkömmlichen Sinn. Ich habe lange mit mir gerungen, mich den schulwissenschaftlichen Kriterien unterzuordnen, aber da sie für mich (wie auch schon für viele Wissenschaftler unseres Jahrhunderts) ohnehin überholungsbedürftig sind, mochte ich mich nicht in brüchige Formen fügen, zumal die dargestellten Beobachtungen deren Rahmen sprengen. Da ich andererseits ein Fan für logische Argumente bin, werde ich den Pfad des Nachvollziehbaren nicht verlassen, und wo mir wissenschaftliche Begründungen zugänglich sind, werde ich Sie Ihnen nicht vorenthalten.
Kybernetik und Regeltechnik, Elektronik und weltweite Vernetzung durch Mikrowellen bestimmen heute unser Leben; unser wissenschaftliches Denken, besonders in der Medizin, hält aber immer noch an den starren materiellen Newtonschen Kriterien fest, die selbst in der Physik längst überholt wurden. Diese erkennt schon lange das Sowohl-als-Auch in der Natur von Schwingung und Materie, nur die Medizin hält rigider als jeder andere Forschungszweig an den alten Denkstrukturen fest. Sie klammert sich ängstlich bis überheblich an ein längst überholtes Weltbild und erschwert damit die Synthese aus anerkennenswerter Objektivität und notwendiger Subjektivität, die beide zum Leben und besonders zur Heilung gehören.
Verhält sich unsere Wissenschaft wissenschaftlich, wenn sie bestimmte Erscheinungen aus den Untersuchungen ausklammert, nur weil sie ihr „nicht objektivierbar" scheinen? Wenn sie nach dem Motto entscheidet, daß „nicht sein kann, was nicht sein darf", weil es sonst etablierte Paradigmen in Frage stellt?
Dürfen wir bei gewissenhafter medizinischer Forschung sogenannte Spontanheilungen lebensbedrohlicher Erkrankungen ebenso ignorieren wie die Kraft der Suggestion, die üblicherweise abfällig als Störfaktor wissenschaftlicher Versuchsaufbauten betrachtet wird? Wenn sie doch so hervorragend funktioniert, daß sie Versuchsergebnisse „verfälschen" kann, gehören dann nicht schon Scheuklappen im XXL-Format dazu, ihre Macht und ihren Stellenwert noch übersehen zu können?
Wieviel ergiebiger und ökonomischer könnte es sein, den Charakter dieser Phänomene zu studieren, anstatt sie zu eliminieren und für unwissenschaftlich zu erklären!
Dieser Kategorie wissenschaftlicher Ansprüche, die mit Doppelblind-

versuchen arbeitet, die sich bemüht, die Einzelteile in immer weitere Einzelteile zu zerlegen und dabei das Zusammenspiel des Ganzen völlig aus den Augen verliert, werde und will ich in diesem Buch nicht entsprechen. Allein die Logik (und die Neugier) gebietet mir, mit dem „Warum" nicht auf halber Strecke stehenzubleiben und das Cholesterin für Herzinfarkte sowie Helicobacter-Bakterien für Magengeschwüre verantwortlich zu machen. Viren, Bakterien, Hormone, Enzyme, Transmitter, Stoffwechselprodukte sind erkennbare Mediatoren im Krankheitsgeschehen, aber Ursache?? Ist das anhaltende Aufleuchten der Ölkontrolleuchte am Armaturenbrett meines Autos die Ursache für den Kolbenfresser?
Für mich werfen die Definitionen immer neuer Feinde im eigenen Organismus mehr Fragen auf, als daß sie Antworten geben. Und so würde es mich freuen, wenn es mir gelingt, in Ihnen mit meinen Beobachtungen ebenfalls Fragen zu wecken, Denkwürdiges anzuregen.
Ich verspreche Ihnen, gewissenhaft, ehrlich und logisch zu sein. Ich schreibe meine Erfahrungen, biete Ihnen Hypothesen an, bemühe mich um gesunden Menschenverstand. Die Wahrheit – Ihre Wahrheit – zu finden, sollte dann Ihr Vergnügen sein, Ihr Schatz, zu dem Sie vielleicht die Brücke dieses Buches führen darf.
Lassen Sie sich überraschen, freuen Sie sich auf eine spannende Reise!

Was bietet Ihnen dieses Buch?

Sofern Sie den Muskeltest
- bereits technisch erlernt haben,
- als Naturtalent sich autodidaktisch erarbeiten
- oder parallel zum Buch praktisch vermittelt bekommen,

dürften Sie nach der Lektüre in der Lage sein,
- als *Therapeut* mittels des Tests Gesundheitsstörungen manifester und latenter Natur zu erfassen und konkreten Ursachen zuzuordnen,
- ein optimales ganzheitliches Therapieschema zu erstellen,
- eine Psychotherapie äußerst effektiv zu begleiten und die Auswirkungen von Traumata aufzulösen,
- als medizinischer *Laie* zu differenzieren, was Ihnen gesundheitlich gut tut oder abträglich ist,
- Selbsthilfen neben der klassischen Schulmedizin anzuwenden zur körperlichen und psychischen Stabilisierung,
- selbstbewußter auf die Suche nach Therapeuten zu gehen, die nicht bekämpfen wollen, sondern heilen helfen.

Dieses Buch vermittelt einen speziell strukturierten Einsatz des Muskeltests, nämlich die konkrete Analyse von Krankheitsbildern. Das Verfahren ist keine eigene Therapiemethode, sondern kann offen zu jeder anderen Therapieform hinleiten. Es ist ein äußerst ökonomisches Werkzeug zur Therapieoptimierung und macht keinem anderen Interessengebiet oder Fachwissen Konkurrenz, im Gegenteil, dieses Werkzeug schafft Ihnen Zugang zu allen möglichen anderen Schatzkisten, gefüllt mit konventionellen und außergewöhnlichen Therapieangeboten.
Nehmen Sie dieses Buch als Anregung oder als konkrete Arbeitsanleitung, denken Sie aber daran, es ist wie beim Autofahren, Segeln, Schwimmen oder Maschineschreiben: Ohne die *praktische* Anleitung und Handhabung werden nur wenige Naturtalente autodidaktisch in den Genuß schneller Erfolge gelangen. Gerade eine Methode, die über ein *Bewegungs*element zwischen Bewußtem und Unbewußtem vermittelt, benötigt auch die Bewegung, d. h. die direkte Demonstration und Übung, als Erfahrung.
Last not least: Liebe Mit-Frauen,
hinsichtlich der Gleichbehandlung in der Sprache möchte ich Sie um Nachsicht bitten. Es erschwert mir den Sprachfluß, immer wieder den/die TesterIn zu berücksichtigen und auf den/die PatientIn und den/die TherapeutIn einzugehen. Wenn ich Allgemeindarstellungen in der männlichen Form schreibe, sei dies weder Bevorzugung noch Ignoranz, sondern eine besser lesbare Vereinfachung, die man mir nachsehen möge. Bislang ist mir noch keine elegante „gleichberechtigte" Formulierung eingefallen.

Unser Weg zur Kinesiologie

Wenn ich von „wir" und „unser" spreche, so möchte ich damit anerkennen, daß Lernen und Arbeiten mit der Kinesiologie kein exklusiver Alleingang für mich war, sondern daß die Höhenflüge einiger phantastischer Erfolge allein durch gemeinsames Forschen, Denken, Spielen und Arbeiten möglich wurden, mit Kollegen, Freunden, Patienten, Kursteilnehmern – und insbesondere mit meinem Mann.
Von Jugend an bin ich meinen Traum nicht losgeworden, einen Beitrag zu leisten zu einer lebenswerteren Welt. Jeder mag so seinen Spleen haben, für mich war es immer wieder ein Motor für Veränderung und Arbeit an mir selbst.
Natürlich sah ich in der Medizin – wie viele andere Idealisten – die Chan-

ce, den Traum zu verwirklichen. Dabei war schon der Einstieg in die Traumkarriere mit beruflichen Umwegen und den Steinen des zweiten Bildungswegs gepflastert, bis ich mich endlich mit hohen Erwartungen in das ersehnte Studium stürzen konnte.
Aus dem Traum einer Medizin als Segen der Menschheit wurde ich sehr schnell und abrupt wachgerüttelt. Kommilitonen waren zu Konkurrenten mutiert, deren Zensurendurchschnitt von 1,0 und weniger sie eigentlich zu Höherem als nur einem Medizinstudienplatz berief, aber etwas Angeseheneres gab es eben zu diesem Zeitpunkt nicht. Enttäuschung, na gut, das war zu verschmerzen.
Aber ganze Glaubensgebäude stürzten ein, als ich kurz nach dem Physikum mit den Untersuchungen für meine Doktorarbeit zur Verhaltensphysiologie begann. Hier lernte ich das Sowohl-als-Auch der Wissenschaft kennen, aber etwas anders als Einstein, Heisenberg und Bohr: *Sowohl* der Wunsch nach eigener Profilierung, womit auch immer diese gestrickt werden mußte, *als auch* die sogenannten „Sachzwänge" in Form von Forschungsgeldern und Sponsoren. Parallele Vorlesungen über die Geschichte der Medizin mit Hinweisen auf einen gewissen Hippokrates nahmen sich nur noch wie ein Hohn aus, wenn Patienten bis zur Peinlichkeit zum Demonstrationsobjekt wurden, der Mensch mit seiner Diagnose gleichgesetzt wurde, Gespräche bei Visiten nur über ihn in Fachchinesisch abgehalten wurden und der Chefarzt zum Gruß die gummibehandschuhte Hand reichte. Achtung vor dem Kranken oder Ehrfurcht gegenüber dem Leben überhaupt galten als sentimentale Gefühlsduselei. Und so wurden in der Physiologie weiterhin Frösche bei lebendigem Leibe zerschnitten, pro Student jeweils einer, nur um einen einzigen Reflex plastisch zu demonstrieren, wurden Hunde und Katzen grausam und unnötig gequält unter dem Deckmäntelchen sogenannter „Wissenschaft", wurde Sarkasmus die Sprache einer „notwendigen Distanz".
Medizin zu studieren, das heißt, letztlich das Leben zu studieren, ist unglaublich spannend. Wie schade, daß es immer besser gelingt, jegliches Staunen, jegliche Ehrfurcht vor dem Phänomen dieser großartigen Schöpfung zu zerstören und ins Lächerliche zu ziehen. In mir brodelte es, kämpften „Durchhalten" und „Ausbrechen".
Das Durchhalten hat gewonnen, was ich andererseits auch nicht bereut habe.
Die Jahre in Kliniken und Lehrpraxen waren nach langem theoretischem Studium die erste Gelegenheit, Patienten praktisch gegenüberzustehen – eine ganz neue Erfahrung, der ich mit Begeisterung folgte, bis ich meinte, genügend Rüstzeug erarbeitet zu haben für die Gründung einer eigenen hausärztlichen Praxis. Ich glaubte, daß ich in meiner Landpraxis endlich

meinen Traum erfüllen konnte, Menschen in allen Aspekten ihres Lebens zu begleiten und ihre Leiden zu heilen. Ich werkelte mit Begeisterung mit kleinen chirurgischen Eingriffen, stürzte mich mit Hingabe in das Puzzlespiel der klinischen Diagnostik, begleitete Menschen ins Leben und aus diesem Leben, experimentierte, tröstete, freute mich an den Herausforderungen im Großen wie im Kleinen. Eben genau das, was jeder Hausarzt mit Leib und Seele tut. Ich nahm teil an vielen Nöten, die nur unter dem Vorwand einer Krankheit in die Praxis führten, aber Ausdruck tiefer Lebenskrisen waren, ich stellte mich den Gesprächen, suchte Unterstützung in der Ausbildung zur Psychotherapie.
Keine dieser Facetten möchte ich missen, es war für mich eine lehr- und segensreiche Zeit. Und dennoch blieb die Frage, warum trotz fundiertem medizinischem Wissen, trotz ehrlichem Engagement, trotz Fortbildungen und großem Erfahrungsspektrum nur so wenig anhaltende Erfolge beschieden waren.
Zugegeben, ein paar Highlights detektivischer Diagnostik gab es schon, auch erfüllende Momente in der Begleitung durch körperliche und psychische Krisen, aber je länger ich Patienten betreute, desto mehr quälte mich die Frage, warum es so viele „Damit müssen Sie leben"-Patienten gab, warum sich die unklaren und chronischen Fälle häuften, denen ich kaum oder gar nicht helfen konnte, bei denen die Nebenwirkungen der Medikamente die Wirkungen auffraßen, die Vorschläge der Fachkollegen in Überweisungs-Odysseen mündeten. Ich fühlte mich hilflos.
Die alte Frage wurde wieder wach: Mußte es nicht Antworten auf die Herausforderung der Krankheit geben, die nicht in ihrer vordergründigen Bekämpfung lagen?
Heilung ist schließlich nicht erst eine Erfindung neuzeitlicher Medizintechnik, sondern soll ja als völlig natürlicher Korrekturprozeß schon in Zeiten vor Antibiotika und Kortison vorgekommen sein. Nun hatte ich doch alles in der Hand: neuzeitliche Diagnosetechnik, vielversprechende Medikamente, Einfühlungsvermögen und ein offenes Ohr – und trotzdem blieben die Leute krank! Selbst immer wiederkehrende Appelle an gesunde Lebensweise änderten in den seltensten Fällen etwas, die Frage nach dem spezifischen Hintergrund seiner Krankheit konnte ich dem Patienten nicht beantworten.
Ich stand vor einem therapeutischen Offenbarungseid. Das ganze Arsenal der Kampfmedizin hatte versagt, ich empfand fast jedes Therapieangebot wie das laute Singen eines Kindes, das beim Gang in den dunklen Keller die eigene Angst übertönen will. Ich fühlte mich ausgeliefert und hilflos, ich resignierte.
Und dann wurde ich krank. Mitten aus einer gut laufenden Praxis wurde

ich durch eine Perimyokarditis (Entzündung von Herzbeutel und Herzmuskel) aus dem Verkehr gezogen. Die Frage, die mich bei der Behandlung der Patienten bewegte, betraf mich jetzt selbst und wurde damit noch brisanter: Warum bin ich krank? – Warum gerade ich? – Und warum gerade jetzt?
Der schulmedizinische Rat, die Praxis 3 Monate zu schließen und mich ins Bett zu legen, war unrealistisch, alternativ konnte ich noch versuchsweise Aspirin und Kortison schlucken. Beides konnte nicht die Lösung sein.
Glücklicherweise gelangte ich an einen Kollegen, der mit Elektroakupunktur nach Voll (EAV) arbeitet und der mich kurzfristig untersuchte. Neben einer viralen Belastung fand er eine massive Intoxikation mit einem völlig „ungiftigen" Pflanzenschutzmittel (sog. Pyrethroide). Das war stimmig, da unser Haus im Jahr zuvor damit behandelt werden mußte und ausgerechnet im Wohnzimmer ein ganzer Eimer davon umgekippt war. Die Belastungen wurden mit homöopathischen Mitteln ausgeleitet, und innerhalb von 2 Wochen (!) war ich wieder einsatzfähig für meine Praxis und die Familie.
Ich glaube, das war vor Eintreten des kinesiologischen Zeitalters der entscheidende medizinische Wendepunkt in meinem Leben. Ich fühlte mich bestätigt in meiner Sicht von Krankheit, nämlich daß es tiefere Ursachen für ihre Entstehung geben mußte. Später erkannte ich, daß meine damalige Erkrankung darüber hinaus noch einen Sinn hatte: Mit ihr fand ich den Angelpunkt, an dem ich mich endgültig medizinisch umorientierte.
Fortan war ich auf der Suche, meinen Patienten in ähnlicher Weise helfen zu können, wie mir geholfen wurde. Natürlich erlernte ich umgehend auch die EAV, kam aber nicht gut mit ihr zurecht. Außerdem hatte ich das Gefühl, daß für meine individuelle Fragestellung noch etwas fehlte. Wie sollte ich z. B. mit der EAV insbesondere psychische Faktoren oder andere immaterielle Krankheitsursachen nachweisen?
Die Überraschung brachte mein Mann von einem Neuraltherapiekurs mit. Er berichtete begeistert, daß ein Heilpraktikerkollege über Veränderungen der Muskelkraft die Therapie entschieden und hinterher deren korrekten Abschluß überprüft hatte.
Mein Mann demonstrierte mir den Muskeltest, und ich glaubte zunächst gar nichts, konnte mir in keiner Weise erklären, was da eigentlich ablief. Als ich aber immer wieder sah, daß dieser Test reproduzierbar war, daß er unabhängig von meinem Willen ablief, da packte mich die Neugier, ich wollte es genauer wissen. Erste vage Visionen drängten sich auf, daß dieser Test vielleicht sogar für meine Arbeit brauchbar sein könnte!
Mein Mann und ich absolvierten umgehend zahlreiche Kurse der Kinesiologie (Touch for Health), aber es brauchte so etliche Monate, bis wir uns

einigermaßen zutrauten, Teile dieses komplexen Systems selbst anzuwenden und über einen Showeffekt hinaus bei Patienten einzusetzen.
Wir hatten zwar ein Riesenspektrum von Techniken erlernt, aber leider keine für mich befriedigenden theoretischen Zusammenhänge erfahren. Vieles blieb für mich nebulös, und doch konnte ich nicht leugnen, daß der Muskeltest funktionierte. Da mir verbindliche Erklärungen vorerst noch fehlten, traute ich mich auch noch nicht recht, den Test in die Praxis zu integrieren. Ich hatte erhebliche Angst vor Blamage, und so blieben die ersten Sitzungen zunächst den absolut dringlichsten Fällen vorbehalten.

Die erste Patientin, der ich zögernd eine Austestung anbot, war eine 30jährige Frau, die in der verzweifelten Lage war, ein Baby tot zur Welt gebracht zu haben. Sie wünschte sich sehnlichst, wieder schwanger zu werden, hatte aber gleichzeitig vor nichts soviel Angst.
Die Untersuchung war damals, mangels fundierter Anleitung für solche praktischen Situationen und technischer Übung, extrem zeitaufwendig und aus meiner heutigen Sicht stümperhaft. Aber sie führte zu einem überraschenden und stimmigen Ergebnis:
Ursache für den Kindstod war eine chronische Belastung des mütterlichen Immunsystems mit einem Virus, für die wiederum eine Pokkenschutzimpfung der frühen Kindheit verantwortlich sein sollte. Als ich das – selbst ziemlich skeptisch – aussprach, erinnerte sich die Patientin, daß sie nach dieser Impfung über ein halbes Jahr lang nach Aussage ihrer Eltern wegen einer Lähmung nicht mehr habe laufen können!
Wir testeten eine entsprechende Ausleitungsbehandlung mit homöopathischen Mitteln aus, und die Ängste in der im folgenden Jahr eingetretenen neuen Schwangerschaft begleiteten wir zur psychischen Stabilisierung mit psychologischer Kinesiologie. Der Sohn Johannes wurde gesund geboren. Er ist recht zierlich und in seiner Konstitution ein wenig empfindlich, aber grundsätzlich gesund. Leider konnten einige Belastungen im Lebensumfeld der Familie trotz entsprechender Kenntnisse bislang nicht geändert werden, insgesamt jedoch sind Mutter und Sohn gesund und glücklich.

Diesem zaghaften Start folgten viele Chancen, den Muskeltest in einer laufenden, meist vollen Landpraxis einzusetzen und zu erproben. Durch reichlich positives Feedback wichen meine Vorbehalte, und ich konnte diese Hilfe immer selbstverständlicher anbieten. Ich bin dankbar für die vielen tausend Male, in denen ich Bereitschaft zum Testen fand, denn ich habe daraus unglaublich viel gelernt, und davon wiederum haben inzwischen unzählbar viele Patienten und Seminarteilnehmer direkt oder indirekt profitiert.

Im Alltag meiner Hausarztpraxis wandelte sich die Methode der Kinesiologie, sie entfernte sich immer mehr vom ursprünglich Erlernten, sie machte sich sozusagen selbständig. Sie wurde mehr und mehr zu einem flexiblen Instrument und fügte sich geschmeidig den Ansprüchen einer suchenden Medizin, sie reduzierte sich zu einem soliden Gerüst, und allmählich entdeckte ich durch die Reduktion auf das Wesentliche auch ihre Prinzipien und immer mehr Erklärungen für ihre Funktionsweise.

Genau diese Facette ist es, die das Testverfahren geradezu sensationell macht, denn sie erlaubt Rückschlüsse und damit Erkenntnis – und welches andere Instrument kann das leisten!

Da der analytische Muskeltest keine eigene Behandlungsform darstellt, sondern nur zur idealen Therapie hinleitet, hat er keinen Alleinvertretungsanspruch. Er ist keine „Methode“, sondern ein Prinzip, die praktische Umsetzung eines Naturgesetzes. Er ist schlicht und undogmatisch, und so läßt er die wirklichen Segnungen der Schulmedizin gleichberechtigt stehen neben wirkungsvollen Alternativtherapien und der Erkenntnis eigentlicher Krankheitsursachen. Der Bau dieser Brücke, die keine Richtungen vorschreibt, ist mein größtes Anliegen.

Geschichte der Kinesiologie

Der eigentliche Vater der Kinesiologie (übersetzt heißt dieser Begriff „Lehre von der Bewegung“) ist der Chiropraktiker *George Goodheart*. In seiner langjährigen erfolgreichen Tätigkeit als Therapeut fügte es sich in den 60er Jahren, daß er Reflexpunkte fand, durch deren leichte Reizung geschwächte Muskeln effektiv gestärkt werden konnten. Die Folge war eine Entspannung des zuvor verspannten Gegenspielers – also umgekehrt wie die derzeit gültigen Hypothesen über das Zusammenspiel unserer Muskulatur. Als guter Beobachter und eifriger Forscher entdeckte er eine Vielzahl von Punkten des lymphatischen Systems auf der Körperoberfläche (sogenannte *neurolymphatische Punkte* oder *Zonen*), über die eine reflektorische Stärkung geschwächter Muskeln möglich war. Hinzu kamen später im Bereich der Schädeldecke die *neurovaskulären Punkte*, die zur allgemeinen Stabilisierung und Harmonisierung gute Dienste leisten.
Dieses war der Grundstein zur Kinesiologie, speziell des „Touch for Health“, dem bekanntesten Teilbereich dieser Methode. Beim Touch for Health wird die Kinesiologie als geschlossenes System angewendet, das

heißt, mit dieser Methode wird eine Störung einerseits aufgedeckt und andererseits innerhalb derselben behandelt.
Goodhearts Beobachtungen bei Langzeitpatienten zeigten, daß sich im Zuge dieser Behandlungen über das neurolymphatische System auch Erkrankungen von inneren Organen zunehmend besserten und sogar ausheilten.
Weitere Untersuchungen bestärkten seine Vermutung, daß es Beziehungen gibt zwischen der Funktion von inneren Organen und bestimmten Muskelgruppen (Vergleichbares kennt die Schulmedizin in den sog. Head-Zonen). Goodheart sammelte diese Befunde und vertiefte und erweiterte sie, insbesondere in enger Zusammenarbeit mit *John Thie*, dessen Hauptverdienst in einem Abgleich dieser Ergebnisse mit dem Meridiansystem der chinesischen Akupunktur liegt. Sie schufen damit die Grundlage für die heutige Ausbildung in der Angewandten Kinesiologie.
Durch Untersuchung verschiedener Muskeln nach dem unten beschriebenen Testsystem lassen sich Schwächen nachweisen, die sich nicht anatomisch in Muskelabbau (Atrophie) äußern, sondern in einem Verlust der Spannung, des Widerstands. Der so reagierende Muskel weist auf eine Schädigung im korrespondierenden Meridian, dem entsprechenden Organ bzw. der dazugehörigen Drüse hin.
Der mit George Goodheart befreundete Psychiater *John Diamond* war fasziniert von dessen Erkenntnissen und suchte nach Entsprechungen, die er in seiner Arbeit als Psychiater ebenfalls nutzen konnte. Er beobachtete: Wann immer eine Person einem Streßreiz (in der Kinesiologie *Stressor* genannt) ausgesetzt ist, gleichgültig über welche Sinneswahrnehmung, wird für einen Augenblick der Deltamuskel (großer Muskel des Oberarms), mit dem er grundsätzlich testet, schwach.
Dieses Phänomen nutzte er, um als Psychiater und Psychotherapeut psychische Verletzungen seiner Klienten aufzudecken, unter der Prämisse, daß alle Erlebnisse im Unterbewußtsein gespeichert werden und bei Erinnerung einen kurzen Streßreiz auslösen. So führte er seine Patienten auf äußerst ökonomische Weise in kürzester Zeit zu Erkenntnissen emotionaler Prägungen, wie sie der konventionellen Psychotherapie oft erst nach vielen aufwendigen Sitzungen vergönnt sind.
Über das reflektorische System des Touch for Health in Verbindung mit diesen Erinnerungen löste er die Traumata alter Erfahrungen von heutigen Auswirkungen und machte damit neue Bahnen frei für die persönliche Entwicklung der Patienten.
Die Kinesiologie wurde und wird durch die unterschiedlichsten Bedürfnisse und Ideen ihrer Anwender ständig weiterentwickelt. Der „Professional Kinesiology Practitioner“ und die „Behavioural Kinesiology“ wei-

sen zum Teil schon ein wenig in Richtung auf unsere Arbeit, indem sie die Einflüsse des Lebensumfelds auf den Organismus untersuchen. Andere Varietäten widmen sich verschiedenen Spezialgebieten, bei denen die Kinesiologie an sich nur noch eine untergeordnete Rolle spielt.
Hervorheben möchte ich noch einen äußerst effektiven Bereich, den wir primär der Arbeit von *Gail* und *Paul E. Dennison* zu verdanken haben: das „Brain Gym“ bzw. die „Edukinestetik“. Dieses Verfahren schafft durch einfache Bewegungsübungen eine optimale Koordination beider Gehirnhälften und trägt damit zu einer Maximierung von Konzentration, Denkvermögen und Kreativität bei. Hierüber gibt es umfangreiche Literatur, die auch gut zum autodidaktischen Studium geeignet ist. Schulen öffnen sich zunehmend dieser überzeugenden Lernhilfe, eine große Auswahl von Kursen wird Interessierten (Lehrer, Erzieher, Eltern) angeboten.
Ebenso hat sich die Kinesiologie in unseren Händen gewandelt und den Erfordernissen unserer Arbeit angepaßt. Die Bedingungen in einer großen Hausarztpraxis ließen den umfassenden Einsatz des klassischen Touch for Health zeitlich nicht zu, außerdem war meine Intention ohnehin nicht eine regulierende Therapie. Ich ahnte im Muskeltest die Möglichkeit, eine Antwort auf meine eigentlichen Fragen von Gesundheit und Krankheit zu finden. Ich brauchte einfache und praktikable Hilfsmittel, um individuell und effektiv zu klären: 1. Was liegt vor? – 2. Wie ist es dazu gekommen? – 3. Welches ist die optimale Therapieform?
Solange man, wie Goodheart und andere, auf der physiotherapeutischen Ebene arbeitet, ist das Touch for Health eine ideale Methode: Sie bleibt völlig im neuromuskulären Funktionssystem, sowohl diagnostisch wie therapeutisch wie auch klinisch betrachtet. Aber schon die damals erste Patientin, die verzweifelt Rat suchte und der ich den Test anbot, benötigte eine Antwort auf die Frage, warum ihr erstes Kind tot zur Welt kam und was sie tun konnte, um dies ein zweites Mal zu verhindern. Eine Balancierung mit dem Touch for Health allein hätte ihr derzeit sicherlich nicht dasselbe Vertrauen vermittelt wie die (für sie nachvollziehbare) *Erkenntnis*, was ihrem Körper geschadet hatte. Diese Erkenntnis ließ sich aber erst durch modifiziertes Arbeiten mit dem Muskeltest ermitteln.
So entwickelte sich im Laufe der Jahre durch tausendfache praktische Anwendung in meinen Sprechstunden ein strukturiertes System, über den Muskeltest eine Krankheitsanalyse zu erhalten mit dem Verständnis für die jeweiligen Ursachen und Auslöser. Damit wird die Therapie einerseits zur logischen Antwort auf den Ur-Schaden, andererseits motiviert die Erkenntnis den Patienten eher zu den notwendigen Konsequenzen in der Lebensführung (z. B. Zahnbehandlung, Narbenentstörung, spezifische Toxinausleitung, Trauma-Aufarbeitung, Ernährungsumstellung und vieles mehr).

Diesen Weg möchte ich Ihnen als Gerüst für einen vielfältigen Einsatz im Sinne von Gesundheit und Heilung vorstellen.
Wenn Sie sich der Kinesiologie öffnen, so haben Sie die Wahl zwischen den vorgestellten Wegen:
Sie können sich an dem „geschlossenen" System des Touch for Health orientieren – dann sind Sie bei etablierten Institutionen gut aufgehoben, bekommen dort eine Fülle von Regeln und Anwendungstechniken vermittelt und werden nach etlichen Kursen „autorisiert", dieses Verfahren nach den vorgegebenen Richtlinien auszuüben. Ist das Ihr Anspruch, dann legen Sie dieses Buch besser wieder weg.
Oder Sie können den Muskeltest als eine physiologische Funktion verstehen, die in Ihren Händen zu einem vielseitigen, individuellen Werkzeug wird. Sie können das Prinzip des Tests verfolgen und nach seinen äußerst einfachen Gesetzen handeln. Ein Prinzip, das keine selbsternannten Gralshüter braucht, weil es keine Methode ist, sondern ein Naturgesetz (oder kennen Sie eine Institution, die darüber wacht, wer den Kindern Laufen oder Sprechen beibringt?). Der Muskeltest kann nicht *er*funden, sondern nur *ge*funden und verstanden werden. Wenn dieser Aspekt Sie neugierig macht, dann lesen Sie weiter!

Weshalb gerade Muskeltest?

Die oben erwähnten Wechselwirkungen des Touch for Health zwischen Reflexpunkten, Muskelsystem und inneren Organen sind therapeutisch unbestritten effizient. Wenn man sich in diesem geschlossenen System bewegt, finden sich deutliche Parallelen zu anderen Verfahren, wie z. B. der Akupunktur und Reflexzonentherapie. Auch diese regulieren Dysbalancen im Organismus reflektorisch, jedoch ohne in der Regel nachzuvollziehen, wodurch die Störung entstanden ist, und auch ohne andere Behandlungswege mit einzubeziehen.
Diese Methoden, bei denen man aus schulmedizinischer Sicht „nicht weiß, was man eigentlich tut", werden gern in die Schublade der „Therapien für Gesunde" gelegt. Dies ist sicher auch einer ihrer Ansprüche, nämlich zu regulieren, bevor es zum Ausbruch manifester Erkrankungen kommt. Was darüber hinausgeht, wird ähnlich beargwöhnt wie die einstmals in westlichen Ländern geschmähte Akupunktur, die zunächst von der Ärzteschaft vehement attackiert wurde, während dieselben Institutionen jetzt fordern, die Akupunktur wegen ihrer durchgreifenden Wirkung nur noch in die Hände von Ärzten zu legen.

Eine erfolgreiche Akupunktur setzt – wie jede Therapie – die vorangegangene Diagnostik voraus, was in der Kinesiologie keineswegs anders ist. Die klassischen chinesischen Diagnoseverfahren haben allerdings schwer Eingang gefunden in unsere westliche Denkart. Sie erfordern eine umfangreiche zusätzliche Ausbildung, die sich nicht auf den westlichen Studiengängen aufbauen läßt und somit eine große Hürde für ihren seriösen Einsatz bildet. Das Bezugssystem ist dem westlichen Denken derart fremd, daß es nicht erfordert dazuzulernen, sondern neu zu lernen.
Einen wichtigen Schritt in die Synthese beider Denksysteme hat die Elektroakupunktur nach Voll (EAV) getan, bei der aus elektrischen Widerstandsänderungen an Akupunkturpunkten auf Störungen von Meridianen und zugeordneten Organen geschlossen wird. Auf diese Weise können insbesondere biochemisch ausgelöste Krankheitsprozesse hervorragend erfaßt und eine optimale ausgleichende Therapie festgelegt werden.
Vergleichbar ist unser Einsatz des analytischen Muskeltests zu verstehen: Ebenso wie sich die Elektroakupunktur über die klassische Akupunktur hinaus von einem Therapie- zu einem Diagnoseverfahren entwickelt hat, kann auch die Kinesiologie eher primär therapeutisch (Touch for Health) oder verstärkt analytisch angewendet werden.
Für mich liegt der Vorteil hier besonders darin, mit minimalem Aufwand an Material und Zeit zu einer Analyse des Krankheitsgeschehens zu kommen, die Ursachen nach Wertigkeit zu erkennen und damit äußerst ökonomisch behandeln zu können. Dies ist bei aller Anerkennung für die bioelektrischen Meßverfahren meines Wissens mit kaum einer anderen Methode so deutlich möglich wie mit der Kinesiologie, wie Sie aus den folgenden Kapiteln nachvollziehen können.
Insbesondere psychische Hintergründe und Störfeldeinflüsse, die eine immer größere Rolle in der Komplexität von Erkrankungen spielen, lassen sich mit der Kinesiologie besser zuordnen als mit jeder anderen mir bekannten Methode, wie überhaupt die *ursächliche* Verknüpfung hiermit optimal nachvollzogen wird.
Zwar bietet die Apparatetechnik, wie EAV, Bioresonanz, Mora, Vega-Test u. ä., ein beliebtes Medium für unseren „wissenschaftlichen“ Anspruch, da ein Zeigerausschlag so wunderbar objektiv erscheint. Jedoch sind selbst diese scheinbar objektiven Meßgeräte in gewissem Umfang empfänglich für bewußte und unbewußte Manipulationen des Anwenders.
Auch Kinesiologen wollten nicht zurückstehen und haben zur Objektivierung ein *Kinesiometer* entwickelt, das für Forschungen sicher einen guten Zweck erfüllt, aber erforderlich ist der Einsatz in der praktischen Arbeit nicht. Wenn der Muskeltest fundiert dargeboten wird, läßt er sich auch von kritischen Geistern nachvollziehen. Die Überzeugungskraft liegt

dann auf einer anderen Ebene, nämlich im Erleben am eigenen Leibe und in den nachvollziehbaren Ergebnissen.
Ein Vorteil gegenüber der Arbeit mit Geräten ist zudem, daß der Muskeltest nicht durch elektromagnetische Einflüsse aus dem Testumfeld irritiert werden kann, da keine (technische) elektrische Messung stattfindet. Wenn man einige Grundregeln beachtet, ist die Kinesiologie kaum störanfällig.
Mit minimalem Geräteeinsatz kommen auch die feinstofflichen Messungen mittels Pendel und Einhandruten (Biotensor) aus. Leider sind diese Instrumente noch mit einem ominösen Nimbus behaftet und werden schnell mit Hexenzauber und Scharlatanerie assoziiert, obwohl nicht nur ich damit hervorragende Erfahrungen gemacht habe. Sie sind – kein bißchen anders als der Muskeltest – Übersetzer unbewußter Informationen. Sie weisen den Vorteil auf, daß sie durch die Art ihres Ausschlags auch qualitative Aussagen zulassen, was mit der Kinesiologie nur ansatzweise möglich ist.
Ihr Nachteil ist, daß sie störanfälliger auf Erwartungshaltungen reagieren, weil nur eine Person „arbeitet", bei der Kinesiologie ist üblicherweise die Testperson mit ihrem Unterbewußtsein als Korrektiv eingeschaltet. Der äußere Eindruck, man würde Rute oder Pendel willkürlich bewegen, hat jedoch deren Akzeptanz nicht sehr begünstigt. Viele Patienten, denen ich die Kinesiologie nahebringen konnte, hätten sich auf den primären Einsatz dieser Indikatoren nicht eingelassen.
Dem Muskeltest sehr ähnlich ist ein altes östliches Diagnoseverfahren, die *Pulsdiagnostik*. Hierbei beurteilt man die Veränderung des Radialispulses unter verschiedenen Bedingungen, ebenso wie der Muskeltest Muskelreaktionen vergleicht. Es ist ein äußerst sensibles Instrument, da die Differenzen jedoch subtil sind, bedarf es langer Übung, um ihn sicher anzuwenden. Außerdem hat auch diese Methode den Nachteil, daß der Patient bzw. der Getestete die Reaktionen nicht selbst spürt.
Somit sprechen für mich wesentliche Argumente bevorzugt für die Kinesiologie: Das Erleben des Tests am eigenen Leibe überzeugt am stärksten und bewirkt, weil die Stimmigkeit demonstriert werden kann, ein hohes Maß an Motivation zur Mitarbeit, und was kann man sich als Therapeut besseres wünschen? – Zudem ist der Muskeltest einfach anzuwenden, zu jeder Zeit und an jedem Ort. Er ist praktisch, zuverlässig – und äußerst kostensparend.

Grundlagen des Muskeltests

Die analytische Kinesiologie vergleicht Muskelreaktionen auf verschiedene definierte Reize, um daraus diagnostische Schlüsse zu ziehen.
Die willkürliche Muskulatur antwortet auf einen Streßreiz mit Schwächung. Diamond bezog diese Reaktion nur auf den Deltamuskel, jedoch gilt diese Aussage für jeden Muskel unseres gesamten Skelettsystems, wie Sie jederzeit selbst überprüfen können. Das ist die erstaunliche Grundlage des analytischen Testens überhaupt, ließ mich aber lange nicht ruhen, weil ich keine sinnvolle Erklärung fand. Warum um alles in der Welt sollten alle Muskeln meines Körpers schwach werden, nur weil ich ein unangenehmes Bild betrachte?
Ich bemühte mich in Seminaren recht halbherzig um Hypothesen, sprach einerseits von „Energieabfall" (was auch nicht ganz falsch ist), sah andererseits physiologische Parallelen in der Messung des Hautwiderstands und der Pulsfrequenz, die ebenfalls als Indikatoren für Streß gelten. Nur ist die Erhöhung des Herzschlags eine sinnvolle Reaktion der Natur, um den Organismus in höchste Alarm- und Handlungsbereitschaft zu versetzen, welchen Sinn sollte aber eine *Schwächung* der Muskeln haben, während sie eigentlich zu maximalem Einsatz parat stehen müßten, um zu kämpfen oder zu rennen?
Es gab und gibt für mich nur eine logische Erklärung (zu der ich mich allerdings äußerst mühsam vorarbeiten mußte):
Unsere Skelettmuskulatur wird bewußt über das sogenannte willkürliche Nervensystem gesteuert, das heißt, normalerweise führen unsere Muskeln das aus, was wir uns vornehmen: Suppe löffeln, Briefe schreiben, Skateboard fahren. Sie tun dies alles so lange, wie es nichts Dringenderes zu erledigen gibt. So lange „gehorchen" uns unsere Muskeln.
Wenn aber Gefahr droht, wenn Schnelligkeit entscheidet, dann übernimmt ein automatisches Reaktionssystem die Handlungen. Zu diesem Zweck muß für einen Augenblick die willkürliche Muskeltätigkeit unterbrochen werden, sozusagen um den Platz freizugeben für die höherwertige Auf-

gabe. Und dies muß bei allen Muskeln des Organismus gleichzeitig geschehen, denn in dem Augenblick, in dem wir mit einer Gefahr, einem Stressor konfrontiert werden, „weiß" unser System ja noch nicht, welche Bewegungsabläufe als sinnvolle Reaktion nötig werden. Insofern werden die willkürlichen Handlungen bis zum Eintreten des Reflexes unterbunden.

Diese unwillkürlichen Reaktionen sind einfache bis komplexe Bewegungsabläufe, angefangen vom reflektorischen Wegziehen der Hand bei Schmerz bis zur Entscheidung zwischen Angriff und Flucht bei Gefahr. Sie werden durch Bedrohung (Streß) ohne bewußten Denkprozeß auf der Ebene von Rückenmarksreflexen bzw. Steuerung durch das Kleinhirn ausgelöst, da unser Bewußtsein kostbare Reaktionszeit verlieren würde, wenn es in diesen Ablauf eingeschaltet wäre.

Das heißt, für den Moment, in dem die automatische Reaktion stattfinden muß, wird das willkürliche Nervensystem von seinem Zugang zur Muskulatur „abgekoppelt". Einen Augenblick später setzt die Verbindung wieder ein, und wenn ich mich bewußt zu einer anderen Handlung als dem Reflex entscheide, kann ich die Kontrolle über meine Muskulatur wieder nutzen.

Ein Beispiel:

> *Ich greife in der Küche nach einem Gegenstand; weil ich nicht aufpasse, fasse ich versehentlich auf die heiße Herdplatte. Bevor ich bewußt entscheiden könnte, ob mir das schadet, hätte ich sie bereits verbrannt. Inzwischen hat der Muskelreflex längst eingesetzt und die Hand weggezogen, schon bevor ich den Schmerz registriert habe. Natürlich kann ich mich, wenn es notwendig ist, bewußt darauf konzentrieren, diesen Reflex zu überwinden und die Hand wieder zur Platte führen, die allererste Reaktion ist jedoch die reflektorische, unbewußte, die zwar willentlich kompensiert (nicht jedoch verhindert) werden kann, aber immer die zunächst schnellere ist.*

Also:

> Die Basis der Reaktion beim Muskeltest ist eine Unterbrechung der willkürlich intendierten Bewegung bei Konfrontation mit einem Streßreiz.

Mit anderen Worten: Für einen winzigen Augenblick sind wir nicht Herr unseres neuromuskulären Systems, wir machen Platz, um das Unbewußte arbeiten zu lassen (neuromuskuläre Entkopplung). Und dies gilt für jede muskuläre Antwort unseres Körpers auf jegliche Art von Streßreiz. Konkret für den analytischen Test bedeutet das:

Die willkürliche Bewegung ist das Halten des Arms gegen den Druck des Testers. Sie wird in dem Augenblick unterbrochen, in dem ein Streßreiz auf das System einwirkt.

Dies ist der Moment, in dem ein sonst bärenstarker Arm auf Druck butterweich wird. Und das gilt logischerweise für jeden Muskel des Körpers, so daß die vereinbarte Testhaltung rein willkürlich ist.

Also werden die Muskeln beim Testreiz gar nicht im eigentlichen Sinne schwach, sondern es wird nur kurzfristig die willkürliche Kontrolle über den Muskel unterbrochen!

Der physiologische Mechanismus ist einleuchtend. Erstaunlich ist jedoch immer wieder die Tatsache, daß schon sehr kleine Reize, von uns manchmal bewußt gar nicht als solche identifiziert, vom Organismus als Streß erkannt und mit einer veränderten Muskelreaktion beantwortet werden. Was für ein geniales Instrument, das uns sogar unterschwellige Störreize erkennen läßt!

Das ist absolut sensationell, denn so können wir aus der neuromuskulären Entkopplung Rückschlüsse ziehen, ob sich etwas auf uns negativ auswirkt, auch wenn wir es bewußt nicht identifizieren. Ja gerade durch die se Erfahrungen habe ich als Therapeut erst Zugang gefunden zu vielen feinstofflichen Zusammenhängen, von deren Existenz ich zuvor nicht einmal geahnt hatte.

Der Muskeltest praktisch

Es geht beim Muskeltest darum, den Widerstand des willkürlich gehaltenen Muskels wahrzunehmen, das sogenannte Einrasten oder Sperren zu spüren. Damit wird registriert, daß der Wille beim Muskel „ankommt".
Zu diesem Zweck drückt der Tester den Arm des Getesteten in eine freie Bewegungsrichtung, und dieser hält der Druckrichtung stand. Wir haben uns willkürlich für den Test der Oberarmmuskeln entschieden, der einige praktische Vorteile bietet: Er ist gut zugänglich, und der Bewegungsablauf ist einfach zu vermitteln.
Zwei Haltungen sind dabei üblich, die erste mit waagerecht zur Seite ausgestrecktem Arm testet isoliert den M. deltoideus (Deltamuskel), die zweite wählt bei der Haltung des Arms nach vorn eine Kombination mehrerer Muskelgruppen.
Obwohl der Deltamuskeltest von den Kinesiologen eingeführt und als Universalindikator fast ausschließlich praktiziert wird, hat sich für uns die andere Variante besser bewährt, schließlich ist es zunächst unerheblich, welchen Muskel wir für die allgemeine Reaktion wählen. Erstens bleibt aufgrund größerer Ausgangskraft der Arm auch bei einer längeren Testserie gut belastbar, zum anderen teste ich gern die Patienten im Liegen, was den Vorteil besserer Entspannung und Konzentration bietet, und dabei ist die Deltamuskelhaltung nicht möglich.
Diese Testposition – Armhaltung vorwärts, Therapeut seitlich vom Patienten – ist nicht nur unter testtechnischem Aspekt optimal, sondern auch hinsichtlich der nonverbalen Kommunikation zwischen beiden. Die seitliche Armhaltung erfordert entweder das Testen hinter dem Rücken des Klienten, so daß die Verbindung völlig anonym bleibt. Oder ich muß mich sehr nahe vor den Patienten stellen, womit ich stark in seine Sphäre eindringe. Beides erlaubt außerdem nur eine stehende Position und ist daher aus meiner Sicht völlig ungeeignet zu einem entspannten Arbeiten. Versuchen Sie das mal über den Zeitraum einer Therapiestunde! Mit der von uns praktizierten Haltung haben Sie genug Verbindung zueinander, ohne aufdringlich zu sein.

Konkret für die Arbeit mit dem Armtest heißt das: Der Proband hält den Arm gestreckt waagerecht vor sich, etwa im Winkel von 90° zum Körper, Handrücken nach oben. Der Tester stellt sich außen seitlich zum Probanden und hält Kontakt durch die freie Hand auf der Schulter (nicht Oberarm) des Getesteten. Die Testhand legt er locker oberhalb des Handgelenks auf. Achten Sie darauf, daß in Ruheposition keine Kraft ausgeübt wird, sonst werden einige der Muskelfasern schon leicht gedehnt, und dies führt durch den Muskelspindelreflex zu einer spontanen Dehnung = Schwäche des gesamten Muskels. Entweder hat dann der Arm von vornherein keine Kraft zum Einrasten, das heißt, Sie bekommen gar keinen „starken Arm". Oder die willkürliche Muskulatur hat bereits die Vordehnung durch bewußte Anstrengung überwunden (die Hand sozusagen wieder auf die heiße Herdplatte geführt), so daß ein zusätzlicher Streßreiz nicht mehr „entkoppeln" kann. Also: *Testhand locker auflegen!*

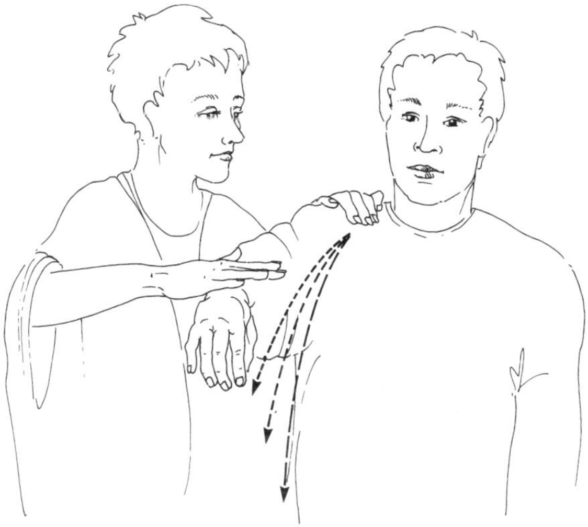

Testhaltung

Der Tester drückt etwa 1 Sekunde lang auf den Unterarm nach unten, der Proband soll gegenhalten, so daß der Arm in dieser Haltung bleibt. Es ist wichtig, den Druck langsam aufzubauen und nicht abrupt oder federnd auf den Arm zu „schlagen". Sehr gut gelingt dies, wenn man als Tester mit dem ganzen Körper mitgeht und nicht nur aus dem eigenen Arm heraus arbeitet, das heißt, daß man sich mit dem eigenen Gewicht gegen den Testarm legt. Wie gesagt, der ganze Vorgang sollte insgesamt etwa 1 Sekunde dauern („einundzwanzig" zählen).
Wenn der Druck allmählich aufgebaut wird, kann man sich als Tester optimal auf die Haltekraft des Probanden einstellen und für eine muskel-

schwache Person wie ein Kind einen geringeren Druck, für einen Kraftsportler einen stärkeren einsetzen.
In der Regel – das heißt ohne später zu besprechende Störeinflüsse – kann dieses Spiel von Druck und Gegendruck beliebig oft wiederholt werden, wenn die ideale Druckstärke ermittelt worden ist. Diese ist erreicht, wenn Tester und Proband sauber das Einrasten des Muskels spüren und der Proband den Arm trotz Druck mit Leichtigkeit halten kann. Hierin liegt die Kunst des Testens und am Anfang die größte Hürde, es erfordert einwandfreie Technik und Übung, wie alle manuellen Fertigkeiten (Tennis sieht bei Profis so einfach und spielerisch aus, der Schläger in der eigenen Hand wirkt dagegen ziemlich plump und ungelenk).
Die Feinabstimmung geht so weit, daß man sich – eventuell nach einer eindrucksvollen Demonstration mit maximalem Kraftaufwand – auf einen minimalen Druck einigen kann. Es geht nur um das Sperren oder Nachgeben im allerersten Augenblick, nur dieses Signal interessiert beim Testen. Manchmal unterstützt es die aktuelle Aufmerksamkeit, wenn Sie unmittelbar vor dem Drücken mit der Aufforderung „Halten!“ an den Test erinnern.
In den folgenden Kapiteln werde ich Ihnen zigfach Muskelreaktionen beschreiben, die alle ausdrücken, daß die willkürlich gewählte Armmuskulatur auf Konfrontation mit einem Streßreiz mit neuromuskulärer Entkopplung reagiert. So müßte es wohl in jedem Falle immer wieder korrekt heißen – eine ziemliche Zumutung für den Leser. Meine vorgeschlagene Vereinfachung ist zwar wörtlich genommen grammatikalisch nicht korrekt und gehört auch nicht zu den literarischen Höhenflügen, gibt dafür aber eine klare Information weiter. Wenn es also heißt: „Der Apfel testet positiv“ – testet dabei natürlich nicht der Apfel, sondern das Muskelsystem reagiert positiv auf ihn. Wenn ich längere Tests dokumentiere, werde ich auf Kürzel zurückgreifen, „+“ bedeutet dann „Muskel ist stark“, „–“ heißt „Muskel ist schwach“.

Sinnesreiz und Muskelreaktion

Um eine Differenzierung darzustellen, d. h., um den Muskelwiderstand auszuschalten, können wir verschiedene Streßreize setzen und unmittelbar darauf die Reaktion testen. Dieser Reiz kann zum einen aus jeder beliebigen Sinnesqualität gewählt werden. Da uns das visuelle System in der Regel am bewußtesten ist, machen Sie einmal folgenden Versuch:

Überprüfen Sie, ob der Arm stark ist. Wenn ja, lassen Sie Ihren Probanden auf das Bild schauen und testen erneut:

Smilie

Sie erhalten weiterhin dasselbe Ergebnis, nämlich einen starken Muskel? So sollte es zumindest sein, andernfalls ist die Testtechnik noch einmal zu überprüfen.
Dann wechseln Sie das Bild:

Heulie

Das Ergebnis? –Wenn der Test sauber abläuft, müßte jetzt der Arm sofort auf Druck nachgeben. Wiederholen Sie diese beiden optischen Reize im Wechsel, aber lassen Sie jeweils einige Sekunden Pause bis zur nächsten Überprüfung.
Wenn die Situation es zuläßt, sollten Sie die Rollen tauschen und die Reaktion beider Personen vergleichen. Überhaupt sollte dieser äußerst einfache und klare Test richtig „sitzen", bevor man sich an differenziertere Untersuchungen wagt.

Objektive Nachweise

Sie haben es gern meßbar? Oder meinen Sie, es würde mit unterschiedlich starkem Druck gearbeitet? – Hier zwei Spiele zum Objektivieren: Setzen Sie sich vor einen Tisch. Nehmen Sie eine einfache Haushaltspersonenwaage und stellen Sie sie so vor sich, daß die Waage knapp unter Ihre Schulterhöhe reicht und die Hand am ausgestreckten Arm auf der Wiegefläche liegt. Schauen Sie den Smilie an und drücken aus der Schulter heraus auf die Waage (nicht das Körpergewicht verlagern!). Registrieren Sie die Skalenanzeige. Nun wiederholen Sie dasselbe mit dem Heulie. Wieviel Unterschied weist die Skala auf? – Bei mir sind es im Schnitt 1,5–2 kg !

Waage

Wieso vermindert sich in diesem Fall auch die objektive Druckkraft, wenn wir doch von einer neuromuskulären Entkopplung und nicht von einer eigentlichen Muskelschwäche ausgehen?
Vermutlich kommt es zu einer kurzfristigen Wechselwirkung im Zusammenspiel der willkürlichen und der unwillkürlichen Muskelsteuerung – ähnlich der Hand auf der heißen Herdplatte, wenn Sie noch einen Tausendmarkschein retten wollen. Durch das eine Signal „willkürliche Aktivität abschalten" und das gegenteilige „Aktivität beibehalten" entsteht im Gesamtergebnis eine Reduktion der Kraft.
Das 2. Objektivierungsspiel simuliert den Muskeltest recht gut, wie wir ihn ausüben, erfordert aber wesentlich mehr Aufwand: Füllen Sie einige Plastiktüten oder Säckchen mit lockerem Sand. Legen Sie auf den zum Test ausgestreckten Arm Päckchen mit unterschiedlichem Gewicht. Hier müssen Sie jedoch recht subtil individuell tarieren, denn die objektive Ausgangskraft ist bei jedem Menschen unterschiedlich. Schauen Sie wieder im Wechsel Smilie und Heulie an; das Gewicht, das Sie beim Smilie noch halten konnten, wird den Arm beim Heulie nach unten drücken.
Mit der Smilie-Übung haben Sie die Reaktion auf einen visuellen Reiz getestet. Bevor wir mit weiteren Sinnesreizen spielen, möchte ich noch einen wesentlichen Punkt ansprechen, der sich gut an diesem einfachen Beispiel demonstrieren läßt.

Was geschieht, wenn Sie kontinuierlich weiter auf den Heulie schauen? Wenn Ihr Blick länger auf diesem Bild ruht und der Arm in Intervallen von einigen Sekunden getestet wird, werden Sie feststellen, daß er nach spätestens 15 Sekunden wieder stark reagiert; mit etwas Feingefühl für den Test werden Sie registrieren, daß von Mal zu Mal der Arm ein wenig mehr Widerstand bietet.

Adaptation

Wenn wir einem Reiz längere Zeit ausgesetzt sind, adaptieren wir. Das geschieht mit allen unseren Sinnesorganen, wir „gewöhnen" uns an Helligkeit und einen Geräuschpegel, an einen Geruch und an den Druck eines Kleidungsstücks. Und in gleicher Weise betrifft es den Streß, der unser Unterbewußtsein und damit unser neuromuskuläres System irritiert. Das heißt nicht, daß der Streß unwirksam wird, sondern nur, daß wir uns auf einem niedrigeren Niveau stabilisieren. (Sie können das, wenn Sie verbal testen – siehe später –, sogar quantifizieren, indem Sie eine willkürliche Energieskala definieren und die Stressoren so in ihrer Wertigkeit einordnen!)
Die Adaptation kann sich dann nachteilig auswirken, wenn wir relativ lange einem Reiz ausgesetzt sind, bevor wir den Muskel endlich testen. Der Vorteil überwiegt jedoch bei weitem: Die Adaptation macht uns unabhängig von etlichen potentiellen Störfaktoren des Testumfelds. Das heißt, wir wissen, daß unser Proband sich innerhalb kurzer Zeit an die Einflüsse der Umgebung anpaßt und damit wieder „neutralisiert" ist. Es ist schließlich kaum möglich, Bedingungen zu schaffen, in denen nicht der mindeste Negativreiz vorhanden wäre, seien es Raumklima, elektromagnetische Felder, Personen, Gerüche, Farben und dergleichen mehr.
Infolge der Adaptation stabilisiert sich der Arm trotz des fortbestehenden Streßreizes und wird für den nächsten Reiz testbar. Wir können also davon ausgehen, daß unser Test zuverlässig ist, wenn eine aktuelle Konfrontation mit einem Stressor stattfindet.
Die Zeit bis zur völligen Adaptation auf einen Stressor schwankt erheblich in Abhängigkeit von der Intensität des Reizes (interessanterweise ist bei verschiedenen Personen und identischem Reiz die Dauer bis zur Adaptation etwa gleich lang). Allein bei visuellen Eindrücken gibt es auffallende Unterschiede. Bei einem Heulie ist das alte Niveau schnell wieder-

hergestellt, handelt es sich doch um einen harmlosen Streß. Anders wird es mit visuellen Eindrücken, die „unter die Haut" gehen:
Suchen Sie ein Bild, das Sie für erschreckend oder brutal halten (Sie brauchen nur die Tagespresse aufzuschlagen!), führen dann den Test erneut durch und bestimmen die Zeit bis zur Adaptation. Wir haben Bilder gefunden, bei denen die Adaptation in einer zumutbaren Zeit überhaupt nicht erreicht wurde. Hier ein Beispiel, ein Titelblatt des „Spiegel", das ich mit Erlaubnis des Verlags vorstelle:

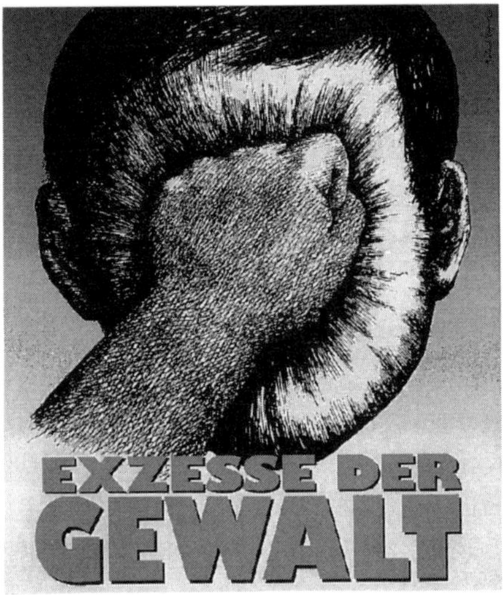

Beenden Sie möglichst nie einen Test mit einem derartigen Negativ-Eindruck, sondern sorgen Sie dafür, daß am Ende einer Testserie der Arm durch einen positiven Eindruck stark wird. Der massiv negative Reiz klingt sonst noch unter Umständen lange in der Erinnerung nach.
Übrigens ist die Adaptation nicht nur von der Intensität des Sinnesreizes abhängig, sondern sie wirkt sich auch unterschiedlich innerhalb des Organismus aus. In späteren Kapiteln stelle ich Ihnen die Reaktion von Stressoren auf z. B. verschiedene Meridiane vor, und wenn ein Reiz zu einem Meridian eine spezifische Resonanz hat, wird dieser deutlich länger geschwächt, während der Armmuskel als allgemeiner Indikator bereits wieder stark ist. (Dies könnte eine Erklärung dafür sein, daß durch bestimmte Stressoren auf Dauer ein Meridiansystem und damit ein spezieller Muskel belastet wird, was im Touch for Health sich dann als chronisch manifestierter Zustand zeigt).
Nach diesem Blick auf das wichtige Thema der Adaptation können wir die Wahl der Testreize erweitern.

So wie wir mit realen Bildern Reaktionen auslösen, gelingt dies natürlich auch mit virtuellen, das heißt mit Vorstellungen. Führen Sie denselben Test durch und *stellen sich dabei Smilie und Heulie nur vor!*
Selbstverständlich funktioniert es, doch Vorsicht: Je weiter wir uns von der materiellen Basis entfernen, desto weniger können wir überprüfen, ob die Aufgabe korrekt ausgeführt wurde oder ob andere Vorstellungen die gewünschte überlagert haben.
Gerade das Arbeiten mit den bildhaften Vorstellungen ist andererseits eine wesentliche Grundlage vor allem der psychologischen Arbeit mit dem Muskeltest, die ich ausführlich im 2. Band darstellen werde.

Hören, riechen, schmecken . . .

Die Reize, die wir aus den verschiedenen Sinnesqualitäten beurteilen können, sind äußert vielfältig und kaum begrenzt:
Kneifen Sie – taktiler Reiz – die Testperson nach Ankündigung leicht in einen Muskel, weit entfernt vom getesteten Arm (damit es nicht zu einer Überlagerung durch den sogenannten Muskelspindelreflex kommt), bereiten Sie auch durch die Ankündigung vor, um keinen Schreck auszulösen. Testen Sie dann den Arm: Er wird schwach.
Setzen Sie die Person bestimmten Klängen oder Geräuschen aus – oder auch beliebiger Musik. Auch hier reagiert der Arm – allerdings vermutlich eher individuell differenziert im Vergleich zu dem „Standard" von Smilie und Heulie. Erforschen Sie die Wirkung auditiver Reize auf sich und Ihre Probanden: Vogelstimmen, Kreissäge, Mozart, Heavy Metal, Klangschalen, Instrumente, Katzenschnurren – wo sind die Grenzen? Sammeln Sie Erfahrungen, es macht Spaß und bereichert Sie, es gibt Ihnen die Chance, sich selbst besser kennenzulernen!
Das Gleiche gilt selbstverständlich für Geruch und Geschmack, ist dann aber schon schwieriger durchzuführen, weil eher Mischeffekte auftreten.

> Jeglicher Sinnesreiz kann über den Muskeltest geprüft werden. Bei Konfrontation mit dem Reiz wird der Muskel getestet, bleibt er stark, ist der Reiz positiv oder neutral, wird er schwach, zeigt er Streß an, der Reiz wirkt negativ.

Mit dem Test von Sinneseindrücken sind die Möglichkeiten des analytischen Muskeltests noch lange nicht ausgeschöpft, im Gegenteil, jetzt wird es richtig spannend.

Der Lügendetektor

Lassen Sie den Probanden einen einfachen Satz sprechen, der in seiner Aussage keinen Zweifel zuläßt. Zum Beispiel: „Zwei plus zwei ist vier" oder „Heute ist ... (richtiger Wochentag)". Testen Sie den Arm: Er muß stark sein. Lassen Sie dann einen Satz derselben Art aussprechen, der keinesfalls stimmt, z. B.: „Zwei plus zwei ist fünf" oder „Heute ist ... (falscher Wochentag)". Der Arm wird schwach.
Warum?
Wenn wir weiterhin davon ausgehen, daß der Muskel bei jeder Konfrontation mit „Streß" im Sinne der vorübergehenden neuromuskulären Entkopplung nachgeben muß, dann müßte beim „Lügendetektor" der Streß durch den Widerspruch entstehen. Das heißt, der willkürlich ausgesprochene Satz wird mit dem Unterbewußtsein abgeglichen, das eine andere Information enthält, und so entsteht im Augenblick des Aussprechens ein Konflikt. Konflikt = Streß, und logischerweise muß der Arm nachgeben.
Wählen Sie für diese Demonstration immer Aussagen, die eindeutig sind! Enttäuschungen über den Test liegen nicht am Verfahren, sondern nur an unsauberem Arbeiten.
„Die Sonne scheint" ist ein ungünstiges Beispiel: Sie scheint immer, auch wenn es regnet oder bei Nacht, nur eben verdeckt. Ebenso sollten wir vermeiden, wertende Aussagen zur Demonstration zu benutzen („Dies ist ein gutes Buch" u. ä.).
Haben wir jetzt den idealen Lügendetektor entdeckt? – Ja und nein.
Vielleicht hilft die Bewußtseinspyramide zu verstehen, warum diese Frage nicht so einfach beantwortet werden kann.

Die Bewußtseinspyramide

Das menschliche Bewußtsein gliedert sich in etliche Ebenen, die nicht scharf voneinander abzugrenzen sind, jedoch für sich deutliche Charakteristika aufweisen. Die Bewußtseinspyramide soll das als Arbeitshypothese veranschaulichen (Abb. s. Seite 37).
Unser augenblickliches Bewußtsein ist extrem begrenzt. Das, was unmittelbar in diesem Moment präsent ist, betrachte ich als *Aktualbewußtsein*. Es umfaßt die Gedanken oder Wahrnehmungen, mit denen wir uns derzeit unmittelbar beschäftigen, also für Sie vielleicht das Lesen dieser Zeile oder ein Jucken am Zeh oder der Gedanke, dies sei ja alles äußerst merkwürdig. Schon wenn wir uns davon abwenden und auf die knarrende

Tür achten oder aus dem Fenster schauen, ist das vorherige Thema aus dem Blickfeld und somit auch aus dem Aktualbewußtsein herausgenommen. Es ist das absolute „Hier und Jetzt“, der Fokus unserer Aufmerksamkeit.

Die nächste, etwas umfassendere, Schicht möchte ich als *Tagesbewußtsein* bezeichnen. Es hat Zugriff auf all die Eindrücke und Erinnerungen, die unmittelbar ohne jegliches Nachdenken präsent sind, sofern wir unseren Fokus anders ausrichten. Wenn Sie Ihre Aufmerksamkeit von diesem Buch auf Ihre heutige Kleidung lenken, dann ist diese Ihnen unmittelbar ohne Nachdenken zugänglich, ebenso wie Ihr Aufenthaltsort, der Name Ihrer Mutter, Ihre Telefonnummer (?) u. ä.

Der nächste Schritt in die Tiefe führt in eine Art *Zwischenbewußtsein*. Seine Informationen sind uns durch übliches Nachdenken verfügbar, aber nicht sofort präsent. Wenn Sie gefragt werden, wo Sie Ihren Urlaub 1994 verbracht haben, was Sie gestern zu Mittag gegessen haben, welche Schule Sie besucht haben – dann rufen Sie dies aus dem Speicher über bewußtes Nachdenken auf, ebenso wie die einstmals gelernten englischen Vokabeln oder ein Lied aus Ihrer Kinderzeit.

Noch eine Ebene tiefer liegt das *Unterbewußtsein*. In ihm sind alle Erinnerungen abgelegt, die nicht direkt über Nachdenken rekonstruiert werden können, die sich jedoch manchmal ohne bewußte Steuerung wie Blitze auftun, oft in tiefen Entspannungszuständen, in Träumen, in bildhaften Assoziationen, über bestimmte Fokussierungstechniken, wie z.B. in Hypnose – und eben auch über den Muskeltest. Diese Erinnerungen sind zugänglich, können aber nicht durch Wollen erzwungen werden.

Bewußtseinspyramide

Die tiefste Schicht umfaßt das *Unbewußte*. Es kontrolliert alle unsere Lebensvorgänge im biochemischen und physiologischen Zusammenspiel, zu ihm bekommen wir in der Regel jedoch keinen bewußten Zugang. Willkürlicher Einfluß hierauf hat enge Grenzen, die Atmung können wir zwar noch willentlich steuern, über autogenes Training unsere Herzfrequenz beeinflussen, jedoch die Milliarden von enzymatischen und neurogenen Stoffwechselvorgängen sollten wir der Instanz des Unbewußten überlassen, da wir deren Kontrolle ohnehin nicht gewachsen wären. (Allerdings gibt es auch hier wieder Ausnahmen, wie manche Yogis, die bewußt ihre Herzfrequenz steuern bis hin zum freiwilligen Ableben.)

Welche Ebenen der Pyramide spielen nun für den Muskeltest eine Rolle? Als erstes natürlich das Aktualbewußtsein, denn dies ist gefordert, wenn es darum geht, den Arm in der gewünschten Position zu halten. Wer nicht mitmacht, ist auch nicht zu testen.
Die „Antwort", die Testreaktion, wird dann ausgelöst durch das Unterbewußtsein und das Unbewußte, je nachdem, auf welche Ebene ein Streßreiz einwirkt. (So könnte man sich vorstellen, daß die Frage nach einer psychischen Verletzung in der Kindheit über das Unterbewußte beantwortet wird, denn sie wäre ja gegebenenfalls erinnerbar. Die Untersuchung einer diabetischen Stoffwechsellage könnte jedoch beim besten Willen nicht in unserer Erinnerung erscheinen, hier würde das Unbewußte die Reaktion steuern.)
Wie oben beschrieben, setzt für den Augenblick, in dem mit einem Stressor konfrontiert wird, die willkürliche Muskelkraft aus, um das Muskelsystem freizugeben für eine etwaige Reflexreaktion. Das heißt, der Arm kann nicht gehalten werden.
Und der Bezug zum Lügendetektor?
Theoretisch müßte nach dieser Prämisse über den Armmuskeltest alles abrufbar sein, was jemals erlebt wurde, indem es in Aussagen gekleidet wird. Zum Beispiel: „Ich bin mit 7 Jahren in die Schule gekommen." (Der Arm bleibt stark, wenn dies zutrifft.) Die langjährige Erfahrung mit dem Test zeigt aber, daß auf diese Weise keine Erkenntnisse erzwungen werden können, daß sogar in einigen Fällen (zum Schutz der Persönlichkeit?) schon mal eine falsche Aussage gemacht wird. Denn manchmal tauchen zum Beispiel im Laufe einer psychotherapeutischen Behandlung Themen auf, die bei gezielter Untersuchung zu einem früheren Zeitpunkt nicht als Stressor relevant bzw. erkannt waren.

Das heißt, es müssen Steuermechanismen vorhanden sein, die entscheiden, welche Informationen zu einem bestimmten Zeitpunkt oder generell weitergeleitet werden und welche verborgen bleiben.

Diese Beobachtung bringt mich zu der Hypothese, daß eine „Filterschicht" am Übergang vom sogenannten Zwischen- zum Unterbewußtsein existieren muß, die entscheidet, ob ein Thema zu diesem Zeitpunkt und mit diesem Therapeuten bearbeitet bzw. verkraftet werden kann oder nicht. Dieser Filter muß über die Fähigkeit verfügen, tief unbewußte Wahrnehmungen zu verarbeiten, wie z. B. den Eindruck von Kompetenz und Vertrauenswürdigkeit des Therapeuten, die eigene derzeitige Fähigkeit, bestimmten Prozessen gewachsen zu sein, und ob die Situation für die Informationen angemessen ist oder nicht. Zum anderen muß dieser Filter auch von bewußten Entscheidungen erreicht werden, sich auf den Test nicht einlassen zu *wollen*.
Sicherlich kann diese Erklärung nur ein Denkmodell sein, denn selbst die umfangreichsten Forschungen zu dem, was unser Bewußtsein ausmacht, haben bislang keine Erkenntnis zutage gefördert, was dieses Bewußtsein letztlich ist. Wichtig erscheint mir nur die Feststellung, daß es offensichtlich ein Schutzsystem gibt, das dafür sorgt, daß alles zum Besten des Klienten abläuft. Damit ist der Test als juristisches Instrument unbrauchbar, weil wir nicht wissen, ob er zum Besten des Getesteten „ehrlich" oder „schützend" ist, ob er für das Gesetz oder die Person eintritt.
In der konkreten Arbeit mit dem Muskeltest ist diese Begrenzung ein großer Vorteil. Sie lehrt uns Vertrauen zur „Führung durch den Patienten", sie entlastet uns bei gewissenhafter Anwendung von der ständigen Frage, ob das, was wir herausfinden, vom Klienten verkraftet werden kann.

Substanztestungen

Eine weiterer wesentlicher – und spektakulärer – Einsatzbereich des analytischen Muskeltests ist das Testen von Substanzen.
Probieren Sie es: Testen Sie zunächst den Arm, so daß er stark ist. Lassen Sie dann den Probanden eine Substanz in die Hand nehmen, deren Auswirkung Sie überprüfen möchten, z. B. einen Apfel, eine Kartoffel, eine Zigarette, ein Stück Würfelzucker. Testen Sie dann erneut: Bei einigen Mitteln wird der Arm unverändert stark bleiben, bei anderen wird er geschwächt nachgeben.
Die Sache mit dem Substanztest ist einfach und kompliziert gleichzeitig. Den (relativ) einfachen Teil präsentiere ich Ihnen jetzt, den komplexeren Zusammenhängen widmen wir uns später.

Schon allein die Tatsache, daß das neuromuskuläre System auf den Kontakt zu einer (möglicherweise unbekannten) Substanz reagiert, ist irritierend für einen normal wissenschaftlich denkenden Menschen. Daß der Test funktioniert, ist nicht zu bestreiten, fehlt nur noch die Erklärung, warum.

Zunächst wollte ich mich, zumindest an dieser frühen Stelle, davor drükken, den Substanztest vorzustellen. Aber erstens würde ich hier bewußt eine erhebliche Lücke riskieren, wenn ich diesen Test übergehen. Zum anderen kennen vermutlich alle von Ihnen, die flüchtigen Kontakt mit dem Muskeltest hatten, schon diese Variante: Sie bekamen ein Stück Würfelzucker oder ein Medikament in die Hand, ohne zu wissen, worum es dabei überhaupt geht. Also muß ich mich den Überlegungen stellen.

Alle bisherigen Testvarianten ließen sich mit Sinneswahrnehmungen bzw. beim „Lügendetektor" mit dem Streß durch Konflikt erklären. Gibt es etwa noch ein unbekanntes Sinnesorgan für die Identifizierung nicht bewußt wahrgenommener Substanzen? – Ich glaube, ja.

Ich habe zwar keine Ahnung, wie es sinnesphysiologisch funktioniert. Aber ich stelle es mir zumindest so vor, daß hier elektromagnetische Impulse (aus der ja die gesamte Materie besteht) eine Rolle spielen.

Wenn auch der Begriff durch allzu großzügigen Gebrauch strapaziert ist, sehe ich die Reaktion des Körpers auf den Kontakt zu Substanzen als Ausdruck von Veränderungen in der Schwingung. Wir sind uns durch unsere Art der Wahrnehmung in der Regel der Schwingungsnatur aller Materie nicht bewußt, auch wenn es heute zum Allgemeinwissen gehört, daß die Materie nur scheinbar aus solider Substanz besteht.

Und so vermute ich, daß sich das Schwingungsfeld einer Person im Sinne einer elektromagnetischen Interferenz ändert in dem Augenblick, in dem wir eine Substanz in dieses Feld einbringen. Das heißt, es gibt ein Schwingungsfeld „Person", ein Schwingungsfeld „Substanz" und ein Schwingungsfeld „Person plus Substanz". Ob es „wirklich" so ist, mag sich eines Tages bestätigen, oder es wird widerlegt, oder es findet sich eine bessere Antwort. Millionen von Menschen benutzen den Lichtschalter, um die Lampe anzuknipsen, wie viele von ihnen mögen das Phänomen des elektrischen Stroms wirklich verstanden haben?

Es mag etwas verwundern, daß es über derartige Beobachtungen noch keine Forschungsergebnisse gibt. Aber da muß man ehrlich fragen, wer denn an solchen Erkenntnissen überhaupt ein Interesse hätte, welche Lobby tritt dafür ein, wer kann die horrenden Summen aufbringen, die diese Art von Forschung kosten würde? – Und so kann ich Ihnen zur Zeit nur die reproduzierbare Beobachtung und eine mögliche Hypothese anbieten. Ich bin dankbar, wenn Sie eine treffendere finden.

Varianten des Muskeltests

Der Armmuskeltest, wie ich ihn oben beschrieben habe, ist die Grundlage unserer Arbeit, und auf diesen beziehe ich mich grundsätzlich in meinen Darstellungen. Dennoch möchte ich Ihnen einige Varianten vorstellen, die Sie alternativ einsetzen können.
Recht weit bekannt ist der sogenannte Armlängentest, dem ich relativ häufig bei Zahnärzten begegnet bin.

Armlängentest

Stellen Sie sich entspannt aufrecht hin, beugen Sie sich ganz leicht vornüber, die Knie sollten nicht durchgedrückt werden. Lassen Sie die gestreckte Arme locker vor sich herabhängen. Schlenkern Sie mit den Armen vor dem Körper einige Male hin und her, und lassen Sie dann die Handflächen sich in der Mitte treffen, so daß sie aneinanderliegen. Vergleichen Sie die Fingerspitzen: Sie enden in derselben Höhe. Führen Sie diese Übung mit Blick auf den Smilie durch: natürlich dasselbe Ergebnis. Dann setzen Sie das Schlenkern fort mit dem Blick auf den Heulie. Ergebnis?
Üblicherweise verändert sich auf einer Seite die Armlänge, so daß die Fingerspitzen sich nicht vorn treffen, sondern unterschiedlich lang erscheinen, das heißt, auf der einen Seite enden die Fingerspitzen einige Zentimeter unterhalb denen der anderen Seite. Der Indikator für Streß oder Nichtstreß ist somit die Längendifferenz der Arme, Längenunterschied signalisiert Streß, „gleichlange" Arme bedeuten Ausgewogenheit und damit Nichtstreß.

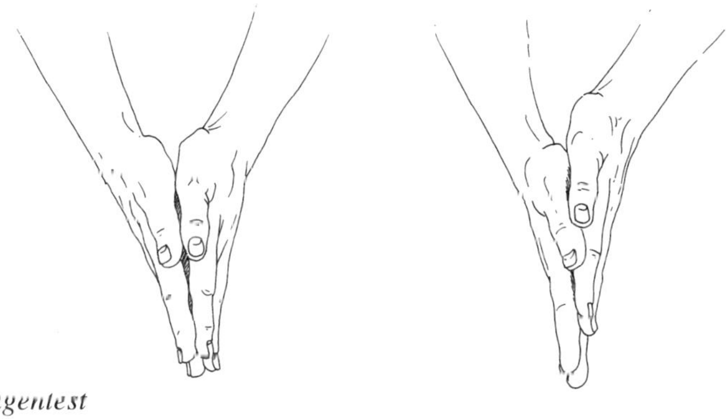

Armlängentest

Wenn Sie auf diese Weise an einer anderen Person testen wollen, stellen Sie sich vor diese hin, umschließen deren Handgelenke locker mit Ihren Händen und übernehmen das Schlenkern, indem Sie ihre Arme leicht hin und her bewegen. Überprüfen Sie dies mit und ohne Streßreiz. (Auch hier bedarf es einiger Übung, um saubere Differenzen feststellen zu können.)
Zahnärzte führen auf diese Weise oft Materialprüfungen durch, indem sie ihre Patienten auf dem Behandlungsstuhl bitten, die Arme entspannt nach hinten über den Kopf auszustrecken. Der Tester legt die gewünschte Substanz auf den Körper des Patienten und zieht leicht an beiden Armen. Auch hier spricht eine Differenz beider „Armlängen" für Streß, „gleichlange" Arme bedeuten Ausgewogenheit.
Als Erklärungsmodell nehme ich an, daß in einer entspannten Situation die Signale beider Gehirnhälften gleich sind (die Muskulatur einer Körperseite wird jeweils durch gegenseitige Gehirnhälfte gesteuert). Je nachdem, welche Gehirnhälfte durch einen Reiz stärker in Streß gerät, wird die Muskulatur der gegenüberliegenden Seite reagieren und damit eine Differenz in der „Länge" der Arme bewirken.
Dieses Denkmodell steht für mich nicht im Widerspruch zu der ursprünglichen Hypothese, daß alle Muskeln auf einen Stressor mit einer neuromuskulären Entkopplung reagieren. Das schließt eine geringfügige Seitendifferenz in der Reaktion nicht aus, ebenso wie auch einzelne Meridiane und die dazugehörigen Muskeln selektiv verstärkt reagieren können.
Es gibt einige Therapeuten, die den Armlängentest bevorzugen, ich selbst sehe keinen Vorteil darin. Mir ist er in vielen Situationen, besonders beim psychischen Arbeiten, zu umständlich und auch weniger überzeugend für den Klienten.

Eigentests

Die Arbeit mit einem anderen Menschen ist das Übliche beim analytischen Muskeltest. Dennoch wird es immer wieder vorkommen, daß wir uns unabhängig machen wollen (oder müssen) von einer weiteren Testperson oder daß wir den Test ohnehin nur für uns selbst anwenden wollen. Dies ist möglich, wenn auch mit einigen Unsicherheiten behaftet.
Den 1. Eigentest haben Sie bereits mit dem Armlängentest kennengelernt. Aber es geht auch eleganter:
Setzen oder stellen Sie sich entspannt hin. Bilden Sie mit Daumen und Zeigefinger an beiden Händen durch Berührung der Fingerspitzen Ringe. Verschränken Sie die Ringe beider Hände ineinander. Ziehen Sie jetzt beide Seiten mit leichtem Schwung gegeneinander: Die Ringe sollten standhalten.

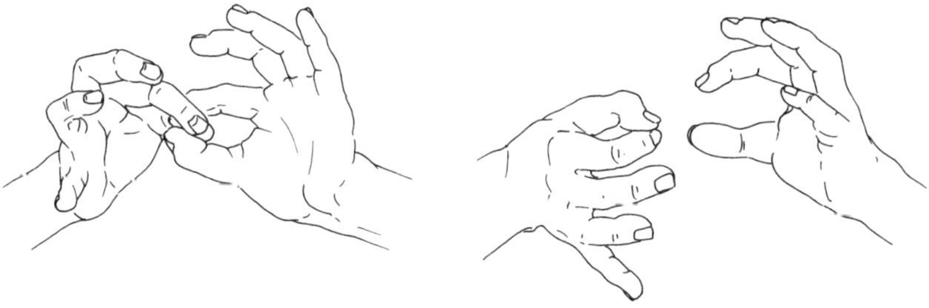

Eigentest Ringe

Schauen Sie – wie gewohnt – den Smilie an und ziehen wieder: Logischerweise bleiben die Ringe geschlossen und damit die Hände ineinander verhakt.
Dann sehen Sie auf den Heulie und wiederholen den Zug beider Hände: Wenn Sie Glück haben, geht der Ring einer Seite auf und die Hände lösen sich voneinander.
Wenn Sie diese Übung beharrlich wiederholen und immer wieder stimmige Ergebnisse erhalten, können Sie davon ausgehen, daß Sie auch mit dieser Testvariante arbeiten und sich darauf verlassen können. Subjektive Einflüsse wie Erwartungshaltungen (siehe später) mischen sich hier jedoch wesentlich häufiger ein, als wenn eine 2. Testperson als Korrektiv vorhanden ist!
Folgende Version fällt einigen Testern leichter:
Links verbinden Sie wieder die Spitzen von Daumen und Zeigefinger. Rechts formen Sie Daumen und Zeigefinger zu einem „Schnabel", den Sie durch den Ring stecken. Sie versuchen, von innen den Ring zu sprengen, indem Sie rechts Daumen und Zeigefinger auseinanderdrücken. Der Ring „hält" bei positivem oder neutralem Reiz, er gibt dem Druck nach und öffnet sich bei negativem.

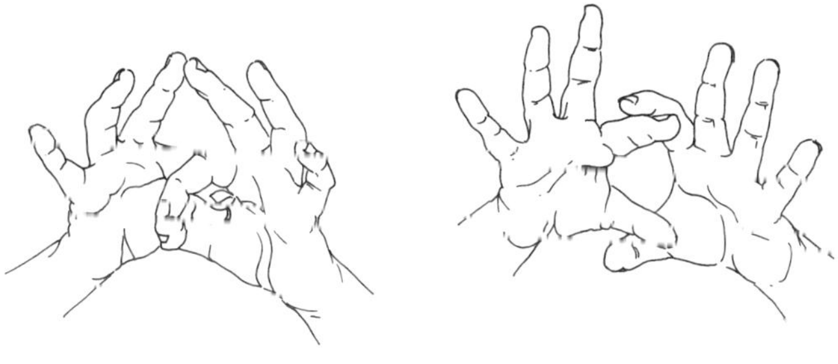

Eigentest Schnabel

Trösten Sie sich, wenn Sie nicht auf Anhieb ein sauberes Ergebnis erhalten. Bei mir hat es mehrere Monate gedauert, bis es einigermaßen geklappt hat. Am besten wählen Sie eine ganz entspannte Situation ohne Erwartungen und Erfolgszwang. Spielen Sie einfach mit möglichst belanglosen Testungen, mit Bildern, Äpfeln, Musik, einfachen Aussagen und dergleichen mehr, bis Sie sich immer mehr auf die Resultate verlassen können.
Als Erklärungsmodell können Sie auf die Hypothese des Armlängentests zurückgreifen, hier macht sich nämlich wieder der Unterschied von bewußt und unbewußt gesteuerter Körperseite bemerkbar.
Es gibt noch eine elegantere (und noch etwas schwierigere) Abwandlung des Eigentests, auch da gilt es, selbst zu probieren. Nicht jeder muß alles beherrschen, wichtig ist eine sichere Methode des Muskeltests.
Der *Einhandtest* läuft folgendermaßen ab:
Legen Sie die Fingerkuppe des Zeigefingers auf den Rücken des Mittelfingers derselben Hand (oder, wenn es anatomisch besser gelingt, auch umgekehrt). Drücken Sie mit dem oberen Finger („Tester") auf den unteren („Testperson").
Wenn der untere Finger standhält, entspricht das dem Halten des Arms, als „negative" Reaktion ist es zu werten, wenn der untere Finger dem Druck deutlich nachgibt.

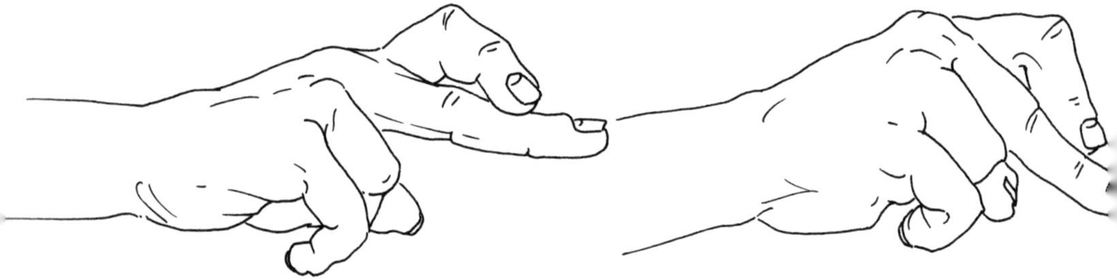

Einhandtest

Erlauben Sie mir, daß ich mir eine Erklärung aufspare, bis wir uns einigen weiterführenden Prinzipien des Muskeltests widmen.
Achtung: Verrenken Sie nicht die Glieder, und verwerfen Sie nicht die Methode, wenn es nicht sofort gelingt. Dieser Test hat mich 2 Jahre Frustration gekostet, weil ich überhaupt keine Unterschiede bekam. Jetzt geht er so leicht von der Hand, daß ich mich frage, wie es mal anders sein konnte. Lassen Sie sich also nicht entmutigen, aber setzten Sie sich auch nicht unter Streß, man kann auch ohne diese Spielart des Tests hervorragend leben und arbeiten.

Gleichgültig, zu welcher Variante Sie den besten Zugang haben: Die Informationen, die darüber vermittelt werden, sind identisch. Nur ist es empfehlenswert, wenn wir eine andere Person untersuchen wollen, auch deren Muskelsystem zu nutzen (daß es auch anders geht, können Sie im Kapitel „Surrogattest" nachlesen).
Eigentests sind nützlich, um zu ermitteln, was uns selbst gut tut oder schadet; nur in Sonderfällen können sie auch schon mal bei Fremdpersonen hilfreich sein (sozusagen indem Sie als Tester gleichzeitig das Surrogat sind, siehe unten). Und natürlich ist immer wieder darauf hinzuweisen, daß ein fehlerhafter Umgang mit dem Test nicht durch immer neue Testtechniken kompensiert werden kann.
Ich habe Ihnen etliche Varianten vorgestellt, wie Sie den Muskeltest anwenden können, so daß für jeden Geschmack und Bedarf ein Instrument vorhanden sein dürfte. Vermutlich gibt es noch mehr Modifikationen, bei denen sich die Frage stellt, inwieweit sie das Spektrum sinnvoll erweitern oder in eine Spielerei ausarten – aber warum nicht spielen? Möglicherweise erfinden Sie ja noch Abwandlungen, die Ihre eigene Arbeit bereichern.

Zu guter Letzt: der Surrogattest

Es gibt – je nach Praxisklientel – eine Reihe von Patienten, die für uns mit dem üblichen Armhaltetest nicht zu untersuchen sind. Bei Erwachsenen kommt es selten vor (durch Lähmungen, Erkrankungen im Schultergelenk, Bewußtlosigkeit u. a.). Aber eine große Gruppe „dankbarer" Patienten sind Kinder, und die können erst ab etwa 5 Jahren selbst getestet werden.
Kinder zu testen, ist äußerst motivierend, weil ihr Organismus noch im Aufbau ist und neu gestellte Weichen rasch zu erkennbaren Erfolgen führen. Die Summe von krankmachenden Einflüssen ist noch wesentlich besser zu überschauen als bei Erwachsenen, die Behandlungsdauer aufgrund der noch nicht so lange manifestierten Zustände meist erfreulich kurz, die Erfolgserlebnisse tun Kindern, Eltern und Therapeuten gut.
Logischerweise können Kinder erst selbst getestet werden, wenn sie auch verstehen, was ihre eigene Aufgabe im Test ist, nämlich das bewußte Gegenhalten des Arms. Und dies ist nur in seltenen Fällen schon mit 4 Jahren möglich, quasi als Glückstreffer. Reguläres Arbeiten über den Muskeltest wird erst ab dem Schulalter möglich (aber dann macht es den Kindern üblicherweise riesigen Spaß und wirkt für sie enorm motivierend)

Einige Therapeuten setzen bei Kindern den Armlängentest ein. Hier liegt die Altersbegrenzung niedriger, Säuglinge sind auf diesem Wege jedoch ebenfalls nicht zu untersuchen.
Mit dem Surrogattest wird es möglich, auch „untestbare“ Personen zu testen, indem ein „Übersetzer“ zwischen Tester und Probanden geschaltet wird. Wenn Sie auf die Hypothesen des Substanztests zurückschauen, können Sie die Situation betrachten als „Schwingungsfeld Patient + Übersetzer“. Logischerweise verändert sich das Feld der getesteten Person (Surrogat) in dem Augenblick, in dem sie Kontakt zu einer anderen aufnimmt.
Probieren Sie es einmal:
Wählen Sie 2 Personen, zum Üben am besten erst einmal Erwachsene. Testen Sie zunächst das Surrogat, den Übersetzer, auf einen klar starken und klar schwachen Arm. Dann sollen Surrogat und die zu testende Person sich an der freien Hand fassen. Sie testen das Surrogat wieder: Es dürfte sich nichts verändert haben. Geben Sie jetzt der zu testenden Person etwas Würfelzucker oder eine Zigarette in die freie Hand, es kann auch derart verdeckt sein, daß sie selbst nicht weiß, was sie hält. Testen Sie dann den Arm des Surrogats bei weiterhin bestehendem Kontakt zwischen den beiden Personen. Wenn der Test technisch korrekt ist, wird der Arm nachgeben.
Dasselbe Ergebnis erhalten Sie, wenn die getestete Person ohne Wissen des Surrogats ein negatives Bild ansieht. Um eindeutig die gewünschte Person zu testen, müssen Sie nur immer wieder darauf achten, daß der Streßreiz dem Surrogat nicht direkt zugänglich ist, wie z. B. beim Lügendetektor, da die gehörten Worte ja ebenfalls beim Surrogat einen Abgleich von Wahrheit oder Unwahrheit auslösen. Möglich wäre der Lügendetektor mit geschriebenen Sätzen, die nur der getesteten Person vorgelegt werden.

Als ich das erste Mal in meinem Leben mit der Kinesiologie konfrontiert wurde, erlebte ich den verblüffenden Beweis. Der ganzheitlich arbeitende Zahnarzt Dr. Rossaint in Aachen hatte zu einem Demonstrations-rundgang für Naturheilkundler durch seine Praxis eingeladen. Wir waren acht Personen. Der Surrogattest wurde vorgeführt, indem wir eine lange Kette von Hand zu Hand bildeten. Die 1. Person bekam – ohne unser Wissen – eine Zigarette in die Hand, die letzte wurde getestet. Logischerweise wurde der Arm schwach. Dann bat eine Teilnehmerin, den Versuch noch einmal zu wiederholen. Zu allseitigem Erstaunen blieb trotz wiederholtem Test der Arm jetzt stark, Dr. Rossaint schien irritiert. Des Rätsels Lösung: 2 Teilnehmer hatten vereinbart, ohne daß es unmittelbar sichtbar war, die Hände und den Körperkontakt voneinander zu lösen!

Die Situation, die zumindest bei mir in der Praxis am häufigsten Surrogattestungen erfordert, ist die Untersuchung eines Kindes über einen begleitenden Erwachsenen. Selbstverständlich sollten alle Anwesenden über den Test informieren werden und ihn an sich selbst mit einem einfachen Beispiel erleben. Erst dann wende ich mich dem Test des Kindes zu. Sehr kleine Kinder fühlen sich am wohlsten auf dem Schoß ihrer Begleiter und verlieren rasch etwaiges Mißtrauen, wenn sie feststellen, daß ihnen nichts Schmerzhaftes oder Unangenehmes droht.
Zur Testdemonstration eignen sich auch hier wieder Zigaretten (gut verpackt, ich bevorzuge verschließbare Laborröhrchen), da an deren Schädlichkeit selbst Raucher nicht zweifeln. Am günstigsten ist es natürlich, wenn nur das Kind selbst Kontakt zum getesteten Material hat; wenn es alt genug ist, sollte es die Testsubstanz in die Hand nehmen. Sollte dies zum Beispiel bei einem Säugling noch nicht möglich sein, hält der Therapeut oder der Surrogat-Elternteil die Substanz dem Kind an den Körper, am besten auf eine unbekleidete Stelle. Materialien, die eine Muskelschwächung auslösen, sollten sicherheitshalber auch am Surrogat allein überprüft werden. Wenn es hierauf ebenfalls negativ anspricht, müßte verbal weiter differenziert werden.
(Manche Reaktionen, wie z. B. Amalgambelastungen, finden sich bei derartig vielen Menschen, daß gleichzeitige Treffer bei Testperson und Surrogat gar nicht so selten sind. Je näher Lebensraum und Verwandtschaft zwei Menschen zusammengeführt haben, desto häufiger kommen ähnliche Befunde vor.)
Auf diese Weise lassen sich alle Schritte des analytischen Tests auch an Personen anwenden, die nicht unmittelbar selbst testbar sind, sei es die Reaktion auf Materialien und Arzneien, sei es das Check-up über die Testpunkte.
Doch auch der Surrogattest birgt Tücken. Hierfür ein Beispiel aus meiner damaligen Landpraxis:

Im voll laufenden Betrieb der Allgemeinpraxis bot ich immer wieder Patienten den Test in Kürze an, wenn ich selbst nicht weiter wußte. Manchmal fehlte die Zeit, die Zusammenhänge eingehend zu erklären, mich wirklich auf mein Gegenüber einzulassen. Mit der Folge, daß in dieser Phase meiner Arbeit sich auch häufiger Fehler im Test einschlichen wie schwacher Arm durch Wassermangel oder Blockierungen (siehe Kapitel „Was tun, wenn es nicht klappt?“). Ich versuchte dies zu umgehen, indem ich eine Arzthelferin als Surrogat einbezog.
So auch im Fall einer Patientin mit unklaren Gelenk- und Muskelbeschwerden, die bereits aus allen Fachrichtungen ergebnislos durch

untersucht war. Ganz stolz verkündete ich ihr nach dem Test, daß nun alles klar sei, ein bestimmtes Bakterium namens Borrelia burgdorfferi sei verantwortlich für ihre Beschwerden, und das ließ sich glücklicherweise in einer Blutreaktion nachweisen und auch behandeln.

Entsetzt war ich, als das Laborergebnis diese Infektion sicher ausschloß. Ich haderte mit mir, dem Schicksal und dem Muskeltest und wollte ihn am liebsten an den Nagel hängen. Bis auf einmal die Idee aufkeimte, daß ich ja nicht nur die Patientin getestet hatte, sondern daß schließlich meine Arzthelferin dazwischengeschaltet war. Sollte etwa . . . ?

Der Nachtest an der Arzthelferin allein bestätigte den Hinweis, daß sie mit diesem Erreger infiziert war. Mein Herzklopfen können Sie sich sicher vorstellen, als ich den Laborbefund erwartete. Und, wie vermutet, aber kaum noch geglaubt, bewies das Labor die getestete Aussage!

Warum hat sich hier das System des Surrogats eingemischt und das Ergebnis der eigentlichen Testperson „verfälscht"?

Wenn wir mit dem Muskeltest arbeiten, integrieren wir uns in ein komplexes System, an dem alle beteiligten Personen, natürlich auch der Tester oder Therapeut, auf der unbewußten Ebene einen Anteil haben. (Daß auch der Versuchsleiter oder Beobachter ohne Manipulation einen Einfluß auf das Ergebnis hat, ist in der Physik seit Jahrzehnten bekannt, und diese Erkenntnisse haben zu ganz neuen Betrachtungen unserer Wirklichkeit und Wissenschaft geführt.)

Im Surrogattest sind 3 Systeme miteinander verknüpft: Patient, Übersetzer und Tester. Die drei sitzen sozusagen in einem Boot. Wenn wir bedenken, daß zwischen den Menschen der größte Teil von Informationen nicht über den Inhalt der Worte ausgetauscht wird, sondern nonverbal auf tieferen Bewußtseinsebenen stattfindet, läßt sich gut vorstellen, daß sich hin und wieder das Surrogat „vordrängelt", und zwar dann, wenn es um ein wichtiges Signal geht, das sonst möglicherweise übersehen worden wäre, wie im Falle meiner Arzthelferin. Es ist wie bei den dreien in einem Boot: Man hat vereinbart, miteinander zu rudern; wird einer von ihnen ohnmächtig, dann bekommt dies die höhere Priorität, man wird sich ihm zuwenden und später weiterrudern.

Auch hier, wie beim Lügendetektor und Substanztest, müssen wir anerkennen: Priorität setzt sich durch.

> Wir können also über ein Surrogat eine andere Person testen, müssen aber gewahr bleiben, daß es „Einmischungen" vom Surrogat geben kann.

Wenn Sie den Surrogattest zu schätzen gelernt haben, mag es sein, daß Sie sich nicht auf das Testen von Menschen beschränken. Ich habe sehr erfolgreich unsere Haustiere bei Verletzungen und Gesundheitsstörungen getestet, ebenso habe ich über den Test Hilfe bekommen für kranke Pflanzen, ich kenne Gärtner, Tierärzte und Landwirte, die den Test in ihrer Arbeit nutzen. Lassen Sie sich inspirieren, freuen Sie sich am Experimentieren!

Eine elegante Abwandlung des Surrogattests ist der Eigentest, wenn er in Kontakt zu einer anderen Person, einem anderen Wesen durchgeführt wird. Die Bedingungen sind dieselben wie beim Dreigespann, nur sind Sie dann Tester und Surrogat in einer Person, während sonst ein anderer Übersetzer dazwischengeschaltet wird. Diese Variante ist eher anfällig für Fehler, weil leicht Erwartungshaltungen des Testers hineinspielen. Andererseits ist der Eigentest bei genügend Übung und Selbstkritik ein hervorragendes Instrument, das über den an sich schon faszinierenden Test hinaus noch die Unabhängigkeit von anderen Personen bietet.

Sie haben jetzt ausreichend theoretische Informationen erhalten, daß es an der Zeit ist, soviel wie möglich praktisch zu üben. Bevor Sie an therapeutisches Arbeiten gehen, sollte der spielerische Umgang mit dem Muskeltest möglichst sicher und fehlerfrei klappen, das heißt, die erhaltenen Ergebnisse sollten einfach und logisch nachzuvollziehen sein. Deshalb üben Sie lieber einen gewissen Standard (einfache Bilder, klare Aussagen, eindeutige Materialien) mit möglichst vielen Leuten, bis Sie sicher beurteilen können, ob der Arm stark ist oder nachgibt.

Arbeitsgruppen bieten eine wertvolle Hilfe, sei es zum autodidaktischen Erarbeiten, sei es als praktische Fortsetzung von Ausbildungskursen. Je mehr Sie üben, desto eher werden Sie auch auf Fehler und Unsicherheiten stoßen, die sich in Gruppen oft schon durch Vergleich und Diskussionen erklären lassen. Die Fehlermöglichkeiten eines Systems zu kennen, heißt immer, es besser zu beherrschen. Je sicherer Sie sich im Umgang mit dem Basiswissen und der Technik der Methode fühlen, je klarer Ihnen das dahinterliegende Prinzip wird, desto selbstverständlicher werden Sie sich eigenen Experimenten und Erfahrungen öffnen können, um noch viele weitere Möglichkeiten in der Arbeit mit dem Muskeltest zu entdecken.

Was tun, wenn es nicht klappt?

Wenn Sie Ihre ersten Erfahrungen mit dem Testen gemacht haben, werden Sie vermutlich zu folgendem Schluß kommen:

Ein Großteil der Testergebnisse ist klar und eindeutig, die Reaktionen auf den jeweiligen Reiz logisch. Daneben gibt es eine Reihe von „Ausreißern“, bei denen die Reaktion nicht den üblichen Erfahrungen oder Erwartungen entspricht. Natürlich können sich auch bei dem Instrument des Muskeltests Fehler einschleichen, wenn man seine Gesetze mißachtet.

Testtechnik

Die meisten Probleme entstehen zu Beginn der Erfahrungen mit dem Muskeltest durch technische Unsauberkeiten.
Viele Tester drücken zu abrupt, das heißt mit Schwung. Dabei wird die Muskelkraft mechanisch überwunden wie bei einem Pumpenschwengel, da die Kraft des Testers durch die Beschleunigung vervielfacht wird. Diese Kraft wirkt vehement auf den Hebelarm des gehaltenen Arms ein, so daß auch bei positivem Einfluß keine Chance bleibt, entspannt den Arm zu halten. Nur mit geballter Anstrengung kann eben noch gegengehalten werden (die Hand wird krampfhaft nach dem Tausendmarkschein auf der heißen Herdplatte ausgestreckt). Entweder registriert man dann einen undifferenziert elastisch federnden Arm oder einen verkrampft starken Arm, der nur unter Aufbieten aller Kraft in der Position bleibt.
Der Verdacht auf diesen Testfehler liegt nahe, wenn das Halten des Arms auch bei positivem Reiz erhebliche Kraft kostet. Ich empfehle immer wieder eindringlich, mit möglichst vielen verschiedenen Personen zu üben, um ein Feedback über die eigene Testtechnik zu bekommen und diese auszufeilen.
Ein 2. ähnlicher Anwendungsfehler ist leichter Dauerdruck während der Testpause. Läßt der Tester seine Hand zum Beispiel während einer Testserie auf dem Arm des Probanden liegen, übt er dabei oft unbewußt einen leichten Druck aus. Dies erzeugt eine Vorspannung, die über den Muskelspindelreflex zu einer fortbestehenden Schwächung des gesamten Muskels führt, so daß der Arm auch beim positiven Reiz nachgeben würde. Wird diese Schwäche jedoch willkürlich mit Anstrengung überwunden, was meistens der Fall ist, kommt es zu der oben beschriebenen verkrampften Anspannung – und damit gibt es auch hier keine klare Aussage.
Ich wiederhole noch einmal meinen Vorschlag, nicht nur aus dem eigenen Arm heraus zu testen, sondern langsam das gesamte Körpergewicht gegen bzw. auf den Arm des Probanden zu verlagern. Während der Testpause sollte keine Kraft auf den Muskel einwirken. Damit vermeiden Sie die Vorspannung ebenso wie die gewaltsame Beugung des Arms über die Hebelkraft. Probieren Sie es, die Erfahrung wird Sie überzeugen.

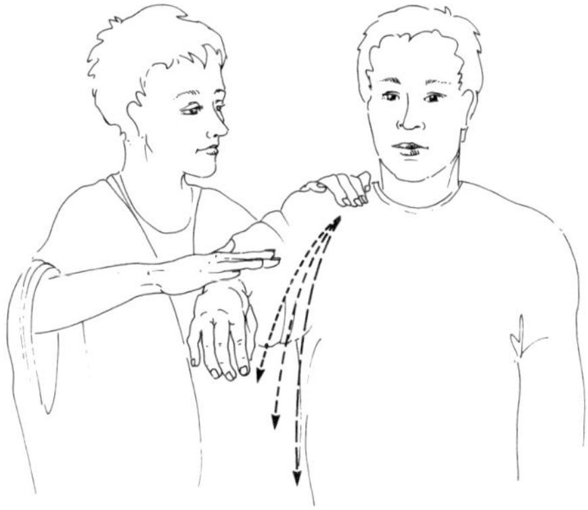

richtige Testhaltung

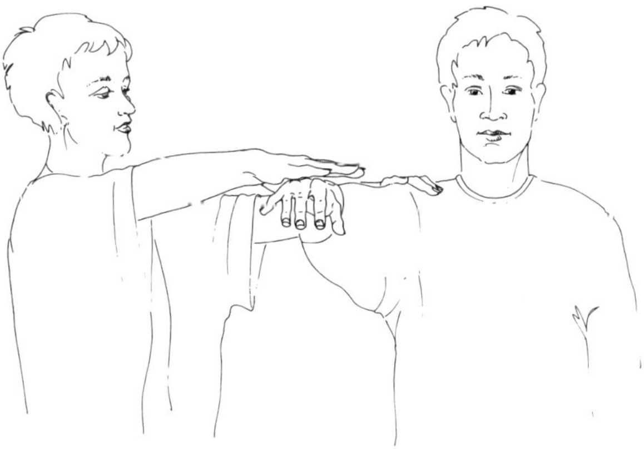

falsche Testhaltung

Wassermangel

Eine zweite „Unsauberkeit" entsteht durch Wassermangel des Probanden. Man hat den Eindruck, es sei Pudding in den Muskeln oder der Klient sei unaufmerksam und halte nicht richtig gegen. Oft wird beim ersten Mal noch ausreichend Haltekraft erzeugt, im Fortgang des Testens verliert sich jedoch das eindeutige Einrasten immer mehr. Bei wiederholter Aufforderung mit dem Wort „Halten" wird die Spannung zwar auch wieder aufgebaut, kann jedoch nicht beibehalten werden.
Dies ist ein typisches Signal für erheblichen intrazellularen Wassermangel. Eine latente Unterversorgung mit Flüssigkeit ist weit verbreitet, um aber den Test spürbar zu erschweren, muß der Mangel schon gravierend sein.
Wenn Sie wegen eines „Puddingmuskels" den Verdacht auf Wassermangel haben, geben Sie der Testperson ein Glas oder eine Flasche Wasser in die freie Hand; beim nächsten Test wird der Arm spürbar deutlicher ein-

rasten, das System erkennt die passende Information. Da es sich aber eben nur um *Information* handelt, adaptiert der Organismus sehr schnell, so daß das Halten des Wasserglases zur Stabilisierung nicht ausreicht, das Wasser muß auch getrunken werden. Schließlich handelt es sich um einen realen Mangel, durch den elektrophysiologische Abläufe gestört werden, und der Mangel muß real behoben werden. (Ein Wanderer durch die Wüste bricht vor Durst fast zusammen. Er will kraftlos liegenbleiben, meint, keinen Schritt mehr zu schaffen, als er in einiger Entfernung eine Oase erkennt. Wetten, daß er den Weg bis dorthin noch schafft? – Allein die Information hat alle seine Reserven aktiviert. Wenn er dort nichts findet, wird er vermutlich endgültig aufgeben.)

Wasser ist für die elektrophysiologische Funktion des Organismus von elementarer Bedeutung. Es ist bekannt, daß viele Menschen ohnehin zur wenig Flüssigkeit zu sich nehmen, und wenn, dann handelt es sich oft um zusätzlich noch diuretisch wirkende Getränke, wie Kaffee, schwarzer Tee, Alkohol u. a., die den Wasserhaushalt ungünstig beeinflussen, statt ihn aufzufüllen. Zu wenig wird reines Quellwasser getrunken, und auch über die Nahrung wird zu wenig reines Wasser zugeführt, wie es z. B. in Früchten vorkommt. Und bei ausreichender Trinkmenge muß außerdem noch gewährleistet sein, daß das Wasser nicht nur in die Blutbahn und von dort über die Nieren nach draußen gelangt, sondern daß es auch in die Zellen aufgenommen wird. Dafür scheint nicht jede Flüssigkeit und nicht jedes Wasser in gleicher Weise geeignet zu sein – testen Sie!

Wenn Sie schon längere Testerfahrung haben, kann es Ihnen gelingen, diese Schwäche auch bei erheblichem Wassermangel zu überspielen durch besondere Aufmerksamkeit auf das immer noch *leicht* spürbare Einrasten. Ein Unsicherheitsfaktor bleibt es jedoch auch für Geübte. Meist spart es sogar Zeit, vor dem Weiterarbeiten ausreichend trinken zu lassen, weil der Test dann eindeutiger und flüssiger wird.

Die Blockade

Bei der Blockade bleibt der Arm – gleichgültig, ob bei positivem oder negativem Reiz – ständig stark, das heißt, es ist überhaupt keine Negativaussage und damit keine ablesbare Reaktion auszulösen.

Eine solche Blockierung ist üblicherweise ein Hinweis auf eine bewußte oder unbewußte Weigerung des Probanden, sich diesem Testverfahren oder diesem Therapeuten zu stellen (siehe „Lügendetektor“). Meist tritt sie auf, wenn wir es jemanden unbedingt beweisen wollen, wenn wir nicht Verständnis und Neugier wecken wollen, sondern den eigenen Triumph

suchen, wenn wir uns überheblich oder besserwisserisch über den Getesteten stellen.
Zu Beginn meiner Arbeit mit dem Muskeltest war ich so Feuer und Flamme von dieser Methode, daß ich sie zuweilen geradezu aufdrängte in dem Glauben, die anderen zu ihrem Glück zwingen zu müssen. Damals hatte ich immer mal wieder jemanden unter den Patienten, der nicht „zwangsbeglückt" werden wollte und dies über einen nicht zu beeinflussenden Muskel signalisierte.
Zunächst schob ich Blockierungen auf die Ignoranz oder Sturheit der Probanden. Schließlich schlug sich jeder anständige Therapeut mit lauter „blockierten" Patienten herum, wie ich in etlichen Kursen und Arbeitsgruppen erfuhr. Aber kann es wirklich sein, daß die Kranken um Hilfe bitten, nur um dann auf stur zu schalten?
Als ich selbst als Getestete den Vorwurf zu hören bekam, daß ich „blokkiert" sei, konnte ich das Unbehagen spüren, das so eine Schuldzuweisung auslöst. Dabei war ich doch besten Willens – nur traute ich, ehrlich gesagt, der testenden Person überhaupt keine Kompetenz für mein Anliegen zu.
Müßte nicht jeder, der des öfteren auf Blockierungen trifft, sich zunächst einmal an die eigene Nase fassen? Ich für meinen Teil erkannte, daß Blokkaden bei Patienten nur etwas mit meinem eigenen Auftreten, mit meiner Vermittlung des Muskeltests zu tun hatten. Ich hatte anfangs tatsächlich vergessen, daß ich ja selbst beim Kennenlernen der Kinesiologie eine große Skeptikerin gewesen war, wie konnte ich da voraussetzen, daß alle anderen mit fliegenden Fahnen zu überzeugen waren! Seit ich die anfängliche Überheblichkeit ablegen konnte und Skepsis der anderen akzeptiere, kann ich mich mit meinem Gegenüber freuen, daß der Test klappt, kann mich auf sein Niveau und seine Ansprüche einlassen – und seitdem gibt es keine Blockaden mehr.
Der Aufwand von wenigen Minuten, jedem Neuling das Testen erstens zu erklären, zweitens mit einfachen Beispielen zu demonstrieren – eventuell auch in Gegenwart weiterer Familienangehöriger –, hat sich jederzeit gelohnt, die Mitarbeit ist trotz eventueller Vorbehalte gesichert. Unter diesen Voraussetzungen bin ich schon seit Jahren weder in der Praxis noch in unseren Seminaren Blockierungen begegnet.

Das Switching

Wassermangel induziert beim Getesteten einen grundsätzlich immer schwachen Arm, die Blockade immer einen starken, das Switching läßt das

Testergebnis genau umgekehrt erscheinen, das heißt, beim Positivreiz gibt der Muskel nach, bei negativem bleibt er stark. Das Switching kommt äußerst selten vor, mir ist es nur aus der Startphase meiner kinesiologischen Ausbildung bekannt, später ist es nie mehr aufgetreten.
Diese Störung fällt sofort bei der Testdemonstration auf (Smilie = –, Heulie = +). Die Ursache liegt in einer momentanen Überreizung des Nervensystems. Sie weist auf akuten oberflächlichen Streß hin, Ihr Patient hat sein Auto vielleicht nach 20 Runden Parkplatzsuche in ein absolutes Halteverbot gestellt und kommt völlig entnervt zum Termin, oder er kommt mit massiver Verspätung, weil er im Stau gesteckt hat oder ähnliches.
Dieses „Überdrehtsein" bewirkt eine Testumkehr. Sie löst sich von ganz allein, wenn wir die Ursache beheben (einen Parkplatz hinter dem Haus anbieten) oder den Patienten einige Minuten zur Ruhe kommen lassen, notfalls, indem er noch einen kurzen Spaziergang macht.

Erwartungshaltung

Hiermit kommen wir zum heikelsten Punkt der Fehlermöglichkeiten. Diesen Aspekt einerseits kritisch im Blickwinkel zu behalten, sich andererseits aber auch nicht verunsichern und entmutigen zu lassen, ist sicher eine Kunst, die Erfahrung und Übung braucht.
Es gibt etliche Hinweise, daß Therapeut und Klient durch das gemeinsame Schwingungsfeld in eine lebhafte nonverbale Kommunikation eingebunden sind. Dadurch sind Übertragungsphänomene nicht ausgeschlossen. Und so kommt berechtigterweise die Frage auf, wie weit dann die Testergebnisse wirklich vom Patienten stammen oder ob sie vom Therapeuten mit beeinflußt werden.
Sie glauben es nicht? Machen Sie folgendes Experiment:
Informieren Sie Ihren Probanden, daß Sie überprüfen wollen, ob er sich von Ihnen gedanklich so beeinflussen läßt, daß der Arm durch Ihren Willen (und nicht durch seinen) nachgibt. Zu diesem Zweck wählen Sie ohne sein Wissen eine Zahl zwischen 1 und 10 und notieren sie auf einem Zettel, der für den Probanden nicht sichtbar ist. Sagen Sie ihm, Sie werden insgesamt zehnmal den Armmuskel testen, und er würde exakt bei der Zahl schwach werden, die Sie aufgeschrieben haben.
Testen Sie dann 10mal den Arm, zählen laut dabei, in dem Wissen, daß der Arm bei der ausgewählten Zahl nachgibt – er wird es tun.
Das Aus für den Muskeltest, das vorzeitige Ende einer erfolgversprechenden Methode? – Sicher nicht.
Denn zum einen wird kaum jemand so dumm sein, den Arm bewußt zu

manipulieren, um damit ein Testergebnis abzulesen. Wo bliebe dann der Wert einer Aussage?
Unbewußte Projektionen können sich da schon eher einmischen, und die gilt es aufzuspüren, das weiß jeder klassische Psychotherapeut. Aber obwohl sich die meisten Tester dieser Problematik nicht bewußt sind, reicht diese Fehlerquelle nicht aus, die Trefferquoten des analytischen Muskeltests wesentlich zu schmälern, sie scheint also im Ganzen betrachtet zwar wichtig, aber nicht ausschlaggebend zu sein.
Überhaupt läßt sich dieses geheime Spiel der Unterbewußtsein von Tester und Klient schlußendlich nur verstehen, wenn wir den Muskeltest nicht als ein mechanistisches Werkzeug betrachten, sondern ihn als Ausdrucksform eines geistigen Prinzips annehmen. Dazu mehr im Kapitel „Die Perspektive des Muskeltests“.
Logischerweise stellt sich die Frage, was zu tun ist, um den Einfluß eigener Erwartungen zu vermeiden. Die erste und wesentliche Regel dafür lautet:

> Unser Test muß frei sein von Vorurteilen und Intentionen, wir müssen offen und unvoreingenommen unseren Klienten gegenübertreten.

Das bedeutet, daß selbstkritische Beobachtung fester Bestandteil des Testens sein muß, ebenso wie Aufrichtigkeit sich selbst gegenüber.
Situationen, die besonders empfindlich sind für diese Art von Fehlern, wären u. a.:

- besondere Sympathie oder Antipathie einem Patienten gegenüber,
- Zeitdruck („ich muß schnell etwas Passendes finden“),
- materielle Vorteile (teure Therapiegeräte in der eigenen Praxis, die sich amortisieren müssen),
- Streß und Anspannung des Therapeuten sonstiger Art.

Wenn wir uns darüber im klaren bleiben und uns selbst bemühen, keine eigenen Interessen oder Absichten (einschließlich Zeitgewinn u. ä.) einfließen zu lassen, dürfte der Test in der Regel frei sein von Übertragungsphänomenen und damit in seinem Ergebnis „echt“.
Noch eine Anmerkung am Rande: Fans von Fehlermöglichkeiten seien an Institutionen verwiesen, die den Muskeltest in der Kinesiologie als mechanistisches Instrument propagieren. Es ist erstaunlich, wie viele Fehler man noch zusätzlich konstruieren kann, indem das Regelwerk beträchtlich erweitert wird. Jedes Nichtbeachten einer Regel führt dann selbstverständlich zu Fehlern, und das Ganze wird ziemlich unübersichtlich.
Alle diese Stufen habe ich in meiner Ausbildung auch durchlaufen, habe alle Regeln und Hinweise beherzigt, bin auch kurzfristig dem einen oder anderen Fehler begegnet. Merkwürdigerweise trat er aber erst dann in

meiner Praxis auf, wenn ich ihn durch meine Ausbildung kennengelernt hatte, und noch eigenartiger, er verschwand oft, wie er gekommen war. Habe ich die „Fehler“ etwa nur gefunden, weil ich vorübergehend an sie geglaubt habe ???

Das Verständnis des Muskeltests nicht als technische Methode, sondern als Übersetzer eines Lebensprinzips ließ all diese Hilfskonstruktionen überflüssig werden. Damit läßt sich zwar nicht regellos arbeiten, und es wird auch nicht immer „leichter“, da diese Prinzipien eine unablässige Arbeit an sich selbst und ununterbrochenes Gewahrsein fordern. Aber es wird insofern einfacher, daß wir uns ohne das monströse Regelwerk tatsächlich auf den Patienten einlassen und konzentrieren können, anstatt immer und überall auf der Hut zu sein, welche Fallen wir uns im Test gestellt haben.

Seien Sie getrost: Wenn Sie die biologische Mechanik beherzigen und den Test muskelgerecht anwenden, wenn Sie zudem Ihr Gegenüber respektieren und bereit sind, in seinem Sinne mit ihm gemeinsam einen Schritt in Richtung Heilung zu tun, dann sind Sie zwar trotz Test nicht unfehlbar, aber Sie besitzen ein wunderbares Instrument, mit dem Sie die Prinzipien des Lebens erkunden können.

Der analytische Muskeltest

Der analytische Test soll klären
- welche Systeme des Organismus gestört sind,
- wodurch diese Systeme beeinträchtigt sind,
- auf welche Weise sie korrigiert werden können.

Diese „Diagnostik" schließt sich dabei in der Regel nicht an die herkömmlichen medizinischen Klassifizierungen an, sondern sie führt unmittelbar auf den Entstehungsprozeß von Krankheiten und Beschwerden zurück, beschreibt somit eher die Herkunft als die Diagnose.

Das diagnostische System des Muskeltests arbeitet bevorzugt mit den chinesischen Meridianen. Das hat den Vorteil eines globaleren Krankheitsverständnisses, weil es an tieferliegenden Prozessen ansetzt als die reine Organ-, Symptom- oder Syndrombetrachtung.

Die altchinesische Medizin geht von der Vorstellung aus, daß die Lebensenergie, das *Chi*, in festgeschriebener Folge im Körper auf Bahnen verläuft, die *Meridiane* genannt werden. Hierbei wird im Rhythmus von jeweils 2 Stunden jeder Meridian maximal mit Chi durchflutet, das dann auf den folgenden Meridian überspringt, bis nach 24 Stunden der Zyklus von neuem beginnt. Auf diesem Weg werden zugehörige Organe, Drüsen und Strukturen mit Energie versorgt.

Auf diesen Meridianen liegen die Akupunkturpunkte, heute nachweisbar als Zonen veränderten Hautwiderstands, die durch Reizung den Energiefluß des Meridians korrigieren helfen. (Zu den Grundlagen der chinesischen Medizin gibt es eine Fülle von Literatur, einen allgemeinverständlichen Überblick finden Sie z. B. in „Altchinesische Heilungswege" von Kai-Uwe Frank.)

Die klassische Methode des Touch for Health nach Goodheart, Thie und anderen testet große stammnahe Muskeln, die mit einem Meridian in Verbindung stehen. Um die Funktion eines solchen Muskels zu überprüfen, ist jeweils eine definierte Haltung von Armen oder Beinen und eine spezifische Druckrichtung erforderlich, schon leichte Abweichungen sind dann

nicht mehr dem gewünschten Muskel und damit dem entsprechenden Meridian zuzuordnen.
Dieses Testverfahren ist sehr aufwendig und kompliziert, es bedarf einer fundierten Kenntnis der Anatomie, der einzelnen Testhaltungen und ausdauernder Übung. Für Orthopäden und Physiotherapeuten könnte dies ein hervorragender Ansatz sein, sie finden reichlich Literatur und Ausbildung bei den klassischen Kinesiologen, hierzu kann ich keine neuen Aspekte beitragen. Hier möchte ich mit Ihnen andere Wege gehen, die den Muskeltest auch dann nutzen lassen, wenn man sich nicht auf Touch for Health spezialisieren möchte.
Die Testungen der vielen Muskelgruppen als Standardmethode war für mich kaum realisierbar, und zwar unter ganz praktischen Gesichtspunkten: Es ist wesentlich schwieriger, dem Patienten die ständig wechselnden und oft nur subtil unterschiedlichen Haltungen zu vermitteln und ein wirklich sauberes Ergebnis zu bekommen. Zudem ist es recht zeitaufwendig, was für meine damalige Praxis nicht umzusetzen gewesen wäre. Schon der einfache Armmuskeltest wird nicht sofort von jedermann verstanden, wieviel schwieriger dürfte es je nach Auffassungsgabe der Patienten sein, jede dieser Stellungen eindeutig zu vermitteln, und wieviel eher treffen wir auch auf anatomische Einschränkungen durch Funktionsstörungen des Skelettsystems.

Alarmpunkte

Für meine Arbeit habe ich einen anderen Zugang genutzt:
Zu den jeweiligen Meridianen gehören sogenannte Alarmpunkte auf der Körperoberfläche. Dies sind Zonen überwiegend auf der Körpermittellinie, die repräsentativ für den gesamten Meridian gelten und meist auf Abzweigungen dieser Meridiane liegen. Diese „Punkte“ sind nicht stecknadelkopfgroß wie Akupunkturpunkte, sondern Zonen von einigen Zentimetern Durchmesser.
Wenn Sie den Alarmpunkt eines Meridians berühren und gleichzeitig den Armmuskel als allgemeingültigen Indikator testen, so reagiert der Arm auf diese Fokussierung. Das heißt, wenn der Testmuskel während der Berührung des Alarmpunkts stark bleibt, liegt derzeit keine Störung in diesem Meridian vor; wird der Arm schwach, zeigt dies eine Belastung im Meridian an.
Mit Hilfe der schematischen Übersicht der Meridian-Alarmpunkte und

einer Lagebeschreibung können Sie einen Patienten jetzt analytisch „durchtesten“:
Beginnen Sie immer mit dem Vortest für einen klar starken und einen klar schwachen Arm (Smilie / Heulie, Lügendetektor oder ähnliches). Dann berühren Sie – oder ggf. der Proband – der Reihe nach die Alarmpunkte und testen jedesmal den Arm. Notieren Sie die Punkte, an denen der Arm nachgibt. So bekommen Sie innerhalb weniger Minuten eine Übersicht darüber, wo Belastungen vorliegen.
Der nächste entscheidende Schritt ist es, diese Aussagen sauber zu interpretieren.
Der Test zeigt eine Störung, eine Disharmonie im Meridian an. Fast allen dieser Meridiane sind konkrete Organe und Strukturen zugeordnet, und bei schwachem Alarmpunkt liegt der Verdacht nahe, daß das zugehörige Organ geschädigt ist. In den meisten Fällen geht die Meridianstörung tatsächlich mit einem nachweisbaren Befund oder zumindest mit subjektiven Beschwerden einher.
Andererseits kann es auch vorkommen, daß ein Organschaden (noch) nicht eingetreten ist – vergleichbar mit einem Stück Land, das von der Wasserzufuhr eines Flusses abhängig ist, wird es erst nach einer gewissen Zeit der Unterbrechung zu Auswirkungen im Versorgungsbereich kommen.
Wenn wir den Meridian selbst (und nicht sein Versorgungsgebiet) überprüfen, können wir Störungen schon im Vorfeld erfassen, das heißt, solange sie noch nicht zu manifesten Befunden geführt haben. (Wenn jemand über längere Zeit regelmäßig Alkohol trinkt, belastet er damit zweifelsfrei u. a. seine Leber. Diese wird trotz „Belastung“ noch lange Zeit hervorragend ihre Dienste tun, die Laborwerte können noch jahrelang normal sein. Dennoch wird keiner abstreiten, daß diesem Organ Schaden zugefügt wird, daß es „belastet“ ist und daß diese Vorlast den Boden dafür bildet, daß sich eine Krankheit entwickeln kann.)

Lage der Alarmpunkte

Gouverneursgefäß (steuert übergeordnet alle Yang-Kräfte im Körper): Körpermittellinie oberhalb der Oberlippe

Konzeptionsgefäß (steuert übergeordnet alle Yin-Kräfte im Körper): auf der Mittellinie unterhalb der Unterlippe

Lungenmeridian (Zuordnung Lunge, Haut, Nase, Geruchssinn): auf der Hälfte der Verbindungslinie Axille / Sternoklavikulargelenk

Kreislauf-Sexus-Meridian (Herzbeutel, Zunge, Blut): Mitte des Brustbeins

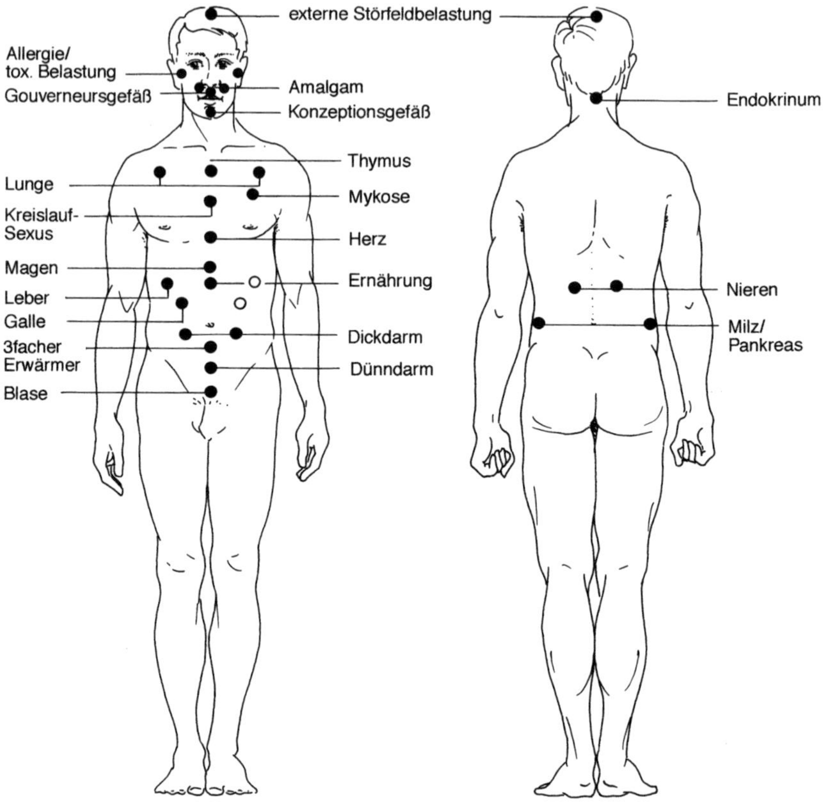

Alarmpunkte

Herzmeridian (Herz, Zunge, Blut): untere Spitze des Brustbeins
Magenmeridian (Magen, Brustdrüse, Mund, Bindegewebe): Epigastrium (unterhalb Brustbein)
Milz-Pankreas-Meridian (Milz, Bauchspeicheldrüse, Mund, Bindegewebe): beidseits in der Axillarlinie in Höhe des Nabels
Gallenmeridian (Galle, Muskulatur und Sehnen, Auge): beidseits unterhalb des Rippenbogens in der Mamillarlinie
Lebermeridian (Leber, Muskulatur und Sehnen, Auge): etwa 3 Querfinger oberhalb des Gallenpunkts nach außen
Dickdarmmeridian (Dickdarm, Haut, Nase, Geruchssinn): beidseits handbreit neben Nabel (rechts aufsteigend, links absteigend)

Dreifacher Erwärmer (3E) (Schilddrüse, Durchblutung der Körperetagen): 2 Querfinger unterhalb Nabel
Dünndarmmeridian (Dünndarm, Blutgefäße, Zunge): 2–3 Querfinger unterhalb Alarmpunkt 3E
Blasenmeridian (Blase, Knochen, Ohr): Körpermittellinie direkt oberhalb der Symphyse
Nierenmeridian (Niere, Knochen, Ohr): handbreit nach oberhalb und dorsal vom MP-Alarmpunkt (am Rippenbogen)

Sonderpunkte:
Thymus: handbreit unterhalb des Jugulum (oberes Ende des Brustbeins)
Externe Störfelder: Scheitelpunkt des Kopfes
Allergie / Belastung: beidseits vor dem Tragus des Ohrs
Amalgam: Mitte der Nasolabialfalte beidseits
Mykose: oberer Ansatz des linken Brustmuskels in der Mamillarlinie
Endokrinum: am Übergang der Hinterhauptschuppe zur Wirbelsäule
Ernährung: etwa 2 Querfinger unterhalb des Punktes „Magenmeridian"

Ich möchte noch einmal unterstreichen, daß eine Belastung der Erkrankung vorausgeht, die Krankheit ist sicht- und spürbare *Folge* einer Belastung und verläuft nicht notwendigerweise parallel.
Die Diskrepanz Meridianbelastung – Symptom kann auch umgekehrt auftreten, nämlich daß noch Symptome oder Befunde vorhanden sind, obwohl das Meridiansystem schon wieder im Gleichgewicht ist. Auch das ist eher selten. Zum Beispiel kann es bei einer Behandlung der Fall sein, die den Organismus energetisch stabilisiert, während der Heilprozeß noch nicht abgeschlossen ist (das Land ist wieder bewässert, die Blumen blühen aber noch nicht).
Hierzu habe ich ein zunächst verwirrendes Beispiel erlebt:

> *Eine junge Frau wurde mir von einem Kollegen zum Testen zugewiesen, sie litt unter multiplen Beschwerden, u. a. massiven Ohrgeräuschen. Als ich sie testete, waren alle Meridiansysteme stabil, selbst der Thymuspunkt! – Des Rätsels Lösung erfuhr ich nach anfänglicher Irritation, als ich den begleitenden Kollegen fragte, ob er irgendeine Therapie begonnen hätte. Er hatte sie am Abend zuvor mit Akupunktur behandelt, und somit waren alle Meridiane bei meiner Untersuchung noch ausgeglichen, die Symptome waren jedoch noch vorhanden.*

Wenn Sie eine Person über die Alarmpunkte durchgetestet haben, können Sie demnach daraus folgende Schlüsse ziehen:

- Die geschwächten Alarmpunkte weisen auf Störungen im zugehörigen Meridian hin.

- Es handelt sich um eine Momentaufnahme, vergleichbar einem Foto, das heißt, es gilt weiter zu klären, welcher Art die Belastung ist (akut oder chronisch).
- Störungen im Meridian können auf die dazugehörigen Organe hinweisen, müssen aber nicht mit einer Erkrankung desselben einhergehen. Hier gilt es sorgfältig zu prüfen, inwieweit klinische Konsequenzen anstehen. *Die Schwächung eines Meridians sagt nichts über die Intensität der Schädigung!*

Die Sonderpunkte

Die über das Meridiansystem hinausgehenden „Sonderpunkte" vermitteln zum Teil sehr konkrete Aussagen.

Die Thymusdrüse

Für feinstoffliche Arbeit ist der Thymus ein bedeutendes Organ. Jede Schwächung seines Alarmpunktes weist auf übergeordnete Störungen hin, ohne dabei spezifisch zu sein. Üblicherweise ist dieser Punkt schwach bei allen Beeinträchtigungen des Immunsystems, seien es chronische Infekte oder Allergien, sowie natürlich bei allen Autoimmunprozessen (Rheuma, MS und viele andere), Hauterkrankungen wie Neurodermitis, Psoriasis und ähnliche, Krebs, Aids und viele mehr. Vorübergehend kann der Test schon einmal ohne manifeste oder latente Krankheit eine Schwächung anzeigen, eine Dauerbelastung des Thymus geht jedoch immer einher mit organisch nachweisbaren Veränderungen.
Die in der feinstofflichen Diagnostik große Bedeutung des Thymus war schulwissenschaftlich lange Zeit umstritten. Heilern jeglicher Couleur war dieses Organ immer schon wichtig, ich habe jedoch in meinem Studium noch gelernt, daß die Thymusdrüse nach der Pubertät überflüssig sei und deshalb verkümmere. Diese Hypothese war aus Dokumentationen von Leichenschauen entstanden, da man bei jungen Menschen in der Regel noch eine vollständige Anlage dieser Drüse fand, bei alten Menschen normalerweise nicht mehr.
Neuere Untersuchungen – die uns jedoch nicht in der Universität vermittelt wurden – lassen einen anderen Zusammenhang vermuten: Plötzlich Verstorbene ohne chronische Erkrankung (z. B. durch Unfälle oder Krieg) wiesen eine größere Thymusdrüse auf als Gleichaltrige, die an einer Krankheit verstorben waren. – Also scheint sich dieses Organ eher durch Belastungen zu „verbrauchen", als daß es überflüssig wird.

Rehabilitiert wurde die Thymusdrüse durch die Immunforschungen, wie sie im Rahmen von HIV-Erkrankungen stattgefunden haben. Da bestätigte sich nämlich, daß die sogenannten T-Zellen erst nach einer Passage durch die Thymusdrüse aktiviert werden, und das heißt, ohne sie gibt es kein intaktes Immunsystem!
Die Thymusdrüse wird in der feinstofflichen Arbeit als übergeordnetes Kontrollorgan betrachtet, das hochsensibel auf Reize reagiert. An ihr werden u. a. die feinstofflichen Auswirkungen von Substanzen wie Nahrungsmitteln, Medikamenten u. a. getestet, ich gehe hierauf im Kapitel „Substanztestungen“ ausführlicher ein.

Weitere Sonderpunkte

Der Punkt *Störfelder* (Scheitelpunkt des Schädels) signalisiert, daß das elektrische System des Organismus durch äußere Einflüsse irritiert wird, und zwar in einem Maß, das gesundheitsschädlich ist. Diese elektromagnetischen Störfelder können technischer Herkunft sein oder durch geopathogene Zonen verursacht werden.
Der Punkt *Endokrinum* weist auf Störungen im Hormonsystem hin. Er ist nicht spezifisch für ein bestimmtes Hormon, sondern gibt eine übergeordnete Information, die weiter abgeklärt werden muß.
Der Punkt *Allergie/Belastung* zeigt bei Schwächung des Testmuskels an, daß eine Allergie bzw. toxische Belastung des Organismus vorliegt, gibt aber ebenfalls keine konkreteren Auskünfte, auch nicht über die Symptomatik der Allergie.
Eine Schwäche des Punktes *Mykose* läßt den Rückschluß auf eine zu diesem Zeitpunkt aktive Pilzerkrankung zu.
Der Punkt *Ernährung* reagiert schwach, wenn die Ernährung einen wesentlichen Anteil hat an einem krankmachenden Ungleichgewicht des Organismus.
Der Punkt *Amalgam* zeigt eine toxische Belastung mit Schwermetallen an, wie sie typischerweise im Zahnfüllungsmaterial Amalgam vorkommen.

Andere Bezugssysteme des Muskeltests

Die Alarmpunkte bieten ein einfaches, schnell erlernbares Raster, um nach Störungen zu fahnden. Dabei ist die Entscheidung willkürlich, über gerade dieses Schema zu testen. Der Test über die Meridiane ist stimmig und sinnvoll, die Kinesiologie ist jedoch nicht daran gebunden. Sofern Sie bereits gewohnt sind, in einem anderen Bezugssystem zu arbeiten, läßt sich auch dieses unproblematisch in den Test integrieren. Allein in der Akupunktur gibt es schon verschiedene topographische Ansätze, wie z. B. neben der klassischen Akupunktur entlang der Meridiane noch die Ohrakupunktur, Schädelakupunktur, Nasenakupunktur und andere. Wir könnten also, sofern das günstig erscheint, auch einen Organpunkt am Ohr berühren und den Arm testen. Wir müßten dasselbe Ergebnis erhalten wie beim Alarmpunkt oder bei direkter Überprüfung des Meridianmuskels.
Ebenso spricht nichts dagegen – eventuell zusätzlich zu den Alarmpunkten –, die Testpunkte der Elektroakupunktur nach Voll einzubeziehen, womit noch zusätzliche Aussagen möglich werden über bestimmte organische Strukturen wie generell Haut, Gelenke, Bindegewebe, Nerven usw.
Und mit gleichem Ergebnis können Sie rechnen, wenn Sie beispielsweise über Reflexzonen testen, die sich an den Hand- und Fußflächen finden. Auch dort: Sie berühren die Zone und testen als Indikator den Arm. Eine Schwächung weist darauf hin, daß das zugehörige Organ belastet ist.

Zu guter Letzt: die Da-wo's-Methode (seriös: der Zonentest)

Ebenso können Sie natürlich auch Zonen testen, die lokal geschädigt sind, wie z. B. eine Wunde, eine Hautveränderung oder dergleichen. Diese „Da-wo's-Methode" („da, wo es weh tut" oder „da, wo es liegt") leistet in vielen Situationen hervorragende Dienste, auch wenn wir dabei keinen Bezug zu einem Meridiansystem herstellen. Mit ihr lassen sich u. a. Einzelorgane herausgreifen, sofern sie über eine typische Region zugänglich sind: Beispielsweise die Schilddrüse ist zu testen, indem die Fingerspitzen oberhalb der Verbindung von Brust- und Schlüsselbein aufgelegt werden, den Blinddarm finden wir repräsentiert am McBurney-Punkt, der

auch für die medizinische Untersuchung typisch ist, ebenso wie die Nasennebenhöhlen, wo der medizinische Druckpunkt unterhalb der Jochbeine ebenfalls identisch ist mit dem Testpunkt.
Hervorzuheben ist der Zonentest noch in zwei wesentlichen Bereichen: in der Zahnheilkunde und in der Orthopädie.
Beherdete Zähne lassen sich einfach überprüfen, indem der Zeigefinger (aus Hygienegründen der des Getesteten) jeweils auf den Zahnhals aufgelegt und dann der Armmuskel getestet wird.
In derselben Weise funktioniert es beim Skelettsystem: Die Wirbelsegmente der Wirbelsäule lassen sich untersuchen, indem Sie jeweils die Dornfortsätze berühren. Gelenke können während des Muskeltestes am freien Arm mit einer Hand umfaßt werden.

Verbales Testen

Zur Abrundung der diagnostischen Analyse möchte ich Ihnen das verbale Testen vorstellen.
Der Arm reagiert, sobald Sie das Gewünschte fokussieren. Berührung ist dabei eine Möglichkeit, ebenso wird das Unterbewußtsein und damit das neuromuskuläre System durch ein Streß-*Wort* angesprochen. Erwähnen Sie einen Meridian / ein Organ, so wird über das Gehörte eine Verbindung zu dem Organ hergestellt, der Muskel vermittelt, ob der Organismus hiermit „Streß" = Störung assoziiert, oder ob er sich nicht betroffen fühlt.
Praktisch bedeutet dies: Wir könnten ebenso die Meridiane bzw. Organe verbal aufrufen und aus der Reaktion des daraufhin getesteten Armmuskels Schlüsse ziehen. Also: „Herzmeridian" benennen, dann testen: starker Arm = ungestört, schwacher Arm = Dysbalance. Dasselbe gilt natürlich auch für das Organ als solches, also: „Herz" benennen, testen: Armreaktion registrieren. Sie können sogar bis in die feinsten Organstrukturen differenzieren: Herzklappen – Herzmuskel – Herzkranzgefäße – Herzbeutel usw.
Das klingt verführerisch einfach. Und ist relativ anfällig für Fehler. Je näher wir uns beim Testen an der Materie, also dem Körper des Patienten, orientieren, desto geringer fällt die Fehlerquote aus. Wenn Sie zum Beispiel den Alarmpunkt des Lebermeridians berühren, ist dem Organismus klar, um was es geht. Wenn Sie „Leber" sagen, mischen sich andere Einflüsse mit in das Testergebnis. Wenn sich Ihr Patient vor roher Leber

ekelt, wäre es möglich, daß der Arm aus einem Streß der wachgerufenen Emotion nachgibt und nicht aufgrund einer Schwäche des Organs. Schon sind wir gezwungen zu interpretieren, und dies umgehen wir mit der Berührung der Punkte. Ausgeschlossen ist allerdings der Einsatz des verbalen Tests nicht, zur eigenen Klarheit rate ich davon jedoch eher ab, insbesondere in der Anfangszeit kinesiologischer Erfahrungen.

Wie Sie sehen, sind die Varianten des diagnostischen Tests schon allein auf der rein organischen Ebene äußerst vielfältig. Lassen Sie sich nicht schrecken, der rote Faden soll dadurch nicht verlorengehen! Ich möchte Ihnen nur von vornherein zeigen, daß der analytische Muskeltest ausgesprochen flexibel und in vielerlei Hinsicht mit anderen Methoden und eigenen Fertigkeiten zu kombinieren ist.
Dennoch empfiehlt sich für einen Anfänger der Beginn mit einer einzigen und eindeutig definierten Methode, die Sie später nach Belieben variieren und ergänzen können. Es ist wie in der Schule: Wenn Sie das Alphabet beherrschen, steht es Ihnen frei, ihre Schrift zu gestalten, Liebesbriefe, Rechnungen oder Bücher zu schreiben. Als Erstkläßler sind Sie froh über jede hilfreiche Anleitung und klare Ausdrucksform, warum sollte es beim Muskeltest anders sein? Ich mache Ihnen Vorschläge, die sich in langer Praxiserfahrung bewährt haben, das heißt aber nicht, daß dieser Weg auch für Sie der einzig optimale ist. Er ist eine Richtschnur, die es Ihnen möglich macht, besonders bei Unsicherheiten immer wieder auf dieses Gerüst zurückzukommen oder bei vermuteten Fehlern „Korrektur zu lesen".

Die Modi (Modalitäten)

Was haben Sie nun erreicht, wenn Sie die Alarmpunkte getestet und dokumentiert haben? In einfachen Fällen, wie bei einem banalen Infekt oder einer Verletzung, schon eine Menge, zum Beispiel erkennen Sie bei akutem Durchfall, ob er durch den Magen, die Leber, die Bauchspeicheldrüse oder den Darm verursacht ist. Danach richtet sich jede sinnvolle Therapie, die noch gezielt ausgetestet werden müßte.
Aber wenn Sie auf der Suche nach dem effektivsten Weg der Heilung bei chronischen oder rezidivierenden Gesundheitsproblemen sind, wüßte ich keinen sinnvolleren Ansatz, als die Ursachen und Hintergründe aufzudecken. Dabei sind die sogenannten „Modi" ein ausgezeichnetes Hilfs-

instrument, die vorhandenen Informationen zu sortieren und in die Schubkästen struktureller, funktioneller, psychischer und elektrischer Störungen einzuordnen.
Bis jetzt haben Sie einige oder viele Schwachstellen des Organismus aufgedeckt, die wie Puzzlesteine unsortiert vor Ihnen liegen, von denen Sie noch nicht wissen, wie sie zusammengefügt werden müssen. Stehen sie isoliert nebeneinander, bedingen sie sich gegenseitig, und wenn ja, welches ist die primäre und welches die sekundäre Störung? Das heißt, es fehlt der entscheidende Schlüssel, die *Ursachen* für Symptome und Belastungen bzw. die vom Patienten geklagten Beschwerden zu erfassen. Dieser Schlüssel – für mich die eigentliche Frage im Rahmen jeglicher Krankheitsentstehung – sind die sogenannten Modi oder Modalitäten.
In etlichen alten Kulturen sind sogenannte „Mudras“ bekannt, Fingerhaltungen mit feinstofflichen, zum Teil mystischen Bedeutungen und Auswirkungen. Eine Abwandlung dieser Mudras können wir beim Muskeltest einsetzen, wir nennen sie dann „Modi“, in der Einzahl „Modus“.
Sie geben je nach Fingerstellung und -kontakt Aufschluß zum Beispiel über die Art und Herkunft einer Störung und damit auch Hinweis auf das optimale Therapieverfahren, nämlich ob die Ursache in der Struktur, in der Biochemie, in der Psyche oder in der elektrischen Funktion des Körpers liegt.
Es gibt derart viele Modi und Submodi, sowohl als klassische Mudras wie auch in der Kinesiologie, daß Sie bei Interesse darüber spezielle Literatur nutzen sollten. Hier beschränke ich mich auf diejenigen, die den Testablauf entscheidend durch grundlegende Aussagen vereinfachen.
Die Modi sind ebenso eingängig und einfach wie das Schema der Alarmpunkte: Bilden Sie einen Ring aus Daumen und einem Finger derselben Hand, so daß sie sich an der Kuppe berühren. Jedem dieser Finger ist eine der Modalitäten zugeordnet. Während dieser Kontakt gehalten wird, wird der andere freie Arm getestet. Bleibt der Arm stark, so ist dieser Modus intakt, die Störungsursache ist hier nicht zu finden. Reagiert der Arm schwach, so liegt in diesem Modus eine Störung vor.
Und hier die Bedeutungen im einzelnen:

1. Daumen – Zeigefinger: struktureller Modus

Strukturelle Störung bedeutet, daß Substanz in ihrer Struktur zerstört oder endgradig verformt ist, so daß anatomische Veränderungen erkennbar sind. Dies finden wir zum Beispiel beim Verlust von Gliedmaßen und Organen oder bei irreparablen degenerativen Endzuständen. Insgesamt kommt dieser Modus als Krankheits*ursache* eher selten vor.

2. Daumen – Mittelfinger: funktioneller oder biochemischer Modus
Wenn bei diesem Kontakt der Testmuskel schwach wird, liegt eine Störung vor, die materiell definierbar ist und sich im Stoffwechselgeschehen des Organismus auswirkt.
Funktionelle Störungen bilden eine ganz wesentliche Ursache im Krankheitsgeschehen. Der Hinweis im Test bedeutet, daß zwar in der Regel klinische Parameter (z. B. im Labor, manchmal auch nur feinstofflich) verändert sind, daß diese jedoch verändernden Einflüssen zugänglich und somit meist noch reparabel sind. Zu diesen Ursachen gehört die riesige Palette aller chemisch wirksamen Substanzen, angefangen von den Bausteinen der Ernährung über die Belastung mit Toxinen, die Folgen von Impfungen und Infektionen, bis zum Mangel an Vitalstoffen.

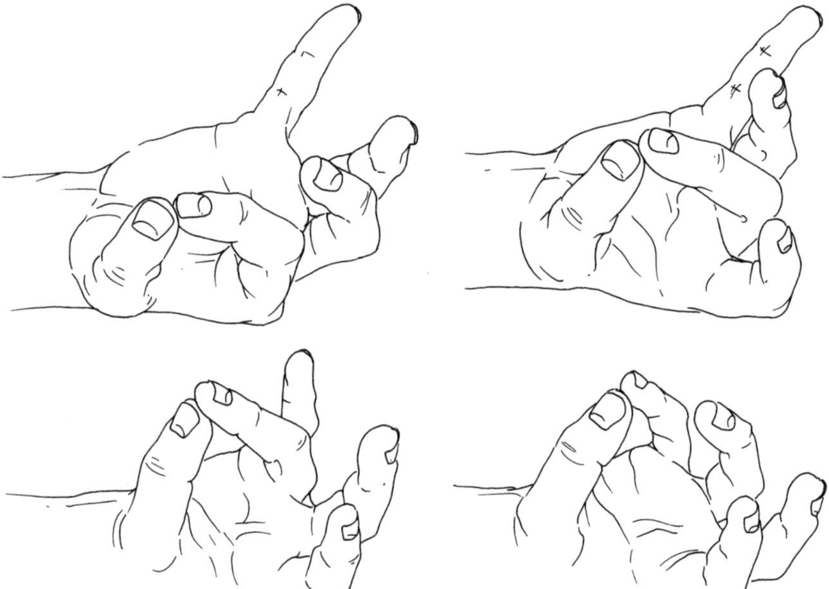

Fingerhaltungen Modi

3. Daumen – Ringfinger: emotionaler Modus
Ein schwacher Arm bei Halten dieses Modus zeigt einen psychischen Hintergrund auf. Da dies – je tiefer man den Dingen auf den Grund geht – bei fast allen Erkrankungen zu einem mehr oder weniger großen Anteil zutrifft und besonders durch die Kinesiologie erstaunlichste Heilerfolge möglich sind, möchte ich diesem Thema nicht nur ein Kapitel (s. Seite 99), sondern einen eigenen Band widmen.

4. Daumen – Kleinfinger: elektrischer oder energetischer Modus
Dieser Modus stellt für klassisch-wissenschaftliche Denker oft eine größere Hürde dar. Ausführlichere Zusammenhänge werde ich auch wieder im zugehörigen Kapitel aufgreifen, hier in Kürze der Überblick, um was es sich dabei grundsätzlich handelt.
Der elektrische Modus deutet darauf hin, daß der Einstrom feinstofflicher Energie auf den Körper oder deren Verteilung entlang bestimmter Bahnen (u. a. Meridiane) gestört ist. Ein starker Arm läßt auf intakte Verhältnisse schließen, eine Muskelschwächung weist auf sogenannte externe oder interne Störfelder hin.
Zu diesen Einflüssen gehören elektromagnetische Einwirkungen und geopathogene Zonen in bezug auf die äußeren sowie Narben, kranke Zähne oder andere Herdgeschehen als innere oder körpereigene Störfelder.

Zuordnung der Modalitäten

Im nächsten Schritt können wir die Modi den einzelnen Organen, den Symptomen und Beschwerden zuordnen.
Sie haben im analytischen Check-up eine Reihe von Schwachpunkten registriert, das heißt, der Arm gab bei Berührung der Alarmpunkte nach. Wenn Sie wissen wollen, *wodurch* diese Dysbalance bewirkt wird, verknüpfen Sie Alarmpunkt und Modus:
Der Arm ist beim Vortest stark. Dann wird der Alarmpunkt berührt, und sofern der Arm nachgibt, wird der Alarmpunkt weiterhin gehalten und der Patient gebeten, gleichzeitig nach einer kurzen Demonstration die Modi durchzuführen. Jeder Modus wird über den Muskeltest geprüft, ein starker Arm sagt aus, daß der Modus in bezug auf den Testpunkt „in Ordnung“ ist, folgerichtig zeigt der schwache Muskel bei gleichzeitig gehaltenem Alarmpunkt, daß der Modus gestört ist, daß also die Ursache der Belastung hier zu finden ist.
Das Ergebnis mit der Zuordnung von geschwächtem Alarmmuskel und ursächlichem Modus sollte möglichst notiert werden.
Wenn sich der Modus nicht auf einen geschwächten Alarmpunkt beziehen soll, sondern auf Beschwerden oder Symptome, muß vorab verbal definiert werden, z. B.: „Die folgenden Modi beziehen sich auf die Ursache für die Kopfschmerzen (Schlaflosigkeit, Hautausschlag u. a.)“. Sie wählen damit ein Raster, dem sich das Un(ter)bewußte anpassen kann. Dazu später mehr.
Selbstverständlich können auch mehrere Modi bei einem Alarmpunkt bzw. Symptom schwach reagieren, denn eher selten gibt es eine monokausale

Ursache für eine Krankheit, in der Regel handelt es sich ja um ein komplexes (oft kompliziertes) Geschehen. Häufig finden sich Kombinationen aus funktionellen und energetischen, funktionellen und emotionalen, psychischen und elektrischen Ursachen, oder sogar alle drei oder alle vier treten zusammen auf.

Mehrere Modalitäten sind nur selten gleichmäßig an einer Störung beteiligt, so daß es sich empfiehlt, sie nach Wertigkeit zu ordnen. Möglicherweise sind 90 % der Störung durch eine energetische Ursache wie einen Zahnherd begründet und nur 10 % durch eine funktionelle wie eine Schadstoffbelastung. Dann ist der Erfolg um so schneller und größer, wenn wir uns zunächst gezielt auf die Sanierung der wesentlichen Störung konzentrieren. Ohne diese Gewichtung besteht die Gefahr, daß man sich auf langwierige Seitenwege einläßt, die nur einen kleinen Anteil ausmachen, und dabei die effektiveren Ansätze nicht berücksichtigt. Schließlich lebt aber die Motivation – sowohl bei Patienten wie bei Therapeuten – auch vom Erfolg!

Die Gewichtung können Sie verbal nach prozentualen Anteilen testen, z. B.: „Für den Thymus: funktionelle Ursache mehr als 50 %“ (Test: –); „weniger als 50 %“ (Test: +); „weniger als 30 %“ (Test +); „weniger als 20 %“ (Test –); „zwischen 20 und 30 %“: (Test +). Also können wir schließen, daß die Thymusbelastung zu etwa einem Viertel auf biochemischen Störungen beruht. Die Prozente noch exakter einzugrenzen, bringt keinen zusätzlichen Gewinn, zumal es sich ja nur um eine Momentaufnahme handelt und leichte Schwankungen bei der Gewichtung keine Rolle spielen.

Zu guter Letzt noch einen „Ergänzungsmodus“, mit dem chronische und akute Prozesse unterschieden werden können. Es ist kein Modus im klassischen Sinne, aber eine gute Arbeitshilfe.

Für die Unterscheidung dieser Frage berührt man wieder den gewünschten Alarmpunkt, bei Schwächung legt der Patient seine freie Hand einmal auf die rechte, einmal auf die linke Seite des Schädels. Gibt der Arm bei Berührung der linken Seite nach, läßt sich auf ein akutes Geschehen schließen, bei der rechten Seite auf ein chronisches.

Es ist aus der Gehirnforschung bekannt, daß die beiden Gehirnhälften unterschiedliche Qualitäten und Funktionen aufweisen. Die linke ist verantwortlich für unser bewußtes Denken, Worte, logisches Analysieren, für das Kurzzeitgedächtnis und akute Prozesse, die rechte für analoges Denken, Vorstellungen, Phantasie, Bilder, ganzheitliches Erfassen, Langzeitgedächtnis und chronische Prozesse. Wenn wir die jeweilige Seite des Kopfes berühren, nehmen wir Kontakt zu deren Qualität auf und testen damit, wie bei den Fingermodi, den Bezug zum Alarmpunkt.

Mit dem Check-up der Alarmpunkte und der Zuordnung von Modalitäten sind wir nun schon ein großes Stück in der „Diagnose“ vorangekommen, die Richtung ist klar, es fehlt noch die Konkretisierung. Hierzu müssen wir die einzelnen Modi weiter differenzieren.

Strukturelle Krankheitsursachen

Dieser Modus kommt als *Ursache* für Krankheiten und Beschwerden relativ selten vor. Wenn, dann ist in der Regel mit sogenannten konservativen Methoden der Medizin (auch der alternativen!) kaum vollständige Heilung zu erreichen, hin und wieder können operative Eingriffe erfolgreich sein.
So kann eine Beinverkürzung nach einem Bruch die gesamte Statik der Wirbelsäule verändern und damit auch weiterreichende Auswirkungen haben. Angeborene oder erworbene Fehlbildungen zum Beispiel können eine Einengung der Atemorgane, Irritation von Nerven, Druck auf Blutgefäße und dergleichen bewirken. Zu dieser Modalität gehören ebenso genetische Defekte mit den ihnen eigenen Auswirkungen (Vorsicht, nicht alles, was die Schulmedizin als „genetisch“ bezeichnet, wie z. B. Allergien und Hautkrankheiten, ist angeboren und unheilbar!).
Wie gesagt: Selten hat dieser Modus ursächliche Konsequenzen, andererseits hilft er schon durch diese Kenntnis, keine falschen Hoffnungen zu erwecken. Es gilt dann, Wege zu finden, die Störung zu lindern oder aufzuhalten, um mit der Beeinträchtigung leben zu können.
Hier ein paar Beispiele, die eher eine Ausnahme in der üblichen Praxis bilden, die aber erfreulicherweise zur Heilung führten:

> *Bei einer Patientin wollte nach einer Brustamputation wegen eines Karzinoms die Wunde nicht heilen, weder die konventionellen Therapien brachten Besserung, noch reagierte sie auf unsere feinstofflichen Methoden wie Farblichtbestrahlungen und Homöopathie. Ich bot der Patientin den Test an und fand zu meinem Erstaunen über die Modalitäten eine strukturelle Ursache. Die verbale Fortsetzung des Tests ließ auf einen Fremdkörper (Struktur!) schließen. Ich eröffnete die Wunde – und fand in der Tiefe einen vergessenen Tupfer! Nachdem ich ihn entfernt hatte, heilte die Wunde sofort.*

> *Frau G. suchte mich auf, weil sie unter unerträglichen reißenden Schmerzen in der Brustwand litt. Sie berichtete, daß es kurz nach einer Operation begonnen hatte, bei der eine Zwerchfellhernie geschlossen worden war. Alle klinischen Untersuchungen waren in*

Ordnung, ihr Hausarzt hielt die Schmerzen für Narbenbeschwerden. Die Schmerzen steigerten sich im Laufe des Tages, verschlimmerten sich beim Einatmen erheblich, besserten sich bei flacher Atmung oder wenn sie mit der Hand gegen die schmerzende Stelle drückte. Frau G. konnte nur noch auf dem Bauch liegend schlafen.
Bei meiner ersten körperlichen Untersuchung fand ich nichts Auffälliges. Der Test ergab eine strukturelle Ursache, die verbale Fortsetzung schloß Verwachsungen, Narbenbeschwerden und einen erneuten Zwerchfellbruch aus. Weitere Ideen hatte ich zunächst nicht, und woran man nicht denkt, kann man schlecht testen.
Bei einem Kontrolltermin hatte Frau G. akut die geklagten Schmerzen, sie deutete auf einen umschriebenen Bezirk der Bauchdecke im Epigastrium. Zu meinem Erstaunen fand ich dort ein Phänomen, das ich nur aus Lehrbüchern bei einer äußerst gefährlichen Infektion, dem Gasbrand, kannte: Die Muskeln waren lokal aufgetrieben und knisterten auf leichten Druck! Es mußte Luft im Muskel vorhanden sein, die Frage war nur, wie kam sie dort hin? Also stimmte die Testaussage einer strukturellen Ursache, nur wie hing alles zusammen? Das Symptom und das Testergebnis ermutigten mich, die Patientin zu einem erneuten Besuch in der thoraxchirurgischen Abteilung zu überreden, wo man sie bereits zweimal abgewiesen hatte. Sie verhielt sich so, daß sie auch das Knistern (Haut- oder Muskelemphysem) demonstrieren konnte, und schließlich glaubte man ihr. Aufwendige Untersuchungen bestätigten, daß bei der Operation ein kleiner Riß im Lungengewebe entstanden war, durch den unter ungünstigen Bedingungen etwas Luft in die Brustwand entweichen konnte, was die Schmerzen erklärte. Die nur geringe Menge Luft konnte offensichtlich im Laufe einiger Stunden resorbiert werden, so daß dann die Beschwerden nachließen.
Eine korrigierende Nachoperation war riskant und nicht unbedingt erfolgversprechend, man riet Frau G. zunächst, Atmung und Haltung diesem Problem anzupassen, verordnete eine enganliegende Leibbinde als Gegendruck. Im Laufe einiger Wochen muß sich – nach klinischer Beobachtung und nach Test – das kleine Ventil spontan geschlossen haben, zumindest ist Frau G. seitdem auch ohne Vorsichtsmaßnahmen beschwerdefrei.

Zu guter Letzt etwas „Alternatives“:

Carlo (13 Jahre) kam mit seinen Eltern öfter in die Praxis und hatte schon gute Erfahrungen mit dem Test gemacht. So auch nach einer Sportverletzung, nach der starke Schmerzen in der Ferse aufgetreten waren. Man ließ mich zunächst ohne Kommentar testen (!), obwohl

schon eine Röntgenaufnahme gemacht worden war. Nach Test lag eine Fraktur vor, die Eltern bestätigten dies, ein erbsengroßes Knochenstück war vom Fersenbein abgesprengt, es hatte keinen direkten Kontakt mehr zum Hauptknochen. Eine Operation wurde dringend angeraten.
Da ein Urlaub geplant war und Carlo außerdem aus verschiedenen Gründen nicht in der Schule fehlen sollte, wollten die Eltern und er selbst zunächst einen alternativen Versuch machen. Mit großer Zurückhaltung testete ich aus, daß eine Farblichtbehandlung den Knochen heilen konnte. Wir bestrahlten mit ausgetesteten Farben mehrmals wöchentlich äußerlich den Bezirk der Fraktur, die Röntgen-Kontrolluntersuchung zeigte 3 Wochen später, daß das Knochenstück sich wieder in die verletzte Stelle eingefügt hatte, wo es problemlos verheilte.

Funktionelle Krankheitsursachen

Fast jede chronische Erkrankung hat einen biochemischen Ursachenanteil. Schließlich setzt sich das, was „Leben“ im Organismus charakterisiert, in (chemischen) Stoffwechselvorgängen um, und diese Biochemie ist zwar hervorragend in der Lage, auch recht dramatische Außeneinflüsse lange Zeit zu kompensieren, nur irgendwann kippt das mühsam aufrecht erhaltene Gleichgewicht, und es entsteht Krankheit.
In der Menschengeschichte hat es jederzeit typische funktionelle Krankheitsursachen gegeben, doch noch nie waren diese so vielfältig und unüberschaubar wie heute. Hunderttausende von chemischen Neuschöpfungen und deren Metabolite (Umbauprodukte) verseuchen Erde, Luft und Wasser, und wir können ihre Auswirkungen noch in keiner Weise abschätzen, geschweige vermeiden oder beherrschen.
Unser menschlicher Organismus scheint sehr unterschiedlich mit diesen Belastungen umzugehen, denn erstaunlicherweise kommen nach meiner Erfahrung – bestätigt durch Beobachtungen vieler anderer Therapeuten – einige Substanzen besonders häufig vor und weisen offensichtlich in der heutigen Zeit ein Spektrum typischer Auswirkungen auf unsere Gesundheit auf. Das heißt, von einer Vielzahl der bekannten und testbaren Toxine tauchen einige immer wieder in klassischen Kausalketten auf, vermutlich schon wegen ihrer weiten Verbreitung, andere dagegen nur in Einzelfällen. Dies hat den Vorteil, daß zum Beispiel schon eine recht bescheidene Grundausrüstung an Testampullen (dazu später) bei einem großen Teil der Patienten eine Resonanz findet.

Zu den auslösenden Faktoren funktioneller Störungen gehören u. a.:
- Toxine chemischer Natur (auch Genußgifte!)
- Infektionen jeglicher Art und deren Stoffwechselprodukte (Bakterien, Viren, Pilze und andere)
- Ernährung (Mangel- bzw. Überschußzustände)
- Impftoxine

Viele dieser Ursachen lassen sich mit Testampullen nachweisen, die auch gleichzeitig das optimale Therapiemittel darstellen, nämlich die sogenannten Nosoden.

Die Nosoden

Nosoden sind Therapiemittel, die dadurch entstehen, daß primär toxische Substanzen aus dem chemischen, mineralischen und bakteriologischen Bereich homöopathisch aufgearbeitet werden. Das bedeutet, daß wir aus einer schädlichen Grundsubstanz ein ganz spezifisches Heilmittel herstellen, das aufgrund seines Informationsgehaltes eben genau auf diesen Schaden zugeschnitten ist. Hierzu wird – wie generell in der Homöopathie – die Ausgangssubstanz in aufeinanderfolgenden Schritten mehrmals 1 : 10 mit Wasser oder Wasser-Alkohol-Gemisch verdünnt und intensiv verschüttelt. Dieser Vorgang wird *Potenzierung* genannt. Die Bezeichnung hinter dem Mittel benutzt den Buchstaben D für Dezimalpotenz oder C für Centesimalpotenz. Das heißt, daß bei jedem Schritt entweder 1 : 10 verdünnt wird (Dezimal) oder 1 : 100 (Centesimal). Die dahinterstehende Zahl gibt an, wie häufig dieser Prozeß wiederholt wurde. Bei einer Potenz D 30 wurde also 30mal 1 : 10 verdünnt und verschüttelt, bei C 6 wurde dieser Vorgang 6mal 1 : 100 wiederholt.
Die homöopathischen Erfahrungen sprechen dafür, daß Dezimalpotenzen eher organische Reaktionen ansprechen, die Centesimalpotenzen mehr psychische Resonanz auslösen, wobei man beides nicht streng voneinander trennen kann. In der Therapie funktionell bedingter Störungen kommen eher die D-Potenzen in Betracht.
Die Potenzen, die bei chronischen Erkrankungen benötigt werden, liegen in der Regel recht hoch, oft bei D 100 oder D 200 bis D 400, selten höher. Damit sind in einer Therapieampulle aus mathematisch-physikalischer Sicht keinerlei wirksame chemische Substanzen mehr vorhanden. Da die Wirkung empirisch unbestritten ist und – schon wegen der Wirksamkeit bei Kleinkindern, Tieren und Skeptikern – sicher auch nicht auf Placeboeffekten basieren kann, können hier nicht chemische Mediatoren wie in der allopathischen Medizin verantwortlich sein.
(Übrigens gibt es die meisten Nosoden auch als Streukügelchen, mit de-

nen habe ich jedoch nach Test und auch in der therapeutischen Erfahrung nicht dieselben guten Ergebnisse erreicht wie bei den Ampullen. Das mag daran liegen, daß die sehr aufwendigen Potenzierungsschritte zum Teil „abgekürzt" werden, indem D-30-Ampullen auf Globuli versprüht werden, um die D 200 zu erreichen. Testen Sie es selbst nach, da es sicherlich auch Unterschiede zwischen einzelnen Herstellern gibt.)

Grundgedanken zur Homöopathie

Die Wirkweise der Homöopathie ist meiner Meinung nach bis zum heutigen Tag vielen Befürwortern – einschließlich Therapeuten! – ebensowenig klar wie ihren Kritikern. Und auch ich kann nur den Beitrag einiger hypothetischer Gedanken leisten, da ich darüber hinausgehende Erklärungsmodelle bislang auch nicht gefunden habe.
Meiner Ansicht nach ist es sinnvoll, die Homöopathie informationstechnisch zu betrachten. Für eine Information ist die Chemie des Informationsträgers von untergeordneter Bedeutung, ob ich eine Nachricht aus der Zeitung erfahre, aus dem Radio oder durch ein Gespräch, ändert nichts am Informationsgehalt. Einzige Bedingung ist, daß das Medium in der Lage ist, die Nachricht aufzunehmen und wiederzugeben.
Die meisten homöopathischen Mittel werden gewonnen durch Verschüttelung einer Ausgangssubstanz in Wasser. Also müßte Wasser als solcher Speicher geeignet sein, und diese Eigenschaft ist heute bereits nachgewiesen. So hat der Physikprofessor Anagnostatos aus Griechenland auf einem internationalen Kongreß demonstriert, daß die Wassermoleküle die Tendenz haben, sich in Gruppen zu ordnen, die man *Cluster* nennt. Wenn man in Wasser eine Substanz löst und verdünnt, ergeben sich andere thermodynamische Eigenschaften, als wenn die Mischung in demselben Verhältnis verschüttelt wird.
Offensichtlich ist die Formation der Cluster abhängig von der im Wasser gelösten Substanz, enthält also deren Information. Wie das System des Körpers dann diese Information „abliest", kann ich mir bis heute auch nur analog vorstellen und nicht rational nachvollziehen.
Ich vergleiche die Funktion homöopathischer Mittel gern mit einem Spiegel. Der Spiegel ist in der Lage, mir entscheidende Informationen zu geben, die Konsequenzen in meinem Handeln nach sich ziehen. Wenn mir die Haare zu Berge stehen, werde ich zur Bürste greifen, wenn ich einen Fleck auf meinem Pullover entdecke, werde ich ihn reinigen. Und doch bleibt der Spiegel nur ein Stück metallbedampftes Glas.
Mit der Potenzierung besteht die einmalige Chance, auch eine spezifische Information hochgiftiger Substanzen zu prägen, sozusagen das ungiftige

Spiegelbild zu schaffen, um mit diesem eine entsprechende Reaktion anzuregen.

> Das heißt: *Ein homöopathisches Mittel speichert nur die Information über die Ausgangssubstanz, es wirkt nicht durch chemische Intervention, sondern indem es mit dieser Information einen gezielten, spezifischen Impuls zur Eigenkorrektur des Organismus abgibt.*

Das Mittel beschreibt dem System des Körpers, auf welche konkreten Qualitäten es reagieren soll, und dies tut es durch die typischen Eigenschaften der Ausgangssubstanz. Diesen Impuls setzt der Körper je nach eigenem Reaktionsvermögen um und je nachdem, wieweit er sich „angesprochen" fühlt.

So enthält die Heilpflanze Kamille (Chamomilla) ihre Information zur Entkrampfung und Beruhigung ebenso in einem konzentrierten Auszug, im Tee wie in der homöopathischen Potenzierung. Beim hochgiftigen Eisenhut (Aconitum) wäre die pure Anwendung tödlich, aber die Information über Eigenschaften wie: hohes Fieber, Durst, stechender Schmerz, trockene Hitze, schneller Puls bleiben auch in der Potenzierung bestehen und bieten ein geeignetes Spiegelbild für den Beginn eines fieberhaften Infekts.

Die jeweilige Potenzierung hat einen Bezug zur Reaktionsebene. Eine niedrige Potenz hat eine Affinität zu akuten körperlichen Prozessen, je höher sie gesteigert wird, desto eher erreicht sie chronische Verläufe, sehr hohe Potenzen (D 200 und höher) wirken insbesondere auf den psychisch-geistigen Bereich ein. Zu klären, warum das so ist, überlasse ich den Hypothesen der Homöopathen.

Die Nosoden bilden innerhalb der Homöopathie eine gewisse Untergruppe. So wie die homöopathischen Arzneien ein Bild vorgeben, das „ähnlich" ist wie die Beschwerden (das sogenannte Simile-Prinzip, also Ähnlichkeitsprinzip), so geben die Nosoden Anstöße zur Korrektur eines Schadens, der konkret auch durch diese Substanz einmal verursacht wurde, wobei dann eher von *Isopathie* zu sprechen ist, da nicht mit Ähnlichem, sondern mit Gleichem behandelt wird.

Soweit der Exkurs zur Homöopathie, insbesondere zu den Nosoden, die sich immer wieder als hervorragende Diagnostika und Therapeutika erweisen. Vorausgesetzt natürlich, daß wir akzeptieren können, daß Gesundheit nicht durch chemische Interventionen „gemacht" wird, sondern daß Heilung immer ein Prozeß ist, den ausschließlich der Organismus selbst bewältigen kann, mit Unterstützung durch korrigierende Elemente, in diesem Fall die homöopathische Information oder Schwingung.

Für die spielerischen Denker hier noch ein Bild für den Zusammenhang von Information und Materie, die gemeinsam die Grundlage unseres Seins bilden (ohne Information kann sich die Materie nicht ordnen, ohne Materie kann sich die Information nicht umsetzen):
Sie erhalten die Information „Schwiegermutter kommt morgen". Sie (die Materie) werden darauf reagieren: entweder einen Kuchen backen oder die Koffer packen. Die Information selbst ist nicht stofflich, es ist gleichgültig, ob sie per Brief, per Telefon oder durch Ihren Ehepartner kommt, die Chemie des Überbringers spielt keine Rolle. Und die Information bleibt auch erhalten, wenn der Brief längst im Müll gelandet oder das Gespräch beendet ist. Das macht auch verständlich, warum homöopathische Mittel nicht immer täglich neu verabreicht werden müssen, sondern ihre Wirkung über einen langen Zeitraum entfalten. Wie zum Beispiel die Information, daß Sie im Lotto gewonnen haben, langjährige Veränderungen bis zum Bau und Fertigstellung eines Hauses nach sich ziehen kann.

Differenzierung der Nosoden

Wenn wir annehmen, daß eine Nosode ein optimales, hoch spezifisches Therapiemittel ist, brauchen wir nur die passende zu finden, und wir haben eine äußerst potente Heilsubstanz in den Händen – und, nach dem oben beschriebenen Prinzip, gleichzeitig die Auskunft über den auslösenden Schaden.
Die Palette von chemischen Substanzen, die einen Einfluß auf unseren Organismus haben können, ist fast unerschöpflich. Man müßte also Tausende von Nosoden testen, und die wiederum in einer größeren Auswahl von Potenzen. Ein Unternehmen, das für Therapeut und Patient sehr aufwendig, wenn überhaupt praktikabel ist.
Aber es geht auch wieder einfach.
Zum einen müssen Sie nicht alle Nosoden von vornherein einzeln und dann auch noch in allen Potenzen überprüfen. Zunächst reicht es zu wissen, um welche Substanz es überhaupt geht, die Differenzierung folgt später.
Bei einem Angebot im Test spricht der Organismus erst einmal auf die Substanz / Substanzklasse überhaupt an („Schwiegermutter kommt": Freude oder Schreck). Sofern ihm daraufhin auch noch Differenzierungsmöglichkeiten geboten werden, entscheidet er sich weiter, bis hin zur optimalen Anwendungsform (Schwiegermutter kommt erst übermorgen: die Zeit reicht zum Kuchenbacken). Hat er keine Möglichkeit der Wahl, wird er immerhin eine passende, wenn auch nicht optimale Reaktion zeigen auf eine weniger günstige Potenz oder Darreichungsform (Kuchen kaufen, ins Café gehen).

Um beim Test anzusprechen, reicht es, wenn das geeignete Mittel in einer größeren Auswahl mit enthalten ist. So wie Sie wissen, daß auf der Speisekarte des chinesischen Restaurants heute nichts für Ihren Geschmack zu finden ist, auf der des italienischen schon eher, beim Griechen aber bestimmt, selbst wenn Sie noch nicht entschieden haben, was Sie konkret essen wollen.
Also läßt sich der Nosodentest schon rationalisieren, indem wir nicht Hunderte von Ampullen nacheinander durchprüfen, sondern wir können – wie bei einer Speisekarte oder einem Buffet – eine größere Auswahl gleichzeitig anbieten. Hierfür kann man sich bei Bedarf fertige Testsätze kaufen, wie z. B. über gängige Umweltgifte u. a., oder diese selbst zusammenstellen.
Ich habe meine Nosoden zusammen mit einem Gerät für die Elektroakupunktur erstanden, das ich später nicht mehr genutzt habe, wohl aber die Testampullen. Da die Nosoden, so wie ich sie verwende, in Kästchen zu mehreren Ampullen abgepackt sind und somit eine große Lagerhaltung erfordern, habe ich mir nur jeweils 1 Ampulle in nur einer einzigen Potenz herausgenommen und diese in einen eigenen Testsatz zusammengefügt, so daß ich einen Kasten habe mit den gängigsten Schadstoffnosoden, Impfnosoden und Nosoden von Krankheitserregern. Das macht den Testablauf wesentlich ökonomischer.
Zum Testen lege ich zunächst einen Kasten mit einer Nosodenmischung auf den Körper des Patienten und prüfe den Armmuskel. Bleibt er stark, signalisiert dies eine positive Resonanz, gibt er nach, enthält der Kasten kein geeignetes Mittel.
Sie können weiter spezifizieren, indem Sie den Kasten neben den Körper des Probanden legen und ihn bitten, einen Teil der Ampullen mit seiner Hand abzudecken. Sie benutzen die Hand quasi als Sensor. Der starke Arm macht auf den passenden Sektor aufmerksam. Hier bleiben dann nur noch wenige Ampullen zur Wahl, die dann einzeln durch Körperkontakt (in der Hand oder auf dem möglichst unbekleideten Bauch) getestet werden.

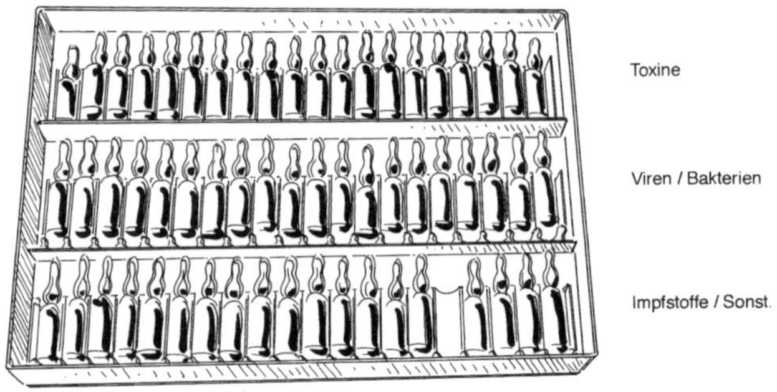

In der Regel werden Sie eine oder mehrere Nosoden herausfinden, auf die Ihr Klient positiv reagiert. Wenn die Substanz identifiziert ist, geht es noch um die optimale Potenz. Wenn Sie – wie bei der Speisekarte – zunächst alle vorhandenen Potenzen gleichzeitig auflegen, so registriert der Organismus, daß die optimale dabei ist. Sie können dann gezielt selektieren, indem Sie die einzelnen Potenzen im Test überprüfen, und finden somit die geeignete.
Welche Schlüsse ziehen wir daraus? Eigentlich nur, daß dem Patienten diese Arznei in dieser Potenzierung gut tut. Sie zeigt zunächst noch keinen Bezug zum Krankheitsgeschehen oder zum Untersuchungsbefund der Alarmpunkte.
Wenn, wie anfangs erwähnt, Nosoden hochspezifische Therapiemittel sind, dann müßten sie in der Heilung genau dort ansetzen, wo die Ausgangssubstanz Schaden angerichtet hat. Das heißt, die geschwächten Alarmpunkte müßten auf die Anwendung der „richtigen" Nosode positiv reagieren, der Arm müßte bei der Berührung der Punkte und gleichzeitigem Nosodenkontakt stark werden.

Und genau so ist es. Die geeignete Nosode muß den geschwächten Punkt (mit) ausgleichen, um als Therapiemittel in Frage zu kommen.

Dabei können die Reaktionen des Testarms unterschiedlich sein, wenn mehr als eine Nosode benötigt wird. In einigen Fällen reagiert der Arm „halbstark", das heißt, Sie bekommen auf eine Nosode eine spürbare Resonanz, aber der Arm zeigt, „daß das noch nicht alles ist".
Häufiger kommt es bei meinen Tests vor, daß der Arm eindeutig auf eine Nosode stark wird, auch bei Berühren des Alarmpunkts. Wenn ich den Testkasten dann erneut auflegte, blieb der Muskel wieder stark, um ein weiteres Mittel zu finden. Auch dies bewirkte für sich allein eine Positivreaktion. (Es handelt sich hierbei um eine Art „Aha-Effekt", bei dem der Organismus zunächst mit Begeisterung registriert, daß diese Substanz für das geschädigte Organ hilfreich ist.)
Testet man schließlich gleichzeitig den funktionellen Modus und den Alarmpunkt, so bleibt der Arm so lange geschwächt, bis alle notwendigen Mittel gefunden sind.
Je mehr Erfahrungen man mit diesen feinstofflichen Zuordnungen macht und ihnen durch Therapieerfolge vertrauen lernt, um so glaubwürdiger können allgemeine Rückschlüsse gezogen und Kausalketten vermutet werden. Einige dieser Befunde wiederholen sich bei identischen Krankheitsbildern derart häufig, daß man diese Beobachtungen als Basis von Hypothesen nutzen und eine ganz andere, effektive Art der Präventivmedizin schaffen könnte!

In größeren Beobachtungsserien und Feldstudien ließen sich sicher statistisch signifikante Folgerungen ziehen über die tatsächlichen Krankmacher unserer Gesellschaft und damit sinnvoll und kostensparend vorbeugen. Auf einige dieser Zusammenhänge gehe ich im Kapitel „Glaubenskriege" ein.
Ein Beispiel mit sehr typischer Auswirkung:

Küchengifte

Frau O. kam in die Sprechstunde wegen psoriasisähnlicher Hautausschläge an beiden Armen und im Gesicht, die seit mehreren Wochen akut bestanden. Der Hautarzt hatte sie schon untersucht, die Diagnose war unsicher, die kortisonhaltige Salbe hatte bislang kaum Besserung gebracht, im Gegenteil, es tauchten immer wieder neue Stellen auf.

Die Alarmpunkte Thymus und Niere waren geschwächt, die Modi für beides ließen auf funktionelle Ursachen schließen, ebenso wie für das Symptom „Hautausschlag". Die Anamnese half uns zunächst nicht weiter. Über meinen Toxin-Testkasten stellte sich schließlich die Nosode „Formaldehyd D 30" als optimales Therapiemittel heraus, dieses Mittel glich Modus und Alarmpunkte aus. Die relativ niedrige Potenz sprach für eine recht frische Kontamination mit dem Stoff. Erneute gezielte Fragen nach einer eventuellen Exposition brachten zutage, daß der Hautausschlag etwa 3 Wochen nach dem Einbau einer neuen Küche erstmals aufgetreten war.

Um den Zusammenhang zu sichern, bat ich Frau O., ein transportables Stück aus der Küche mit in die Praxis zu bringen. Gleichzeitig besorgte ich aus unserer Wohnung eine Schublade von einem sehr alten, sicherlich völlig unbehandelten Schrank. Beide Teile testete ich mit ihr, der Arm gab bei der ausgehängten Tür ihrer Küche sofort nach, blieb bei meiner Schublade stabil.

Sie werden verstehen, daß Frau O. trotzdem nicht begeistert die Küche ausbaute, nur weil der Test dafür sprach, denn damit wären erhebliche Kosten und ein großer Aufwand verbunden gewesen, und außerdem sollte man vor solchen Entscheidungen auch wirklich vollständig überzeugt sein. Da es sich bei der Küche um ein Importfabrikat handelte, das nicht extra als formaldehydfrei deklariert war, hatte eine Reklamation kaum Aussicht auf Erfolg, also lag das ganze finanzielle Risiko bei der Familie.

Von einer Ausleitungsbehandlung ließ Frau O. sich jedoch überzeugen, weitere Schritte wollte sie noch nicht unternehmen. Sie erhielt die Nosode Formaldehyd D 30 einmal wöchentlich injiziert und nahm zusätzlich täglich ausleitende Lymph- und Nierenmittel (homöopathische Komplexpräparate). Die Hauterscheinungen bildeten sich deutlich zurück, verschwanden aber nicht vollständig. Der Nachtest nach 6 Wochen wies auf eine persistierende Belastung hin (nach Absetzen der Nosode und des Begleitmittels waren die Alarmpunkte wieder geschwächt, die Nosode sprach weiterhin als Therapiemittel an), da die Patientin aber vorerst zufrieden war, wollte sie die Behandlung beenden.

2 Monate später kam sie erneut in die Praxis, mit stärkeren Hautproblemen als zuvor. Sie wünschte eine Wiederholung der Therapie und war auch zu weiteren Schritten bereit. Sie besorgte sich auf meine Empfehlung einen Formaldehyd-Schnelltest und wies damit eine massive Belastung der Küche nach. Um dies zu erhärten, bestellte sie einen Umweltexperten, der ihr Ergebnis bestätigte, es lag eine extrem hohe Konzentration in der Raumluft vor (und das immer noch nach etlichen Monaten!).

Die Konsequenzen waren jetzt nicht mehr zu umgehen, alle Familienmitglieder waren überzeugt. Die Küche wurde wieder ausgebaut, die Ausleitung wiederholt. Danach war und blieb Frau O. beschwerdefrei.

Wenn wir mit den getesteten Nosoden behandeln, vermitteln wir dem Organismus die homöopathische Information, welche Schadeinflüsse er korrigieren soll. Handelt es sich bei dem Patienten um ein Kind, ist es sehr wahrscheinlich, daß allein die Gabe dieser Nosode ausreicht, das Selbstregulationssystem anzuregen und damit Heilung zu erreichen.

Bei Erwachsenen sind üblicherweise zusätzliche Begleitmittel erforderlich, sogenannte Ausleitungs- oder Drainagemittel. Diese sorgen dafür, daß die toxischen Substanzen über die entsprechenden Ausscheidungsorgane eliminiert werden, soweit das möglich ist. Da diese Organsysteme bei Erwachsenen unseres Kulturkreises meist ohnehin durch unzulängliche Lebensführung überlastet sind, benötigen sie Hilfsmittel. Auch diese können homöopathischer Natur sein oder z. B. Pflanzenextrakte. Oft handelt es sich nach Test um Komplexpräparate für die Lymphe, den Darm, die Nieren oder die Leber.

Diese Mittel werden nicht organspezifisch getestet, denn sie allein gleichen – ohne Nosode – den Alarmpunkt nicht aus. Also suchen wir die Drainagemittel über den einfachen Substanztest mit der Vorgabe, das Optimale anzuzeigen.

Ich habe mir zu diesem Zweck eigene organbezogene Testkästchen mit Ausleitungsmitteln zusammengestellt, z. B. einen für Niere/Blase, einen für Leber, einen für Lymphmittel, einen für Darm usw., ausgewählt aus

Testsätzen verschiedener Firmen, die diese kostenlos oder gegen ein geringes Entgelt abgeben.
Dies ist für mich einfacher als das Durchtesten aller Firmen-Testsätze. Denn so kann ich, wenn eine Nierenbelastung vorliegt, eben gezielt den Nieren-Kasten wählen und selektiere dann über Handsensor bis zur optimalen Arznei. Sollte es in Ausnahmefällen so sein, daß in diesem Kästchen keine geeigneten Mittel enthalten sind, teste ich natürlich die restlichen Mittel in den Firmen-Testsätzen weiter, was aber so gut wie nie vorkommt, so daß sich das eben beschriebene Verfahren als sehr ökonomisch erwiesen hat.
Empfehlenswert ist es, beim Test der Begleitmittel den Kontakt zu den Nosoden zu behalten, da das Ausleitungspräparat ja spezifisch auf die Schadsubstanz und den Gesamtorganismus abgestimmt sein soll.
Mit etwas Übung geht es sehr rasch, sich an ein optimales Therapiemittel heranzuarbeiten. Allerdings werden nicht immer alle nötigen Testsubstanzen zur Verfügung stehen, nicht jeder kann sich zu Beginn einer feinstofflichen Arbeit die Investition eines großen Nosodenlagers leisten. Hier kann der verbale Test mit allen seinen Vor- und Nachteilen überbrücken.

Verbale Differenzierungen

Wenn die funktionelle Natur der Krankheitsursachen feststeht, können Sie verbal differenzieren, in welche Richtung Sie weiter forschen müssen. In Frage kommen die oben genannten Untergruppen biochemischer Prozesse wie vor allem Toxine, Infektionen, Mangel- und Überschußzustände. Nach dem Prinzip des Lügendetektors, daß der Arm bei einer zutreffenden Aussage stark bleibt, bei einer widersprüchlichen schwach wird, können Aussagen formuliert und durch den Armtest überprüft werden.
Zum Beispiel:
„Bei der vorliegenden Störung handelt es sich um eine Belastung durch Toxine“ – Test.
„Bei der vorliegenden Störung handelt es sich um Auswirkungen einer Infektion“ – Test.
„Bei der vorliegenden Störung handelt es sich um Auswirkung der Ernährung“ – Test.
„Bei der vorliegenden Störung handelt es sich um andere als die hier genannten Gründe“ – Test.
Bleibt der Arm stark, wird die Feststellung bekräftigt, gibt er nach, wird sie negiert.

Haben Sie die Art der funktionellen Belastung damit eingegrenzt (es kommen auch mehrere in Frage), könnten Sie noch, je nach Anamnese oder Verdacht, weiter differenzieren, z. B. bei Toxinen können chemische Gruppen erfragt werden, bei Infekten kann nach Bakterien, Viren, Pilzen und anderen unterschieden werden.

Häufig vorkommende Toxingruppen:

Genußgifte (Tabak, Alkohol, Kaffee u. a.)
Schwermetalle (bes. Amalgam)
Lösungsmittel (bes. Formaldehyd)
Chlorverbindungen
Pflanzenschutzmittel (Herbizide, Insektizide)
Holzschutzmittel (bes. PCP)
Nahrungsmittelzusatzstoffe (bes. Konservierungs- und Farbstoffe)
Abgase
chemische Medikamente
Berufsgifte u. a.

Wenn Sie verbal arbeiten möchten oder müssen, empfiehlt es sich, Listen über diese Fragen zu erstellen und hierin Ihre Ergebnisse umgehend zu dokumentieren. Beim Test mit Substanzen sondern Sie diese aus und haben sie vor Augen, beim verbalen Test kann es leicht geschehen, daß Sie etwas verwechseln oder wesentliche Klärungen vergessen, da helfen Ihnen schriftliche Notizen.
Spätestens nach dieser Analyse sollte man – wenn irgend möglich – den Test mit Substanzen fortsetzen. Nach meiner Erfahrung verliert man beim alleinigen verbalen Testen leicht den Überblick, außerdem ist es ausgesprochen anstrengend, fortlaufend konzentriert zu formulieren.
Hinzu kommt, daß der ausschließlich verbale Test häufig auf Unverständnis bei den Patienten trifft. In Einzelfällen habe ich damit jedoch Erfolg gehabt, nämlich wenn die benötigte Nosode nicht in meinen Testsätzen enthalten war. Dann habe ich den Test verbal fortgesetzt und Substanzen erfragt, die anamnestisch in Frage kommen konnten, mir aber nicht zur Verfügung standen. Sobald die verordneten Mittel besorgt waren, habe ich sie dann noch einmal im Substanztest überprüft.

An diesem Punkt „steht" die optimale Therapie einer funktionellen Störung. Das heißt, wir haben die optimale ursachlich wirkende medikamentöse Therapie festgelegt.

Damit ist es jedoch allein nicht immer getan, ebenso kann es nötig sein, den Grundschaden an sich noch zu beheben. Im Beispiel von Frau O. haben Sie gesehen, daß die Ausleitung zwar griff, daß es aber schließlich unvermeidbar war, die eigentliche Quelle der Krankheit zu beseitigen. Diese zu erkennen, ist eine der großen Chancen der Nosoden.
So ist es möglich, aus den Testergebnissen zu lernen und Konsequenzen zu ziehen. Bei Frau O. war die Konsequenz eine teure Neuinvestition. In anderen Fällen könnte es der Gang zum Zahnarzt sein, um Amalgamfüllungen durch andere Materialien ersetzen zu lassen. Wenn die Nosode „Tabacum“ anspricht, steht die Überlegung an, mit dem Rauchen aufzuhören. Bei einigen Nosoden liegen die Konsequenzen nahe (Rauchen), bei einigen muß es allein bei der Behandlung bleiben (z. B. wenn es sich um eine Folge eines alten Infekts handelt), bei anderen muß detektivisch nachgespürt werden, woher die Belastung stammen könnte, um gegebenenfalls eine weitere Exposition zu vermeiden. Dazu zwei Beispiele:

Frau J., 54 Jahre alt, kam wegen schwerer Kopfschmerzen, die sie im Abstand weniger Tage immer wieder bekam und die jeweils mehrere Tage anhielten. Sie berichtete, daß sie vor 15 Jahren eine bakterielle Meningitis (Hirnhautentzündung) durchgemacht habe und daß die Kopfschmerzen seitdem bestünden. Wir testeten die Nosode Listerien aus, einen bakteriellen Krankheitserreger, sie bekam nach Test 5 Ampullen zu D 200 im Abstand von je 4 Wochen injiziert. Schon nach der 2. Ampulle berichtete sie über eine Besserung, nach der 3. traten Kopfschmerzen nur noch sporadisch und weniger heftig auf. Hier wurde eine alte Belastung ausgeglichen, weitere Konsequenzen ergaben sich nicht.

Karolin, ein 12jähriges Mädchen, litt seit einiger Zeit unter einer Nahrungsmittelallergie. Der Allergiepunkt war geschwächt, allergische Reaktionen zeigte der Test für Weizen und Milch an, die Ursache dafür lag im funktionellen Modus. Die Suche war aufwendig, mein Standardtestkasten enthielt keine Hinweise, ebenso brachte uns ein umfangreicher Toxintestkasten nicht weiter. Mit verbaler Differenzierung konnte ich zunächst „Nahrungsmittelzusatzstoffe“ eingrenzen, dann „Farbstoffe“, über eine E-Nummern-Liste lag der Verdacht nahe, daß eine Belastung mit Gelborange bestand. Anamnestisch konnten wir keine Zusammenhänge klären, jedoch waren Karolin und ihre Eltern mit der Verordnung der Nosode Gelborange D 15 (verbal getestet) einverstanden.
In der folgenden Sitzung überprüfte ich die verordneten Ampullen über den Substanztest, wobei der Allergiepunkt durch die Nosode

ausgeglichen wurde. Außerdem brachte Karolin Vitamintabletten mit, die sie kürzlich „um sich etwas Gutes zu tun" von ihren Eltern bekommen hatte. Die Ummantelung enthielt Gelborange!
Wir leiteten mit der Nosode und einem Lebermittel aus, 3 Monate später vertrug Karolin Weizen und Milch wieder wie zuvor.

Der Substanztest

Obwohl ich schon im Kapitel „Der Muskeltest praktisch" den Test von Substanzen vorgestellt habe, ist das Thema besonders im Zusammenhang mit funktionellen Erkrankungen und medikamentöser Behandlung derart wichtig und vielschichtig, daß ich es hier noch einmal vertiefen möchte.
Das Austesten von Materialien in ihrer Auswirkung auf den Organismus ist wohl eines der liebsten „Kinder" der Kinesiologie. So gibt es eine ganze Reihe von Therapeuten, die mit dem Muskeltest Materialien (besonders Zahnärzte), Allergien oder speziell Medikamente (Heilpraktiker, vereinzelt Ärzte) austesten. Da sie die Anwendung des Muskeltests kurz und knapp ausschließlich darauf beschränken, vermute ich, daß sie sich der Fülle von Möglichkeiten allein dieses Substanztests nicht bewußt sind. Immerhin birgt er im Alltag die erstaunlichsten Erfahrungen und ein schier unermeßliches Lernpotential.
Schon ohne jegliches Beiwerk läßt sich über die Muskelreaktion eine Substanz als schädlich oder neutral klassifizieren. Da unsere Welt jedoch nicht nur schwarz und weiß enthält, tragen zwei zusätzliche Varianten des Tests zu einer subtileren Unterscheidung bei, nämlich: „relativ schädlich" über den Thymustest und „aufbauend" nach dem vorangegangenen Abzug an Energie. Der Thymustest ist in diesem Kapitel unter „Die Wirkung von Substanzen auf Alarmpunkte" beschrieben, den „Aufbautest" möchte ich als erstes vorstellen.

Energie ab- und aufbauen

Testen Sie den Arm auf Stärke. Streichen Sie dann mit Ihrer freien Hand zügig über die Körperoberfläche Ihres Probanden oder mit wenigen Zentimetern Abstand dazu vom Kopf herab bis etwa zu den Hüften. Dabei ist es gleich, ob Sie dies auf der Vorder- oder Rückseite tun.
Wenn Sie jetzt den Arm testen, wird er mindestens 3–5 Minuten lang stets schwach reagieren. Konfrontieren Sie Ihren Probanden innerhalb dieser Zeit mit einem deutlich positiven Reiz, so wird der Muskel vorübergehend erstarken, nach Ende des Reizes wird der Arm wieder für den beschriebenen Zeitraum schwach werden.

Was geschieht hier? – Die beiden Zentralmeridiane, das Gouverneurs- und das Konzeptionsgefäß, haben ihren Ursprung an der Körperbasis und ziehen von dort, einer vorn, einer am Rücken, in der Körpermitte bis zu ihrem Endpunkt an Unter- bzw. Oberlippe. Wenn man entgegen dem Meridianverlauf ausstreicht, wird dessen Funktion kurzfristig blockiert, baut sich aber selbständig nach kurzer Zeit wieder auf. Vergleichbar einem Fluß, in den Sie Sand schütten: Sie bremsen damit vorübergehend seinen Weg, bei ausreichender Kraft wird er aber den Sand wegschwemmen und wieder frei fließen.
Sie können also in dieser künstlich herbeigeführten Schwäche testen, ob Substanzen (oder andere Eindrücke wie Bilder, Wörter, Vorstellungen u. a.) stabilisierend wirken. Dies zu wissen, lohnt sich bei allem, was einen wesentlichen Anteil an unserem Leben hat, ganz besonders natürlich bei Nahrungsmitteln, die die Baustoffe unseres Organismus liefern.
Doch wägen Sie sorgsam ab, wem Sie diesen Test demonstrieren. Manch einer, der an die Kraftquelle in einem Müsliriegel, einem Stück Traubenzucker oder einem Aufbautrunk glaubt, könnte Ihnen die Freundschaft kündigen, in manchen Gremien besonders der etablierten Medizin dürfte Auslachen noch eine harmlose Reaktion sein.
Gerade das Thema Ernährung läßt sich mit dem Muskeltest eindrucksvoll und individuell darstellen in allen denkbaren Nuancen. Es macht Spaß und ist äußerst informativ, spielen Sie, experimentieren Sie, beobachten Sie die Testergebnisse, und bilden Sie sich Ihre eigene Meinung daraus! Einige kurze Eindrücke, die auch so manche Vorurteile widerlegen, habe ich im Kapitel „Glaubenskriege“ zusammengestellt.
Übrigens, Sie brauchen nach dem Energieabzug nicht 5 Minuten zu warten, bis Ihr Klient wieder testbar ist, und er braucht auch nicht ununterbrochen einen Apfel in der Hand zu halten. Streichen Sie einfach jetzt in Verlaufsrichtung des Meridians, das heißt von unten nach oben, und der Arm ist sofort wieder stark.
Schon jetzt ist so etwas „Simples“ wie der Substanztest gar nicht mehr simpel. Es beginnt scheinbar so einfach und wird bei näherem Hinsehen immer komplexer. Die Aussagen des Substanztests müssen sehr sorgfältig untersucht, klar verstanden und eindeutig interpretiert werden. Durch Ungenauigkeit kann es leicht zu Mißverständnissen und damit uneffektiven therapeutischen Schlüssen kommen.

Die Wirkung von Substanzen auf Alarmpunkte

Wir sind zu Beginn des Testens davon ausgegangen, daß der Organismus mit schwachem Muskel reagiert, wenn er eine Substanz als „negativ“

identifiziert. Dieses grobe Raster ist jedoch recht unrealistisch, läßt es doch keine Relativität zu. Es kann nämlich sein, daß wir zu einem Zeitpunkt aufgrund günstiger Ausgangsvoraussetzungen auf eine Substanz stark testen, bei der wir ein andermal geschwächt reagieren. Dies wird sicher nicht zutreffen auf stark toxische Stoffe, aber bei der Unterscheidung zwischen „gut" und „schlecht" gibt es eine ganze Menge Graustufen.

Üblicherweise reagiert der Muskeltest auf den Kontakt mit weißem Raffinadezucker schwach. Wenn ein insulinpflichtiger Diabetiker mit einer akuten Unterzuckerung diesen Zucker in die Hand bekäme, würde der Arm mit Sicherheit stark reagieren. Denn die Schädlichkeit des Zukkers würde zurückstehen hinter der momentan lebensnotwendigen Zufuhr von Glukose. Das Gleiche gilt sicher ebenso für einen Hungernden, der auf jede Art von Nahrungsmittel primär positiv reagieren dürfte, egal welche Qualität sie besitzen. Denn: Priorität setzt sich durch.

Aber es gibt eine Feinabstufung, die es erlaubt, auch bei der aktuellen Überlagerung durch Prioritäten die latente Schädlichkeit nachzuweisen, und zwar den Thymustest (Sie erinnern sich an den Thymus als das feinstoffliche übergeordnete Kontrollorgan?).

Voraussetzung für diesen Test ist eine starke Thymusdrüse, d. h., bei Berührung des Alarmpunkts muß der Arm einrasten. Wenn dies primär nicht der Fall ist, kann die Thymusdrüse kurzfristig gestärkt werden, indem man die Region mit den Fingerspitzen trommelnd beklopft. Die Stabilisierung hält dann eine Weile an, wodurch der Thymustest für diese Zeit wieder aussagekräftig wird. (Dies ist übrigens eine sehr einfache und effektive Übung, mit der Sie Ihr Immunsystem stimulieren können: Klopfen Sie ein- bis zweimal täglich 1 Minute lang auf die Thymusregion: Reflektorisch kommt es zu einer besseren Durchblutung und damit zur Aktivierung dieser Zone.)

Wollen Sie einen Stoff näher untersuchen, bei dem der Arm stark bleibt, können Sie zusätzlich den Thymuspunkt berühren (oder die Substanz wird direkt auf die Thymusregion gelegt). Die Reaktion des Arms zeigt durch das übergeordnete Kontrollorgan Thymus an, wie die feinstoffliche Wirkung dieser Substanz einzuschätzen ist: Bleibt er weiterhin stark, ist die Substanz unbedenklich. Bei einer Schwächung des Muskels sollte sie in größeren Mengen oder über längere Zeit dann sicher nicht genossen bzw. angewendet werden.

Der Thymustest ist ein sehr sensibler Anzeiger für Zuträgliches und Unzuträgliches. Allerdings erschöpft sich die Differenzierung im Test nicht in der Wirkung auf die Thymusdrüse. Ebenso können Sie jeden anderen Alarmpunkt „anwählen", sofern beim primären Kontakt mit der Sub-

stanz der Arm stark bleibt (wenn er schon zu Beginn geschwächt ist, wird die Berührung eines Alarmpunkts ihn logischerweise nicht stark machen). Nehmen Sie z. B. Kaffee oder Espresso. Ein Tässchen könnte vertretbar sein, der Arm bleibt stark. Der Thymustest dürfte da schon anderer Ansicht sein. Aber wollen Sie wissen, welchen Meridianen / Organen der Kaffee zusetzt? – Dann berühren Sie, den Kaffee in der Hand, nacheinander alle Meridian-Alarmpunkte wie beim üblichen Check-up. Sofern diese zuvor stark waren, werden Sie jetzt möglicherweise eine Schwäche vorfinden bei den Alarmpunkten Magen, Herz und Leber u. a. (logischerweise wird natürlich auch der Kennmuskel des Meridians gezielt mit einer Schwächung reagieren).
Hier möchte ich noch einmal an das Phänomen der Adaptation erinnern. Wenn Sie eine Probe in der Hand halten, bei der der Armmuskel schwach reagiert, wird bei längerem Kontakt durch Adaptation der Muskel wieder stark werden. Interessanterweise erholen sich die Alarmpunkte der Meridiane, die durch diese Substanz betroffen sind, deutlich langsamer als das Gesamtsystem (Indikator Armmuskel). Erkennbar ist dies an einer länger anhaltenden Schwächung von Alarmpunkt und Kennmuskel. Hierin liegt meines Erachtens auch der Grund, warum ein anhaltender Streß auf ein Meridiansystem zu einer dauerhaften Schädigung des dazugehörigen Muskels führt, die Grundlage des Touch for Health.
Wie auch Medikamente sich differenziert auf die einzelnen Meridiane und ihre Alarmpunkte auswirken, habe ich unter „Funktionelle Krankheitsursachen“ beschrieben. Es wäre bedauerlich, diese Möglichkeiten nicht zu nutzen und nur über den einfachen Armmuskeltest ein „Gut“ oder „Schlecht“ zu unterscheiden.

Mentale Vorgaben

Soweit der Muskeltest überhaupt bekannt ist, wird er meistens mit der Erfahrung eines Medikamententests verbunden, bei dem die richtige Arznei über den Muskeltest ausgesucht wird.
Wie verträgt sich diese Form des Tests mit der Hypothese, daß das muskuläre System des Klienten auf einen Streßreiz reagiert? Theoretisch müßte der Arm doch bei allem stark bleiben, was dem Organismus nicht schadet, und das könnte vieles sein, von Vitamin A über 1 Pfund Erdbeeren bis zu etlichen Hustensäften – *wieso selektiert der Arm nach den Erfordernissen und der Intention der jeweiligen Testsituation?* Wieso „weiß“ in diesem Fall das Muskelsystem, wonach wir eigentlich suchen, also hier nicht nach dem Aussortieren des Schädlichen, sondern dem Ausfiltern des Optimalen und Spezifischen?

Der Partytest mit Zucker, Cola oder Zigaretten ist so plakativ, daß das Ergebnis in der Regel nicht hinterfragt wird. Denn in diesen Fällen wird es nur in äußerst seltenen Ausnahmen zu einer starken Muskelreaktion kommen. Was aber geschieht bei den vielen Therapeuten, die oft ohne Hintergrundwissen treffsicher die optimale Arznei ertesten? Sie gehen mit der Voraussetzung, das beste Mittel finden zu wollen, an den Test heran, und sie kämen vermutlich gar nicht auf die Idee, daß der Muskeltest primär nur Schädliches selektiert.
Hier muß ich über das Erklärungsmodell des Stressors hinausgehen, obwohl es die (physio-)logische Basis des Muskeltests schlechthin bildet. Ich möchte Ihnen demonstrieren, daß sich das Unbewußte und seine Auswirkung auf das neuromuskuläre System durch den Willen programmieren läßt und auf Wunsch „mitspielt".
Versuchen Sie es:
Suchen Sie mehrere Substanzen zusammen, z. B. Nahrungsmittel, anerkannt gesunde und anerkannt ungesunde. Testen Sie alle durch mit dem einfachen Armtest und notieren das Ergebnis.
Dann überlegen Sie sich einige Vorgaben, nach denen Sie sortieren wollen, z. B.:

- Der Arm bleibt stark bei allem, was meiner Gesundheit nicht schadet.
- Der Arm bleibt stark bei allem, was meine Gesundheit fördert.
- Der Arm bleibt stark bei dem einzigen, was von allem am besten für mich ist.

Sie werden sehen, daß Ihr Körper gehorcht und daß je nach Vorgabe die Reaktion des Muskels auf die angebotenen Nahrungsmittel unterschiedlich ausfällt.
Vielleicht haken Sie hier ein mit dem Argument, daß diese verbale Vereinbarung zwar nachvollziehbar ist. Aber was hat es mit den Therapeuten auf sich, die sich keine Gedanken darüber machen und deshalb auch nicht aussprechen, welche Kriterien sie für den jeweiligen Test anlegen?
Hierzu zunächst ein Beispiel aus eigener Erfahrung:

David schlägt Goliath

Ein junger Mann kam mit einem Panaritium der Großzehe (ein entzündeter eingewachsener Zehennagel) in die Praxis. Ich bot ihm an, eine Betäubung an die Zehenwurzel zu setzen und dann die infizierte Ecke zu eröffnen. Wie üblich, spritzte ich 1 ml eines Lokalanästhetikums an das Grundgelenk und wartete auf die Wirkung. Als sich nach 10 Minuten immer noch nichts tat, injizierte ich noch einmal 2 ml nach weiterhin ohne Erfolg, der Zeh blieb ebenso empfindlich, als hätte ich Wasser gespritzt.

Ratlos wollte ich zunächst die Behandlung abbrechen, da der Patient aber inständig um den Eingriff bat, überlegte ich, woran der Fehler liegen konnte. Irgend etwas hatte es mit dem Lokalanästhetikum zu tun. Auf gut Glück bot ich den Muskeltest an. Ich gab ihm das Betäubungsmittel in die Hand: Der Arm reagierte schwach. Danach ein weiteres: Ebenfalls schwach. Ein drittes: schwach. Sollte denn gar nichts wirken? – Letztlich griff ich, allen Wahrscheinlichkeiten zum Trotz, zum Procain: der Arm blieb stark! Ich konnte es kaum glauben, wußte ich doch, daß es sich von allen getesteten um das schwächste Mittel handelte, das üblicherweise für Betäubungen kaum noch eingesetzt wird. Nach Injektion von nur 1/2 ml an jede Seite der Nervenstränge war der Zeh innerhalb von 2 Minuten taub und der Eingriff schmerzfrei!

Schon dieses einfache Beispiel zeigt, daß der Test auf eine unausgesprochene Vereinbarung reagiert, jedoch nicht auf meine Erwartungshaltung. Wenn der Muskeltest rein mechanistisch ablaufen würde, hätte auch bei den anderen Lokalanästhetika der Arm stark bleiben müssen, denn daß sie dem Patienten nicht geschadet haben zum Beispiel im Sinne einer Allergie, hatte ja die Anwendung schon bewiesen. Der Test hat aber von vornherein berücksichtigt, daß dieses Mittel bei diesem Patienten seinen *Zweck*, nämlich den der örtlichen Betäubung, *nicht erfüllt*. Das ist eine ganz andere Vorgabe als der Blickwinkel der Schädlichkeit und läßt uns nicht um die Frage herumkommen, wer vereinbart hier mit wem was?

Zum anderen ist deutlich zu erkennen, daß nicht mein aktuelles Bewußtsein die Führung übernimmt. Erstens hatte ich zu den Anfangszeiten meines Testens darüber noch überhaupt nicht nachgedacht, das Ergebnis kam „automatisch" richtig. Zweitens bestand meine Erwartungshaltung nur aus der Überzeugung, daß Procain das schwächste Mittel von allen sei und deshalb ohnehin nicht in Frage kam.

> Es muß über die mechanistischen Ansätze hinaus ein Kommunikationssystem zwischen Tester und Getestetem geben, das zwar vom Bewußtsein gezielt eingesetzt werden kann, das aber auch unbewußt wirksam wird.

Mag sein, daß Sie diese Gedanken für Spinnerei halten, eine stimmigere Erklärung finde ich für die Beobachtungen nicht. Andererseits ist hier nicht der Ort für derartige Erörterungen, denn wenn Sie ohnehin für sich akzeptieren, daß Gedankenkräfte nicht räumlich gebunden sind und mit anderen interagieren, dann ist jeder Satz darüber verschenkt. Wenn Sie sich mit dieser Vorstellung schwer tun, sind Seiten nicht genug, um Ihren Fragen gerecht zu werden. Aber hier wenigstens einige Sätze als Diskussionsgrundlage.

In der neurophysiologischen Forschung (Lehre von den Funktionszusammenhängen des Nervensystems) ist noch mehr offen als geklärt. Indem man Areale des Gehirns bestimmten Funktionen zuordnen kann, glaubt man dem Geheimnis des Denkens und des Bewußtseins auf die Spur gekommen zu sein. Vieles allerdings spricht dafür, daß unser Gehirn nicht arbeitet wie ein Speicher (Vergleich Computer), sondern eher wie ein Zusammenspiel von Sender und Empfänger, dessen Qualität sich nicht in der Speicherkapazität zeigt, sondern in der Möglichkeit, viele verschiedene Programme zu empfangen. Daß auch aktiv gesendet wird, zeigen Versuche, in denen Kandidaten mit Willenskraft einen Lichtpunkt auf einem Computerschirm bewegen können.

Mir sind die Forscher näher, die zugeben, daß sie staunend vor den Fähigkeiten des Geistes und des Bewußtseins stehen und zwar Funktionsvermittler entdecken können, aber die wahren Abläufe auch nicht ansatzweise begriffen haben.

Wem es Spaß macht, sich mehr in diese Materie zu vertiefen, dem empfehle ich gern die Bücher von Tor Nørretrander, einem dänischen Wissenschaftsautor, dem englischen Physiker Rupert Sheldrake und dem Amerikaner Michael Talbot.

Mein Bild, das ich gern Patienten vermittle: Unser Gehirn produziert elektrische Impulse als Ausdruck seiner Aktivität, die in Form von Wellen an der Schädeldecke abgeleitet werden können. Daß sie dort nicht enden, liegt in der Natur des Wellencharakters. Das heißt, eine Gehirnaktivität wie das Denken produziert Wellen, so wie es auch ein Radiosender tut. Es ist dann doch nur noch ein logischer Schritt zu der Vorstellung, daß bestimmte „Antennen" bei einem Gegenüber in der Lage sind, diese Wellen aufzufangen und wie ein Radiogerät umzusetzen.

Natürlich sind wir dann nicht weit ab vom Gedankenlesen. Nur gehört hierzu, wie beim Rundfunkempfang, die klare Ausrichtung der Antennen von Sender und Empfänger sowie die Fähigkeit des Empfängers, diese Wellen wieder in sinnlich wahrnehmbare Informationen zu transformieren.

Was im Technischen das Radio macht, indem es die Wellen wieder in Tonschwingungen zurückübersetzt, das ist in der nonverbalen Kommunikation ein feinstofflicher Indikator, in unserem Falle der Muskeltest. (Vermutlich erfolgt noch ein interner Abgleich und eine Freigabe der Informationen in einer Bewußtseinsschicht [siehe „Bewußtseinspyramide"], um den Sender vor Mißbrauch zu schützen.)

> Ich bin davon überzeugt, daß es keine rein materielle Testaussage gibt, irgendeine mentale Definition, bewußt oder unbewußt, steht immer darüber.

Um nicht wie ich im Fall der unwirksamen Betäubung uninformiert neben dem zu stehen, was Ihr Unterbewußtsein mit dem des Patienten vereinbart, ist es sinnvoll, aktiv einzugreifen und die gewünschten Vorgaben selbst einzubringen. Dabei sollte die Substanz in Körperkontakt bleiben und die Verabredung klar definiert werden: daß der Arm stark bleibt, wenn die Reaktion des Testers der Meinung des Unbewußten entspricht, daß er schwach wird, wenn das Unbewußte mit dieser Aussage nicht konform geht. Zum Beispiel können Sie Vorgaben machen zu einem Medikament, wie oben schon bei dem Test verschiedener Nahrungsmittel vorgeschlagen: „Dieses Mittel ist notwendig (sinnvoll, unschädlich, optimal, überflüssig) für den Heilprozeß".
Oder Sie geben Kriterien für die Auswahl unter mehreren Mitteln vor (im obigen Beispiel hätte die Aussage lauten können: „Der Arm bleibt stark bei dem optimal wirksamen Lokalanästhetikum, das auch vertragen wird.").
So wird es Ihnen möglich, nicht blindlings alle in Frage kommenden Arzneien parallel zu verordnen, sondern Wertigkeiten zu definieren, die Therapie ökonomisch zu gestalten und so die motivierte Mitwirkung des Patienten zu gewinnen.

Einnahmeempfehlungen

Die Möglichkeiten des verbalen Tests im Zusammenhang mit Substanzen sind noch lange nicht ausgeschöpft.
Die häufigsten Substanzen, die in einer Praxis getestet werden, sind Medikamente. Arzneimittel sind nun einmal in unserem Gesundheitssystem anerkannte und beliebte Möglichkeiten zur Behandlung von Krankheiten, und obwohl es eine Menge weiterer Therapieverfahren gibt, die den Arzneien in bezug auf die Wirkung in nichts nachstehen, die manchmal sogar wesentlich effektiver wären (wie Bettruhe bei Grippe), werden diese auch von Patienten selbstverständlicher akzeptiert. Ja, es gehört in einer konventionellen Praxis oft zum unabänderlichen Ritual, mit einem Rezept entlassen zu werden. Insofern werden die meisten Therapeuten mit Medikamenten behandeln, auch wenn es sich in der feinstofflichen Arbeit dabei eher um Phytopharmaka und homöopathische Mittel handelt.
Den Muskeltest auf die Wahl des geeigneten bzw. optimalen Mittels zu beschränken und die Dosierung nach Beipackzettel zu verordnen, ließe ein großes Potential ungenutzt. Und so können Sie selbstverständlich die optimale Darreichung austesten.
Der Patient hält das gewählte Mittel in der Hand, und Sie geben vor:

- Der Arm bleibt stark bei der idealen Dosierung: 1 Tablette täglich, 2 Tabletten täglich, jeden 3. Tag 1 Tablette usw.

- bzw. bei Tropfen: 1 Einnahme täglich, 2 Einnahmen, 3 Einnahmen usw.
- Der Arm bleibt stark bei der optimalen Menge: mehr als 10 Tropfen pro Einnahme – mehr als 15 Tropfen – mehr als 20.
- Der Arm bleibt stark bei der idealen Einnahmezeit: morgens – mittags – abends – vorm Schlafen – vor dem Essen usw.
- Der Arm bleibt stark bei der besten Darreichungsform: als Injektion – oral – äußerlich usw.
- Der Arm bleibt stark bei der voraussichtlichen Einnahmedauer: länger als 1 Tag – länger als 1 Woche – länger als 1 Monat.

Ihrem individuellen Bedarf und Ihrer Experimentierfreudigkeit sind wieder mal keine Grenzen gesetzt. Vorsicht jedoch bei Fragen, die weiter in die Zukunft reichen! Sicher ist es sinnvoll zu klären, ob ein Mittel kurz- oder langfristig eingesetzt werden soll. Aber jetzt schon testen zu wollen, ob in 3 Monaten die Dosis halbiert werden kann oder welches nach 1/2 Jahr das beste Anschlußmittel wäre, würde zu Enttäuschungen führen. In einem offenen System wie dem Menschen mit Interaktionen von Körper, Psyche und Geist einerseits und seiner Einbindung in das komplexe Lebensumfeld andererseits können wir keine längerfristigen Vorhersagen treffen, da Veränderungen nicht allein von unserer therapeutischen Intervention abhängen.

Der Allergie- bzw. Belastungstest

Interessant sind in der feinstofflichen Medizin 4 wesentliche Fragestellungen zu Substanzen:

- Ist ein Stoff für mich in irgendeiner Weise schädlich?
- Besteht eine Allergie auf eine bestimmte Substanz?
- Liegt eine Belastung im Sinne einer Intoxikation mit einer Substanz vor?
- Ist eine Substanz therapeutisch hilfreich? (Diesem Aspekt sind wir im vorigen Kapitel nachgegangen)

Die generelle Schädlichkeit, das heißt, ob Sie die Zufuhr eines Stoffes meiden sollten, demonstriert der einfache Muskeltest oder – in bezug auf subtilere Einwirkungen – zusätzlich der Thymustest. Dies kennen Sie schon aus dem vorigen Kapitel.

Ob jedoch über die Unverträglichkeit hinaus ein Patient mit einer Substanz belastet ist, wird über den einfachen Muskeltest nicht deutlich. Geben wir ihm zum Beispiel ein giftiges Schwermetall in die Hand, so wird der Arm nachgeben, egal, ob damit eine toxische Belastung vorliegt oder nicht.

Natürlich können Sie auf eine toxische Belastung schließen, wenn die dazugehörige Nosode, d. h. das spezifische homöopathische Pendant, den funktionellen Modus bzw. dazugehörige primär geschwächte Alarmpunkte stärkt.

Ein anderer Ansatz für ein Check-up ist der Allergie- bzw. Belastungstest.

Im Meridiansystem des Dreifachen Erwärmers (3E) können Sie durch eine Art Kurzschluß einen zuvor geschwächten Allergie- und Belastungspunkt (AB), der zu diesem Meridian gehört, für den weiteren Testverlauf ausgleichen. Wenn Sie in diesen geschlossenen stabilisierten Kreis eine Substanz einbringen, beurteilen Sie bei einer negativen Reaktion nicht, welche Qualität die Substanz für den Körper hat, sondern ob er auf sie allergisch bzw. damit belastet ist.

Aber der Reihe nach, da dieser Vorgang etwas komplizierter ist:

Wenn man den Punkt „Allergie“ vor dem Ohr (Tragus) testet, wird der Arm bei Vorliegen einer Allergie oder einer wesentlichen toxischen Belastung geschwächt. Lassen Sie gleichzeitig vom Patienten den Alarmpunkt 3E (2 Querfinger unterhalb des Nabels) berühren, findet eine Art Kurzschluß zwischen diesen beiden Punkten statt, und der Arm reagiert stark – vorstellbar nach der Regel: Minus mal Minus ergibt Plus.

Wenn Sie eine Substanz auf den Alarmpunkt 3E legen und gleichzeitig den Allergiepunkt testen, bleibt der Arm stark, sofern auf diese Substanz keine Allergie oder keine Belastung mit ihr vorliegt. Wird der Muskel schwach, deutet dies entweder auf eine Allergie oder eine toxische Belastung mit dieser Substanz hin. Durch diesen Test ist beides nachweisbar, jedoch nicht voneinander zu trennen.

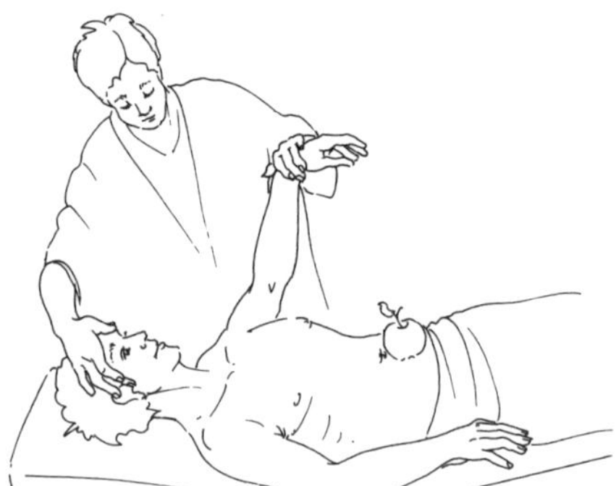

Belastungstest

Ein Beispiel: Wenn ein Apfel auf den Punkt 3E gelegt wird und gleichzeitig die Berührung des Punktes am Tragus den Muskel schwächt, dürfte es sich um eine Allergie handeln, da eine „toxische Belastung“ mit Äpfeln ziemlich absurd wäre. Legt man eine Probe Blei oder dessen Nosode auf den 3E-Alarmpunkt, und der AB-Punkt wird schwach, handelt es sich eher um eine Intoxikation als um eine Allergie. Schwieriger wird es bei Stoffen, die sowohl Gifte für den Körper sind wie auch eine allergisierende Potenz aufweisen, wie z. B. Formaldehyd (häufiger) oder Amalgam (sehr selten).
Hier brauchen wir den verbalen Test, um Klarheit zu gewinnen. Dabei sollte die Substanz nicht auf dem Alarmpunkt liegen bleiben, und auch der Allergie-/Belastungspunkt darf nicht berührt werden. Sonst besteht die Gefahr, daß sich zwei Reaktionen überlagern und damit unsauber werden. Einerseits bewirkt nämlich der Kontakt innerhalb dieses Regelkreises einen sehr spezifischen Reiz, der vom Muskelsystem beantwortet wird, andererseits muß es auch auf die verbale Aussage reagieren. In der Hand hingegen sollte die Substanz weiterhin gehalten werden, um den Bezug zu erhalten.
Verbal ließe sich etwa so formulieren: „Auf diese Substanz besteht eine Allergie“ (Test) bzw. „Mit dieser Substanz liegt eine toxische Belastung vor“ (Test).
Warum dann überhaupt der „Kurzschlußtest“? – Der eine Vorteil ist, wie schon öfter erwähnt, daß man näher an der Materie bleibt, was dem Tester einen besseren Überblick ermöglicht und auch von vielen Patienten eher angenommen wird als verbales Testen. Man kann recht automatisch die in Frage kommenden Nosoden oder andere Testsubstanzen durchuntersuchen. Dabei benutze ich die Nosoden in erster Linie, um Belastungen zu verfolgen, die übrigen Substanzen wie Nahrungsmittel und Zusatzstoffe bei Verdacht auf Allergien verwende ich lieber in der ursprünglichen Form.
An dieser Stelle möchte ich noch einmal auf das doppelte Gesicht der Nosoden zurückkommen. Wie eben erwähnt, können auch Nosoden auf den Testpunkt 3E zum Nachweis der Belastung eingesetzt werden. Manche unserer Kursteilnehmer empfinden es als Widerspruch, daß ein Heilmittel gleichzeitig eine Belastung beweist. Hat man jedoch einmal verinnerlicht, daß die Information der wirksame Anteil der Nosode ist, wird dieser „Widerspruch“ auflösbar. Denken Sie an die Information eines Spiegelbilds, das Ihnen zeigt, wo etwas nicht in Ordnung ist (Nosode), so daß Sie den Fehler korrigieren können (Heilung).
Mit dem Belastungstest im Meridian 3E können, sofern man über eine umfassende Auswahl an Testnosoden oder Reinsubstanzen (Zahnärzte!)

verfügt, recht vollständig alle bekannten Schadstoffbelastungen feinstofflich nachgewiesen werden.
Das hat den Vorteil gegenüber dem symptombezogenen Vorgehen, daß man weniger Lücken riskiert. Trotzdem überwiegen aus meiner Sicht die Nachteile.
Wenn Sie jemanden auf diese Weise komplett durchtesten, werden Sie eine unglaubliche Anzahl an Substanzen finden, mit denen der Organismus belastet ist. Dies entspricht sicherlich der Realität, wenn wir die unüberschaubare Vielzahl von Toxinen bedenken, die heute zu unserem Alltag gehören. Natürlich ist das dem Allgemeinzustand nicht zuträglich, andererseits aber auch nicht unbedingt verantwortlich für die gefundenen Schwachstellen oder die geklagten Symptome.
Um ein vollständiges „Großreinemachen" im Körper durchzuführen, müßte logischerweise mit allen getesteten Nosoden und dazugehörigen Ausleitungsmitteln therapiert werden. Ich glaube kaum, daß sich außer einigen Zwangsneurotikern allzu viele Patienten dazu bereit fänden.
Ich gehe lieber dem nach, welche Dysbalancen der Organismus über die Alarmpunkte aufzeigt, und diese gleiche ich therapeutisch aus. Nur diese sind, zumindest zum Zeitpunkt des Tests, relevant. Mit Sicherheit wird es darüber hinaus einige im Körper unerwünschte Substanzen geben, die in günstigen Fällen aber ohne Stoffwechselbeteiligung im Gewebe abgelagert werden. Zudem kommt es bei einer Ausleitungsbehandlung allein schon durch die Drainagemittel zu einem gewissen Sogeffekt auf ähnliche toxische Substanzen.
Ich ziehe es vor, die Behandlung auf das Notwendige zu beschränken, das heißt, mit so wenig Therapie wie möglich so viel wie möglich zu erreichen, um die Motivation und das Durchhaltevermögen des Patienten zu gewinnen. Ich bin mir auch nicht sicher, ob der Organismus wirklich einer Vielzahl von Korrekturimpulsen gleichzeitig optimal nachkommen kann, denn wenn ich in Einzelfällen schon mal mehr als 3 Nosoden zur Therapie herausfinde, dann bestimmt der verbale Test des Einnahmemodus fast immer, daß die Nosoden nicht gleichzeitig, sondern meist um mehr als 1 Woche zeitversetzt verabreicht werden sollen. (Versuchen Sie einmal, fünf gleichzeitig gegebene neue Aufforderungen wahrzunehmen und korrekt zu befolgen!)

Testkontakt und Testbehältnis

Zum Schluß noch einige Anmerkungen zur Art des Kontakts und zu Verpackungsmaterialien.
In einigen etablierten Kinesiologen-Kreisen ist es üblich, Nahrungsmittel zu testen, indem sie in den Mund genommen werden. Dies ist natürlich

ein logischer Ansatz, für mich aber nicht bis in die letzte Konsequenz durchdacht.

- Erstens entwickeln sich viele Unverträglichkeitsreaktionen einschließlich Allergien erst durch den Metabolismus, also reicht der bloße Schleimhautkontakt letztlich auch nicht aus, er ist sozusagen auf halbem Wege stehengeblieben und gibt damit aus meiner Sicht nur eine Scheingenauigkeit vor.
- Zweitens kann das Ergebnis durch subjektives Geschmacksempfinden überlagert sein.
- Drittens bleibt durch Lösung im Speichel die Information einer Substanz wesentlich länger erhalten und kann trotz zwischenzeitlicher Spülung die folgenden Ergebnisse verfälschen.
- Viertens riskiere ich – vermutlich allerdings nur in Sonderfällen – die Aufnahme von Toxinen (ich teste schon mal in unserer Küche, ob Speisen „noch gut" sind, und möchte nicht gern Verdorbenes in den Mund nehmen).
- Fünftens kann – ebenfalls in Ausnahmefällen, aber dann ist es sehr dramatisch – eine so schwere Allergie vorliegen, daß schon der Schleimhautkontakt zu einem Nahrungsmittel in der Lage ist, einen anaphylaktischen Schock auszulösen.
- Sechstens ist diese scheinbar spezifische Testform nur für Nahrungsmittel geeignet – was mache ich mit Seife, Waschpulver, Kosmetika, Medikamenten?

Der Test reagiert stimmig, reproduzierbar und logisch durch den alleinigen Kontakt zur Haut bzw. zum Energiefeld des Körpers. Da ich bislang über den einfachen äußeren Kontakt auch bei Nahrungsmitteln keine nachgewiesenen Fehlinformationen erhalten habe, halte ich für meine Arbeit dieses Verfahren bei und sehe keinen Nutzen in einem zusätzlichen Schleimhautkontakt.

Es ist sogar möglich, Substanzen auf den bekleideten Körper zu legen, da das Energiefeld des Körpers über die Haut hinausreicht und somit die Interaktion auch in geringem Abstand von der Körperoberfläche noch stattfindet. Bedenken Sie aber, daß die Schwingung mit dem Quadrat der Entfernung abnimmt und sich damit auch die Wechselbeziehung zwischen Organismus und Substanz abschwächt. Ein hervorragender Sensor für die Aufnahme feinstofflicher Informationen ist die bloße Hand, die ja schon grob-anatomisch mit unendlich vielen Nervenendungen ausgerüstet und damit hochsensibel ist.

Eine weitere naheliegende Frage, die häufig besonders in Kursen auftaucht, betrifft die Verpackung.

Welche Rolle spielt das Behältnis, in dem die Testsubstanz abgefüllt ist?

Woher weiß man, ob die Muskelreaktion nicht einem Stoff des Testbehältnisses gilt? Dürfen wir zum Beispiel Medikamente in der Originalverpackung lassen, oder müssen wir die Tabletten isoliert nehmen? Wie sollen Lebensmittel verpackt sein, die pur nicht transportabel sind?
Ich habe mich entschieden, so viele Nahrungsmittel wie möglich, Haltbarkeit vorausgesetzt, in neutrale Glas- oder Polyethylenröhrchen mit Verschlußstopfen aus dem Laborbedarf abzufüllen. Da die Testbehälter identisch sind, kann die unterschiedliche Muskelreaktion nur durch den Inhalt bedingt sein. So abgepackt, habe ich jederzeit die verschiedensten Getreidesorten, Genußmittel u. a. greifbar.
Zur Ergänzung bitte ich die Patienten, eine Sammlung von gängigen Nahrungsmitteln aus der eigenen Küche mitzubringen. Da sind erstens auch verderbliche Waren enthalten, die ich in der Praxis nicht lagern kann, zum anderen eben genau die individuelle Auswahl, die dem Patienten entspricht und die ich nie derart komplett vorhalten könnte. (Und Sie sehen in der Regel nebenher einen repräsentativen Querschnitt der Ernährungsanamnese!)
Es gibt umfangreiche standardisierte Testkästen, die Lebensmittelextrakte und Zusatzstoffe enthalten. Nach meiner Erfahrung ist es für die Patienten anschaulicher, wenn sie das konkrete Nahrungsmittel aus dem Supermarktregal vor sich sehen. Bei auffälligen Ergebnissen im Test lassen sich dann immer noch die Einzelkomponenten auf der Zutatenliste durchforsten, um Verdächtiges zu finden.
Zudem müssen Testsätze gewisse Beschränkungen in Kauf nehmen, die aber für einige Patienten von Belang sein können. So ist es mir häufiger gerade bei hochallergischen Personen begegnet, daß z. B. Äpfel aus wohnortnahen Anbaugebieten sehr gut vertragen wurden, auch wenn sie nicht aus biologischem Anbau stammten, daß Äpfel aus Übersee dagegen heftige Reaktionen auslösten. Dies zu differenzieren, bedeutet einiges an Detektivarbeit, ist aber sehr befriedigend, da es sich um hundertprozentig individuelle Aussagen handelt und darum wirkungsvolle Konsequenzen hat.
Zurück zum Testbehältnis. Wie gesagt, ideal ist eine gleiche Umhüllung für alle Substanzen. Sie brauchen jedoch nicht jedes einzelne Medikament umzufüllen. Erstens erhalten Sie viele Phytopharmaka und homöopathische Komplexmittel von den Firmen für einen fairen Preis als Testsatz mit kleinen Einzelmengen angeboten. Zum anderen: Wenn das Glasröhrchen nicht stört, warum sollte es dann die Glasflasche tun?
Vorsicht ist jedoch geboten, wenn Sie Tabletten und Kapseln in Blisterpackungen testen. Die eine Seite besteht aus gestanztem Kunststoff, die andere ist mit Metallfolie abgedeckt. Am günstigsten ist es natürlich, die

Tabletten ganz aus der Verpackung zu nehmen. Wenn Sie sie nicht anbrechen wollen, sorgen Sie zumindest dafür, daß die Kunststoffseite dem Körper zugewandt ist. Das Metall verändert unter Umständen die Abstrahlung elektromagnetischer Schwingungen und könnte dadurch Ihr Ergebnis verfälschen.
Sicherheitshalber – mehr eigentlich, um unnötigen Diskussionen zu entgehen – empfehle ich, auf ein sinnvolles Masseverhältnis zwischen Testsubstanz und Behälter zu achten. Sollte in einem dickwandigen Gefäß der Tropfen eines Mittels getestet werden, läßt sich nicht ausschließen, daß sich die Schwingung auch hier nicht einwandfrei durchsetzen kann. Ob das wirklich so ist, oder ob nicht die mentale Fokussierung hier die stärkere Kraft hat, ist eher eine philosophische Entscheidung, auf deren Erörterung Sie natürlich nicht einzugehen brauchen, wenn das Verhältnis zwischen Inhalt und Gefäß stimmt.
Sie sehen, wie umfassend und spezifisch aussagekräftig allein der „simple“ Substanztest ist. Man kann kaum genug üben und sich satt-testen, um die vielfältigen Möglichkeiten vollständig auszuloten! Vielleicht fallen Ihnen noch sinnvolle Weiterungen ein?
Hiermit rundet sich der Bereich funktioneller Störungen und all der Aspekte, die auch im weiteren Sinne mit ihm zusammenhängen.

Emotionale Ursachen im Krankheitsgeschehen

Psychische Vorgänge spielen für die Entstehung von Krankheiten und für den Weg der Heilung eine derartig herausragende Rolle, daß ich ihnen einen eigenen Band gewidmet habe, der ebenfalls im Jopp-Verlag erscheint. Wenn Sie neugierig sind auf die faszinierenden Möglichkeiten der psychologischen und psychotherapeutischen Arbeit mit der Kinesiologie, dann dürfen Sie sich auf den Folgeband freuen. Er zeigt Ihnen, wie Sie mit unglaublich einfachen Hilfsmitteln des Muskeltests zu den Wurzeln eines Verhaltensmusters, einer Angst oder einer psychosomatischen Erkrankung vorstoßen, wie Sie durch eine minimale Intervention diese alten Lasten ein für allemal überwinden und ablegen können, um den Weg für neues Erleben und freies Handeln zu bahnen.
Wenn Sie sich jedoch nicht in die Einzelheiten psychischer Zusammenhänge vertiefen wollen, weil Sie meinen, dieser Bereich tangiere Sie weniger, dann reicht Ihnen vielleicht die Erkenntnis und der Hinweis, daß emotionale Ursachen hinter einer Erkrankung stecken. Eine erste kleine Überbrückungshilfe, die noch keine kinesiologisch-psychologische Arbeit einbezieht, biete ich Ihnen auf den folgenden Seiten in Kürze.

Sie werden es kaum vermeiden können, wenn Sie nach Krankheitsursachen forschen, daß Sie mit emotionalen Ursachen konfrontiert werden. Sofern Sie sich der Suche nach den Hintergründen von Gesundheitsstörungen verschreiben, wenn Ihnen wirklich Heilung am Herzen liegt, dann werden Sie letztendlich diesem Thema nicht ausweichen können. Und das ist auch gut so, denn gerade in der Bearbeitung psychischer Probleme liegt eine derartige Kraft zur Gesundung, daß dieses Potential nicht brachliegen darf. Selbst wenn Sie als Zahnarzt Ihren Patienten „nur auf den Zahn fühlen“, werden Sie staunen, wieviel die Psyche bewegt.

Ich möchte Sie ermutigen, auch als sogenannter „Laie“ auf die Lebenssituation des Patienten einzugehen, zumindest wie jeder gute Freund und jeder Seelsorger das tut. Jeder von uns ist ein Wesen mit Psyche und Emotionen, mit persönlicher Geschichte und Erfahrungen, durch wen müssen wir legitimieren lassen, ein Gespräch von Mensch zu Mensch zu führen? So manchen macht bewußte Lebenserfahrung klüger als ein langes Studium!

Daß wir uns recht verstehen: Ich möchte nicht den Psychotherapeuten und Psychologen das Wasser abgraben oder ihre Kompetenz schmälern, die jedoch bei Interesse mit der Kinesiologie ihre Arbeit unvorstellbar intensivieren und optimieren können. Für die Behandlung schwerster Störungen muß eine qualifizierte Ausbildung und Erfahrung absolut vorausgesetzt werden.

Aber wer verbietet Ihnen die Frage, ob es irgend etwas im Leben Ihres Patienten gibt, das ihn belastet, das Sorgen bereitet, mit dem er nicht fertig wird. Wie hilfreich schon ein derartiges „laienhaftes“ Gespräch sein kann, mag folgendes Beispiel schildern.

Kopfzerbrechen

Eine Patientin mittleren Alters suchte mich auf, weil sie seit 6 Wochen anhaltende Kopfschmerzen hatte. Sie bat um einen Test, und es ergab sich ausschließlich eine emotionale Ursache. Sie konnte keinen Zusammenhang erkennen, bis ich die Frage stellte, ob ihr irgend etwas wohl Kopfzerbrechen bereite. Daraufhin erzählte sie von einer alten Dame, die sie regelmäßig donnerstags besuchte und ein paar Kleinigkeiten für sie erledigte. Jetzt waren seit einiger Zeit durch das neue Ladenschlußgesetz am Donnerstag die Geschäfte länger geöffnet, und ihr Mann hatte den Wunsch, diese Zeit mit ihr zu verbringen, mal einkaufen oder bummeln zu gehen. Sie konnte doch nicht beiden gerecht werden.

Im Laufe des Gesprächs von 15 Minuten fiel es ihr wie Schuppen von den Augen, daß es für die alte Dame überhaupt keinen Unterschied machte, an welchem Wochentag sie kommt. Sie entschied sich für Montag und fuhr recht ungläubig nach Hause, daß dies nun etwas mit den Kopfschmerzen zu tun haben sollte. 3 Wochen später rief sie mich an, um mir mitzuteilen, daß die Schmerzen unmittelbar an dem Tag verschwunden waren, als sie der alten Dame ihre Entscheidung mitgeteilt hatte, ohne auf Widerstand zu treffen.

Ist das Psychotherapie? – Ich möchte es eher als menschlichen Beistand bezeichnen, wenn jemand zur Seite steht, der die Situation mit Distanz, Einfühlungsvermögen und gesundem Menschenverstand anschaut, weil die Betroffenen selbst oft den Wald vor lauter Bäumen nicht sehen. Natürlich ist nicht jedem Gespräch eine unmittelbare Erkenntnis vergönnt. Und dennoch kann es sich lohnen, auf den psychischen Aspekt einfach nur hinzuweisen, eventuell ein weiterführendes Gespräch zu einem späteren Zeitpunkt oder sogar den Kontakt zu einem Psychotherapeuten anzubieten. Wir sollten den Patienten ruhig zutrauen, daß sie mit Hilfe einer gewissen Sensibilisierung in der Lage sind, den Konfliktpunkt herauszufinden und zu benennen.

Handlungsunfähig

So erging es mir mit Gerlinde W., die wegen einer akut innerhalb von Stunden aufgetretenen Arthritis des linken Handgelenks zu mir kam. Ich kannte sie schon lange. Sie war psychisch recht anspruchsvoll, ich wußte, daß sie ihren Körper und Krankheitssymptome als Signal für psychische Konflikte ansah und ihnen sinnhaftes Geschehen zuordnete. Das Gelenk war heiß, rot und geschwollen.

Der Test ergab – etwas entgegen meinen Erwartungen – eine ausschließlich emotionale Ursache. Die direkte Frage, ob sie eine Erklärung habe, verneinte sie. Auch Wortspiele wie: handlungsunfähig sein, Hand anlegen und dergleichen halfen nicht weiter. Sie verabschiedete sich etwas zögernd und versprach, sich am nächsten Tag zu melden.

Ihr Anruf kam zur vereinbarten Zeit. Die Beschwerden waren gegangen, wie sie gekommen waren. Dazwischen hatte sie jedoch eine Erkenntnis gehabt und mußte handeln:

Die Schmerzen begannen, als sie am Computer widerwillig eine Passage für ihren Chef schrieb, von der auch sie betroffen war, mit der sie sich aber nicht einverstanden fühlte. Die zunehmenden Schmerzen verhinderten, daß sie das Schriftstück fertigstellte. Da sie auch nach dem Besuch in meiner Praxis nicht in der Lage war zu schreiben, überdachte sie noch einmal den Zeitpunkt des Auftretens und ihre damit verbundenen Gefühle. Sie beschloß für sich, daß sie die

Formulierung des Chefs nicht übernehmen werde, und machte einen konstruktiven Gegenvorschlag. Erstaunlicherweise war sie in der Lage, wenn auch mit Schmerzen, diese Änderung zu tippen. Sie hatte den Eindruck, daß das Gelenk weniger schmerzte, hielt es aber eher für Einbildung. Als sie dann die Änderung ihrem Chef konkret vorgelegt hatte und beide übereingekommen waren, daß ihr Vorschlag für alle Seiten vertretbar war, konnte sie die Hand noch besser bewegen. Am nächsten Morgen waren die Schmerzen so gut wie verschwunden.

Die Erklärung dieser logischen Körperreaktionen überlasse ich gern den Lesern.

Sie sehen, daß es manchmal nur eines kleinen Anstoßes bedarf, um auch dem emotionellen Konflikt hinter körperlichen Beschwerden gerecht zu werden. Nur wenn man nicht hinsieht, wenn man dieses Zusammenspiel nicht für möglich hält, dann landen wir beim Kampf gegen das Symptom, anstatt seine Botschaft zu entschlüsseln.

Derartige Sofortreaktionen werden wohl eher eine Ausnahme bleiben; wenn der Organismus insbesondere mit chronischen Symptomen aufwartet, liegen in der Regel komplexere Lebenskonflikte zugrunde. Aber auch hier sollten wir uns nicht scheuen, diese Hinweise des Körpers aufzugreifen und weitere Schritte einzuleiten, sei es als allgemeine Vertrauensperson für den Patienten, sei es durch Weiterleitung an fachkompetente Therapeuten bei Verdacht auf gravierende Traumatisierungen.

Wenn Sie sich zwar noch nicht mit psychotherapeutischer Begleitung vertraut fühlen, andererseits bereits feinstofflich arbeiten, können Sie natürlich auch diese Erfahrungen zur Unterstützung eines psychischen Prozesses mit einsetzen – allerdings keine Psychotherapie ersetzen. Sofern nicht unmittelbare Gefahr im Verzug ist wie bei Psychosen oder einer akuten psychischen Dekompensation mit Suizidgedanken, könnte ein gut gewähltes (per Test bestätigtes?) homöopathisches Mittel bereits einen Wandel einleiten. Über die psychischen Auswirkungen homöopathischer Arzneien liegen aus jüngster Zeit zahlreiche neuere Erkenntnisse vor, die den angestaubten Geruch einiger älterer Repertorien in unser heutiges Verständnis übersetzen.

Eine sinnvolle „spezifische“ Unterstützung bieten meines Erachtens auch die *Bachblüten-Essenzen*.

Wem sie nicht bekannt sind oder wer sie nur für Volksverdummung mit Placebo-Effekt hält, der möge es wagen, sich auf diese sogenannten Placebos einzulassen und eigene Erfahrungen zu sammeln. Wenn sie wirklich nichts bewirken, können sie ja zumindest auch nicht schaden. Verwerfen können wir als seriöse Wissenschaftler nur mit Recht, von dessen

Schädlichkeit oder Unwirksamkeit wir uns selbst überzeugt haben. Wissenschaftlern, die nur theoretisch denken, ohne etwas auszuprobieren, rate ich dringend, aus dem Kochbuch zu entscheiden, wie ein unbekanntes Gericht schmeckt!

Die Bachblüten-Essenzen sind benannt nach dem englischen Arzt Dr. Edward Bach, der die feinstoffliche Wirkung von 38 Blütenpflanzen in den 30er Jahren entdeckte. Wie auch die Homöopathie (siehe Kapitel „Funktionelle Krankheitsursachen"), so stoßen auch sie durch ihre spezifische Informationen bestimmte Schwingungsmuster an. Im Gegensatz zu den mehr körperlich wirkenden Nosoden repräsentieren die Bachblüten psychische und emotionelle Zustände des Menschen und erreichen körperliche Symptome eher sekundär.

Vergleichbar den Nosoden, lassen sich demnach auch die Bachblüten sowohl diagnostisch wie therapeutisch einsetzen. Gehen wir immer wieder davon aus, daß es sich bei der Hypothese einer „Informationsmedizin" nicht um eine chemische Intervention handelt, sondern um eine Aufforderung zum Korrektiv aus eigener Kraft, so ist dies auch theoretisch einleuchtend. Betrachten wir die Information der Bachblüten sozusagen als Spiegelbild der Seele: Im Spiegel erkennen wir, was bei uns „nicht stimmt", und wir sind in der Lage, es zu korrigieren, sei es ein schwarzer Fleck auf der Nase, eine widerspenstige Haarsträhne oder ein offener Knopf an unpassender Stelle.

Und so können wir die Bachblüten hilfreich einsetzen, um einen Zugang zum eigentlichen Thema zu finden. Häufig erscheinen Verstrickungen und Probleme des Alltags sehr komplex und undurchschaubar, der „rote Faden" fehlt. Durch den Test der Bachblüten – ohne sie bewußt und gezielt auszusuchen, sondern indem sie verdeckt getestet werden – zeigt sich die aktuelle Resonanz. So kann es sein, daß wir erst durch die Information einer Essenz auf den Grundkonflikt aufmerksam gemacht werden, sozusagen die Tür zur passenden Erkenntnis öffnen, die bislang und nach logischem Denken nicht bewußt war.

Da Bachblüten quasi als Spiegelbild der Seele verstanden werden können, helfen sie zum einen, der zugrunde liegenden Störung auf die Spur zu kommen, zum anderen können wir sie natürlich begleitend therapeutisch einsetzen, vergleichbar einem Taschenspiegel.

> In diesem Sinne setzen die Essenzen spezifische Impulse, die das gestörte Muster allmählich korrigieren helfen (aber nie die bewußte Arbeit ersetzen!).

Daß Probleme allein durch die Einnahme von Bachblüten aus der Welt geschafft wurden, habe ich äußerst selten erlebt, am ehesten schon mal bei Akutproblemen (Prüfungsangst u. ä.) oder auch bei Kindern.

So gelang es mir bei meiner Katze, die den Umzug schlecht verkraftet hatte und sich nur noch ängstlich unter dem Bett verkroch, durch einmalige Gabe von Walnut (hilft bei Umstellung auf neue Situationen) und Star of Bethlehem (löst Schocks und Traumatisierungen), daß sie am nächsten Tag wieder auf dem Bett lag.

Ebenso ist Erste Hilfe in Notfallsituationen mit den Essenzen äußerst effektiv. Aber zur Änderung langjähriger Lebensmuster, zur Auflösung schwerer frühkindlicher Traumata habe ich keinen Weg gefunden, der an einer bewußten Rückschau und schrittweisen Veränderung des Alltags vorbeiführte. Das schließt nicht aus, daß Bachblüten immer wieder auf diesem Weg nützliche Helfer sind.

Ein wunderbares „beweisendes" Beispiel ist mir auf dem Rückflug aus dem Urlaub begegnet. Einige Reihen vor uns saß ein jugendlicher Grieche, der durch einen Autounfall schwer verletzt worden war. Er war allein, ohne Begleitung, sein Schmerzmittel schien trotz hoher Dosis nicht mehr anzuschlagen, und mit zunehmender Flugdauer wurde er immer blasser und hinfälliger. Seit Beginn des Flugs hatten sich zwei Mitreisende rührend um ihn gekümmert, das änderte nichts daran, daß er einem Kollaps immer näher schien. Auch meine Zuwendung als Ärztin schien ihm zwar gut zu tun, aber am Zustand nichts zu ändern. Medikamente, insbesondere schwerere Schmerzmittel, hatte ich nie mehr in meiner Reiseapotheke mitgenommen, wir reisten nur mit einer Farblicht-Therapielampe, einigen homöopathischen Mitteln und den „Rescue-Tropfen" der Bachblüten. Diese Tropfen enthalten eine Mischung aus verschiedenen Bachblüten-Essenzen für Notfallsituationen. In letzter Hilflosigkeit bot ich ihm diese Tropfen an, und er willigte etwas zögernd ein. Innerhalb von 10 Minuten hatte er wieder Farbe im Gesicht, und er war später sogar in der Lage, sich von Mitreisenden zur Toilette helfen zu lassen!

Nach meiner Ansicht wird jeder Therapeut, der sich ernsthaft auf seine Patienten einläßt, früher oder später immer mit der Frage konfrontiert, auf welcher Schiene der Zug der Krankheit fährt, welches der psychische und soziale Hintergrund des Geschehens ist und welchen Sinn ein Symptom oder eine Krankheit für den Patienten beinhaltet, welchen Weg sie ihm weisen will.

Erst dann können wir von „ganzheitlicher Medizin" sprechen, und erst dann dürften wir den Weg zu grundlegender Heilung beschritten haben.

Energetische (elektrische) Krankheitsursachen

Jörg war 12 Jahre alt, als er zum ersten Mal in meine Praxis kam. 9 Jahre davon lebte er mit tagtäglichen starken Kopfschmerzen, hatte eine Odyssee durch die gesamte Medizin hinter sich. Eine einzige Sitzung mit dem analytischen Muskeltest beendete diesen Leidensweg ein für allemal. Durch den Test wurde eine Narbe am Unterbauch als verantwortliches Störfeld nachgewiesen, seit deren Entstörung mit Farblicht-Therapie ist Jörg anhaltend beschwerdefrei.

In diesem Kapitel wenden wir uns einem Komplex von Krankheitsursachen zu, bei denen ich zwei ganz wesentliche Aspekte vorab erwähnen möchte:

- Es handelt sich um einen Bereich, in dem durch zum Teil einfachste Maßnahmen erstaunlichste therapeutische Sofortreaktionen möglich sind im Sinne von „Highlights".
- Es dürfte der vielleicht von der orthodoxen Medizin am stärksten diskutierte und möglicherweise umstrittenste Komplex meiner Darstellungen sein. (Gerade deshalb brauchen wir wahrscheinlich die Ermutigung durch die erwähnten Highlights.)

Natürlich prägen diese Highlights auch in der Arbeit mit dem Muskeltest nicht den Alltag, andererseits sind es auch keine Einzelfälle. Ein besonderes Gewicht erhalten sie, weil die Ursache nachvollziehbar, die Konsequenz einfach und der Erfolg oft hervorragend sein kann. Es wäre eine Unterlassungssünde, diese Chancen zu ignorieren.

Bei den sogenannten „energetischen" oder „elektrischen" Krankheitsursachen geht es um etwas, was in der feinstofflichen Medizin aus ganz unterschiedlichen Bereichen letztendlich Aspekte ein und derselben Grundgedanken sind. Nämlich um die Einwirkung und Verteilung gewisser „Energien" im Organismus.

Unzweifelhaft gibt es mehr Formen von Energie als die definierte physikalische Größe. Niemand verübelt der Umgangssprache, wenn wir Personen als „energiegeladen" bezeichnen. Selbst der Duden läßt Energien zu als „Tatkraft", wie auch als „Grundkraft aller Dinge". Ich werde den Begriff *Energie* in diesem letztgenannten Sinn verwenden, auch wenn sie bis heute eher philosophisch als wissenschaftlich erklärt ist, wohl aber deutliche wissenschaftlich meßbare Auswirkungen zeigt. Und schließlich: Wer ist sich wirklich sicher, daß wir Wissenschaft und Philosophie überhaupt voneinander trennen können?

Bei der Darstellung der Meridiane hatte ich schon erwähnt, daß die Lebensenergie (Chi) von außen, kosmisch, auf uns einwirkt. Sie verteilt sich über 2 Zentralbahnen und 12 Hauptbahnen auf der Hautoberfläche, die

Meridiane genannt werden, und wird dann auf zahlreichen Nebenbahnen verteilt.
Diese Energie macht das Prinzip des Lebens schlechthin aus, ohne sie könnte das subtile Gleichgewicht der Millionen von physikalischen und chemischen Reaktionen unseres Organismus nicht aufrecht erhalten werden, so daß der Tod eintritt. (Ein soeben Verstorbener besteht aus exakt denselben Bestandteilen wie Minuten zuvor als Lebender, nur „funktionieren" sie nicht mehr, da die Lebensenergie fehlt.)
Diese Energie scheint elektrische Qualitäten zu besitzen, was sich u. a. daran zeigt, daß Akupunkturpunkte einen anderen Hautwiderstand aufweisen als die Umgebung. Das macht auch einige der nachfolgenden Beobachtungen gut nachvollziehbar.
Störungen, die sich auf dieser Ebene des Organismus auswirken, lassen sich klar einteilen und überschauen, das macht sie zusätzlich zu einem so dankbaren Testbereich.
Entweder ist der äußere Einstrom der Energie gestört, oder die Verteilung ist behindert. Veränderungen der einfließenden Energie sind seit undenklichen Zeiten von Rutengängern gemessen worden. Zu den Auswirkungen sogenannter geopathogener Zonen, die von Strahlungsfeldern der Erde ausgehen, gesellen sich heute viel mehr „hausgemachte" Störungen, als es die Geopathologie in ihrer Summe jemals hergeben könnte, nämlich die nicht mehr überschaubaren Interaktionen von Mikrowellen und elektromagnetischen Feldern, kurz *Elektrosmog* genannt. Dieses Gebiet ist derart komplex, die Vielfalt der Einwirkungen ist nicht mehr global rückgängig zu machen, so daß es aus meiner Sicht nur noch darum gehen kann, individuell für sich so viele störungsfreie oder störungsarme Zonen zu ermitteln wie möglich. Dazu später in diesem Kapitel mehr.
Die gestörte *Verteilung* der Energie umfaßt in allererster Linie Irritationen und Unterbrechungen im Meridianverlauf. Hierzu gehören ganz klassisch die Narben und sogenannte Beherdungen, die in der Regel den Gang zu einem ganzheitlich orientierten Zahnarzt erfordern, seltener andere medizinische Konsequenzen (Entfernung vereiterter Mandeln o. ä.).
Beginnen wir mit den Energieverteilungsstörungen. Sie sind gut überschaubar und einfach zu testen, gleichzeitig aber durch die Behandlungsergebnisse hoch motivierend, so daß es sich lohnt, mit diesem Thema einzusteigen.

Narben als Störfelder

Ferdinand Huneke, der „Erfinder" der Neuraltherapie, beschrieb 1941 höchst erstaunliche Beobachtungen: Er hatte einer Rheumatikerin Narben mit Procain unterspritzt, woraufhin sich diese Frau innerhalb von wenigen Minuten beschwerdefrei erhob und fassungslos und dankbar die Praxis verließ. Huneke bezeichnete diese Reaktion als „Sekundenphänomen“, und er postulierte, daß nur dieses Sekundenphänomen ein Beweis dafür sei, daß eine Narbe die Ursache einer chronischen Krankheit ist.

Sein genialer Gedanke wurde, wie so oft, schulmedizinisch abgetan, obwohl vielen Menschen mit der kurzen Tortur der Narbenunterspritzungen eine lange Tortur der Krankheit erspart wurde. Natürlich hatten auch Kritiker zu einem Teil recht, da ja diese Methode nur dann erfolgreich sein konnte, wenn tatsächlich ausschließlich oder überwiegend Narben für die Symptome verantwortlich waren, und wie ich es in meiner Praxis erlebe, spielt dieser Zusammenhang eher eine untergeordnete Rolle. Aber wenn es so ist, wirkt sich die Behandlung phänomenal aus!

Klein, aber oho!

Frau H., etwa 60 Jahre alt, die ich in meiner Frühzeit der Kinesiologie nur flüchtig kennengelernt hatte bei der Betreuung ihrer Mutter, suchte eines Tages den Urologen wegen blutigen Urins auf. Er fand einen fortgeschrittenen bösartigen Nierentumor (Hypernephrom), der nur wenig Überlebenschance bot. Eine Operation war dringlich.

Es dauerte viele Wochen, bis ich sie in der Praxis wiedersah, völlig hinfällig, ausgemergelt, gezeichnet. Alles schienen mir die bekannten Folgen des Tumors, aber das war ein Irrtum. Die Operation war erstaunlich gut verlaufen, was sie so auszehrte, waren anhaltende schwere Durchfälle, bis zu mehrmals stündlich, die man auch im Krankenhaus nicht stoppen konnte. Alle Untersuchungen waren ergebnislos ausgefallen, kein Medikament half. Sie baute nur durch die Durchfälle ab, das dafür aber um so schlimmer.

Wegen der allgemeinen Ratlosigkeit bot ich ihr den Muskeltest an, noch eher zögerlich und zurückhaltend bei der etwas kritischen älteren Generation des Ortes. Ich fand Hinweise auf eine Narbenstörung (energetischer Modus –, Störfeldpunkt +), und hoffnungsvoll testete ich den gesamten Flankenschnitt entlang: NICHTS! – Überall blieb der Arm stark! Ich fühlte mich ziemlich blamiert.

Zu meinem Erstaunen war Frau H. überhaupt nicht überrascht, sie bestätigte, daß diese Narbe gar nicht schuld sein könne, denn man habe wegen der Durchfälle, die 3 Tage nach Klinikaufnahme begonnen hatten, gezögert, überhaupt zu operieren. Ich verstand gar nichts mehr, fragte vorsichtshalber noch einmal, was denn in den Tagen vor der OP vorgefallen wäre. Sie erinnerte sich, daß die Durchfälle genau an dem Tag angefangen hatten, nachdem eine Röntgen-Gefäß-

darstellung von der Leiste aus gemacht worden war. Ich testete die vernarbte Einstichstelle – sie reagierte schwach! (In dieser Region kreuzen sich die Meridiane Milz-Pankreas, Leber und Magen; theoretisch konnte eine Irritation jedes dieser Meridiane die Durchfälle verursachen.)
Die Unterspritzung mit Procain war nur noch der kleinere Schritt. Gespannt warteten wir auf das Ergebnis. Am folgenden Tag kam sie zum Nachtest und zur erneuten Behandlung. Sie hatte bis zum Morgen nur noch zweimal Durchfall gehabt. Nach insgesamt zehnmaliger Narbenunterspritzung blieb die Narbe anhaltend stabil, Durchfälle sind nie wieder aufgetreten!
Im Nachsatz bleibt zu erwähnen, daß Frau H. durch diese Erfahrung Vertrauen zu der Methode faßte. Sie nahm das Angebot wahr, sich wegen der Krebserkrankung austesten zu lassen. Als Ursache stellte sich eine toxische Belastung mit Zahnprothesenmaterial heraus. Wir behandelten mit einer spezifischen Ausleitung, und Frau H., die aufgrund des Hypernephroms noch eine Lebenserwartung von wenigen Monaten haben sollte, ist heute gesund und leistungsfähig.

Mit Einsatz des Muskeltests ist es heute keine Tortur mehr, nach störenden Narben zu fahnden. In der Regel sind es ja nur einzelne Narben, die eine Störung verursachen, oft auch nur ein kleiner Teilbereich einer Narbe, und dies gilt es herauszufinden.
Der Narbentest ist extrem einfach:
Zunächst muß der Vortest einen klar starken bzw. schwachen Arm ergeben. Dann berührt der Therapeut oder der Patient durch Auflegen eines Fingers die Narbe in ihrer ganzen Länge bzw. in Fingerlänge. Bleibt der Arm stark, ist die Narbe im gesamten Verlauf ungestört. Gibt der Arm nach, wird bei längeren Narben durch Aufsetzen der Fingerspitze nach und nach getestet, welcher Bereich betroffen ist. Das heißt, nur in dem gestörten Bereich wird der Muskel nachgeben.
Sehr häufig ist nicht die ganze Narbe betroffen, sondern nur ein kleiner Bezirk, oft läßt dieser sich auch optisch an Verziehungen und Wucherungen erkennen. Sehr „saubere" Narben, die kaum im Hautniveau auffallen, haben sich auch nur selten als Störfeld herausgestellt, während sekundär geheilte Wunde oft energetisch belasten. Deshalb ist häufiger die recht kleine Narbe einer Wunddrainage ein Störfeld als vielleicht ein Rippenbogenrandschnitt von 20 cm Länge!
Wenn Sie sicher sein wollen, daß eine Narbe auch wirklich die *Ursache für eine bestimmte Störung* ist, können Sie es auch beweisen, vorausgesetzt, mit dem Symptom ist die Schwächung eines Alarmpunkts oder einer Zone verbunden. Bieten Sie eine probeweise Narbenentstörung an,

Narbentest

zum Beispiel, indem Sie mit Procain unterspritzen oder mit Farblicht bestrahlen. Und überprüfen Sie, wenn die Narbe nach der Behandlung wieder stark testet, den Alarmpunkt!

Interessant ist eine Beobachtung, die ich bei Hunecke nicht beschrieben gefunden habe, die mir aber auch von einigen heutigen Neuraltherapeuten bestätigt wurde. Es fällt auf, daß nicht jede Narbe automatisch ein Störfeld produziert, daß selbst „unschöne“ Narben dies nicht immer tun. Es ist jedoch nicht zu übersehen, daß störende Narbenzonen (fast?) immer einen Meridian, meist sogar einen wichtigen Akupunkturpunkt durchkreuzen.

Die Beispiele, in denen Narben ausschließliche Ursache für ein Krankheitsgeschehen sind, sind zwar nicht in der Überzahl, aber eindrucksvoll. Darum möchte ich Ihnen noch zwei faszinierende Erfolge berichten:

Zum einen möchte ich die Geschichte von Jörg, die ich schon am Anfang dieses Kapitels erwähnte, noch einmal ausführlicher erzählen, weil sie phantastisch ist.

Jörg, 12 Jahre alt, hatte seit etwa 9 Jahren unter tagtäglich auftretenden migräneartigen Kopfschmerzen gelitten. Schulmedizinisch, insbesondere neurologisch, internistisch, HNO-ärztlich, orthopädisch, augenärztlich, psychiatrisch, zahnärztlich, kieferorthopädisch, war alles mehrfach untersucht worden, ohne pathologischen Befund. Der Muskeltest ergab als ausschließliche Ursache ein Störfeld, das nur intern im Sinne einer Energieverteilungsstörung aufgefaßt werden konnte (energetischer Modus –, Alarmpunkt Störfeld am Scheitel +). Die Frage nach Narben ließ die „Schuldige“ schließlich auf Jörgs Bauchdecke finden.

Im Alter von 2 (!) Jahren hatte man auf Jörgs Unterbauch in der Körpermittellinie ein Muttermal entdeckt. Wegen des Verdachts auf bösartige Entartung wollte man es in örtlicher Betäubung operativ entfernen.

Nun stellen Sie sich bitte mal einen zweijährigen Knirps vor, vor dem sich mit Mundschutz und Spritze ein Doktor aufbaut! Drei Personen sollen ihn damals festgehalten haben, während der Chirurg sehr erbost war über die Unvernunft des Kindes. Der Eingriff unter Kampfbedingungen führte zu einem nicht sehr gradlinigen Operationsergebnis, die Haut konnte nicht glatt aneinandergefügt werden, die Wunde platzte nochmals auf und heilte sekundär mit etwa markstückgroßem Narbengewebe. Bleibt mit unverhohlener Süffisanz zu bemerken, daß der Untersuchungsbefund des Gewebes völlig harmlos war.

Einige Monate nach diesem Übergriff begannen Jörgs Kopfschmerzen, die zunächst noch wegen sprachlicher Verständigungsschwierigkeiten nicht sehr ernst genommen wurden, in den folgenden Jahren jedoch zu der oben beschriebenen Ärzte-Odyssee führten. Die Narbe lag übrigens auf einem zentralen Steuerungsmeridian, dem Konzeptionsgefäß, auf dem Punkt „Meer der Energie", der in der Akupunktur zur Behandlung von Migräne genadelt wird!

Obwohl Jörg nun schon zwölf war, scheute er verständlicherweise erneute ärztliche Eingriffe in Form von Spritzen zur Narbenentstörung, außerdem fand er zwar, wie viele Halbwüchsige, den Test äußerst unterhaltsam, deshalb jedoch noch lange nicht überzeugend. Nach seinen Erfahrungen mit der Medizin war er nicht bereit, auch nur noch die kleinste Unannehmlichkeit auszuprobieren, die ihm gegen die Kopfschmerzen helfen sollte.

Andere Formen der Narbenentstörung außer der Unterspritzung mit Procain, ersatzweise bei Allergien Lidocain, kannte ich derzeit nicht, war aber aufgerufen, mir etwas einfallen zu lassen. Zu der Zeit arbeiteten wir in der Praxis für andere Indikationsbereiche mit Farblicht-Therapie, mit der wir sehr erfolgreich Reflexzonen und -punkte bestrahlten, um insbesondere akute Störungen effektiv und nebenwirkungsfrei zu therapieren. Narbenbehandlungen mit dieser Methode kannte ich noch nicht, der verbale Test ergab jedoch, daß dieses Verfahren ebenso effektiv sei wie die Unterspritzung mit Procain. Ich testete die Farbe aus, indem ich verschiedenfarbige Lichtkegel auf die Narbe einstrahlte und bei Orange einen starken Arm bekam. Dann bestrahlte ich die Narbe 2 Minuten mit Orange, ließ Jörg danach sicherheitshalber noch eine halbe Stunde warten, testete erneut: Die Narbe blieb stark, ebenso wie der energetische Modus.

Wir mußten die Narbe insgesamt 15mal behandeln, in sich vergrö-

ßernden Intervallen, und nach 8 Wochen war die Narbe dauerhaft entstört. Die Behandlung war mit keinerlei Unannehmlichkeit (außer der Fahrt in die Praxis) verbunden, die Kopfschmerzen verschwanden nach der 1. Farblichtbehandlung und sind laut einem Anruf der Eltern nach über 2 Jahren nicht wieder zurückgekehrt.
Es müßte doch geradezu wie ein Hohn in den Ohren der Krankenkassenvertreter klingen, daß die gesamte Diagnostik und Therapie einschließlich ausführlicher Gespräche gerade 250 DM gekostet hat!

Ein weiteres Beispiel:

Frau N., 25 Jahre, die seit 3 Jahren wegen einer Epikondylitis (Tennisarm) vergeblich behandelt wurde einschließlich wiederholter Injektionen von Kortisonpräparaten und mehrmaligen Operationen, bat um Hilfe, bevor sie sich zu einer erneuten Operation entschließen konnte. Sie war von Beginn her sehr skeptisch, aber in ihrer Verzweiflung zu allem bereit. Der Test ergab wiederum eine Narbenstörung. Hier sollte die Narbe der Blinddarmentfernung verantwortlich sein, für mich ein merkwürdiger Zusammenhang, für den ich bislang keinen Bezug zu einem Meridian gefunden habe. Der Blinddarm war übrigens knapp ein halbes Jahr vor Beginn der Beschwerden operiert worden.
Erfreulich war, daß die Narbenentstörung die Beschwerden im Arm umgehend deutlich linderte. Da das Gewebe durch die verschiedenen Manipulationen jedoch bereits erhebliche (iatrogene) Schäden aufwies, brauchte es noch einige Zeit, um mit lokaler Farblichtbehandlung, Lymphdrainage und weiterer physikalischer Therapie die Restbeschwerden abzubauen. Obwohl sie sich 3 Jahre lang mit den Schmerzen gequält hatte, 3 Jahre Untersuchungen und Therapien in Anspruch genommen hatte, war sie jetzt mit 4wöchiger Behandlung 100 % beschwerdefrei.

Narbenentstörungen

Für diejenigen unter Ihnen, denen die sogenannten Störfeldbehandlungen nicht geläufig sind, möchte ich einige Erfahrungen weitergeben.
Das bewährte Verfahren erster Wahl war zunächst die Unterspritzung mit Procain. Mit dem Muskeltest wird dies erheblich erleichtert, weil von vornherein geklärt werden kann, welche Narbe und welcher Abschnitt betroffen ist, und auch die Behandlungsintervalle können sinnvoll über den Test festgelegt werden. Das erspart den Patienten überflüssige Eingriffe und ist äußerst ökonomisch.

Durch die Tests stellten sich gewisse Gesetzmäßigkeiten heraus, jedoch kein Pauschalrezept zur Narbenentstörung schlechthin. Man kann zwar mit einem gut abdeckenden Rezept auch auf Nummer Sicher gehen, nutzt dann aber nicht die individuell optimierte Therapie, dafür ist der Test schlichtweg unschlagbar.
Die „Gesetze“, die ich aus den Ergebnissen ableite, sprechen für zunächst enge, dann sich ausdehnende Injektionsintervalle. Man beginnt mit Unterspritzung im Abstand von 2 Tagen, nach 2–3 Wochen wird auf 3 Tage erweitert, meist kann wiederum 2–3 Wochen später auf 1 Behandlung pro Woche verlängert werden. Üblicherweise waren die Narben nach 12–18 Injektionen dauerhaft entstört. Von keiner Narbe, die auf diese Weise behandelt wurde, habe ich zu späteren Zeiten erfahren, daß das Störpotential sich erneut bemerkbar gemacht hat.
Ich erkläre Patienten diese Vorgänge gern mit folgendem Bild:
Die Energie fließt wie ein Fluß. Wenn dieser Fluß durch eine Sperre unterbrochen wurde, lagern sich Schlacken und Sand ab und verstopfen ihn vollends, so daß das Wasser staut oder Umwege sucht. Wenn wir die Sperre entfernen und zusätzlich mit einem Bagger die Fahrrinne freischaufeln, wird in kürzester Zeit von den Rändern her die Schlacke wieder nachsickern, so daß dieser Vorgang mehrmals wiederholt werden muß. Je freier der Fluß aber wieder fließen kann, desto länger hält er die Fahrrinne von selbst offen, und wenn sie einmal wieder vollkommen durchgängig ist, werden die alten Schlacken nie wieder den Fluß verstopfen können.
Das Mittel, mit dem Sie die Narbe entstören, können Sie selbstverständlich austesten. Legen Sie auf die Narbe, die eine Schwäche des Muskels auslöst, eine Ampulle Procain. Wird der Arm bei Berühren der Narbe jetzt stark, so ist das Mittel erstens geeignet, zweitens auch für den Patienten verträglich, denn das System gleicht beim Test alle wesentlichen Faktoren ab. Sollte es auf Procain nicht positiv reagieren, käme auch Lidocain in Betracht.
Sofern Sie mit Farblampen arbeiten, lassen Sie den farbigen Lichtstrahl auf die Narbe fallen und berühren sie zum Test. Bei der optimalen Farbe wird der Arm stark reagieren.
Die Intervalle können Sie vorab verbal klären. Wenn Sie diesen Aussagen nicht recht trauen, dürfen Sie auch den Patienten täglich oder mehrmals täglich zu sich bestellen, um zu überprüfen, ob die Narbe noch stark ist. Meist reagiert der Arm „halbstark“ (was natürlich schon einiges an Testsensibilität erfordert), wenn der richtige Zeitpunkt gekommen ist, die Bestrahlung zu wiederholen bzw. wieder den Bagger einzusetzen.
Eine Farbe, die zur Narbenentstörung häufig getestet wird, ist Orange,

das schließt aber auch andere Farbkonstellationen oder einen Farbwechsel während der Therapie nicht aus. Die Mischfarbe Orange bietet sich auch logisch an: Rot führt am stärksten Energie zu, Gelb bringt ins Fließen – was könnten wir uns Besseres an einer blockierten Stelle wünschen!
Lassen Sie Ihrer Experimentierfreude freien Lauf, eventuell weitere sinnvolle Verfahren zu entdecken, mit denen Narben entstört werden können, möglichst unterstützt von sinnvollen Bestätigungen durch den Muskeltest und die Erfahrung des Erfolgs.
Soweit zu den Narben, einem einfachen, überschaubaren und dankbaren Therapiegebiet.
Aber Störfelder entstehen auch auf andere Weise, nämlich durch entzündete oder vereiterte Krankheitsherde, die Auswirkungen auf scheinbar unabhängige Organstrukturen haben.
In den ganzheitlichen Ansätzen der östlichen Medizin bedingen sich die Meridiansysteme gegenseitig, sie fördern, stützen, blockieren einander, sie sind derart miteinander verwoben, daß man nicht isoliert ein Organ herausgreifen kann. (Eigentlich gehört dies auch in der Schulmedizin zum Standardwissen, sobald die Funktion eines Organs erheblich beeinträchtigt ist, zieht dies Auswirkungen auf die anderen Organe nach sich.)
Bei dieser Gesundheitssicht sind auch die Zähne in das komplexe Gleichgewicht des gesamten Organismus einbezogen mit Verknüpfungen zu Meridianen, Organen, Drüsen, Skelettsystem, Geweben, Sinnesorganen.

Zähne als Störfelder

Wie viele Rheumatiker haben sich in ihrer Verzweiflung alle Zähne ziehen lassen, weil sie vom Hörensagen wußten, daß mancher dadurch geheilt worden war? – Natürlich kann dieser radikale Eingriff nur Erfolg haben, wie oben bei den Narben erwähnt, wenn es sich um ein monokausales Geschehen handelt. Und schon deshalb ist die Trefferquote bei einem Krankheitsbild mit einer vielfältigen Kausalkette wie Rheuma eher gering.
Mit dem Muskeltest können Sie den meisten ihrer Patienten die Vollprothese ersparen, wenn auch selten den Gang zum Zahnarzt.

Mein erster Patient mit eindrucksvollem Zahnstörfeld war Herr F., ein junger selbständiger Spediteur. Er hatte aufgrund körperlicher Fehlhaltung häufig Rückenschmerzen, ein Bandscheibenvorfall war bereits operiert. Aber die Schmerzen, wie er sie derzeit hatte, waren so schlimm wie nie zuvor. Keine Therapie schlug an, eine erneute Operation wurde halbherzig erwogen, aber schon mit sehr unsicherer Prognose. Schmerzmittel und sämtliche physikalische Behandlungen brachten keine Linderung.

Der Test wies auf ein Zahnstörfeld hin. Wir konkretisierten im rechten Oberkiefer den 2. Zahn, und der Patient bestätigte mir, daß er „dort immer wieder so ein eigenartiges Gefühl" verspüre. Dieser Zahn ist dem oberen Abschnitt der Lendenwirbelsäule zugeordnet, wo auch seine Schmerzen saßen. Die Röntgenaufnahme beim Zahnarzt war zunächst unauffällig. Nach einigem Hin und Her setzte Herr F. dem Zahnarzt gegenüber seinen Wunsch durch, er möge doch bitte den Zahn eröffnen. Verständlicherweise zögernd, kam dieser dem Wunsch nach – und ihm quoll dicker, übelriechender Eiter entgegen. Innerhalb weniger Stunden ließen die quälenden Rückenschmerzen nach.

Der angesprochene Zahnarzt hatte sich zu der damaligen Zeit ebenfalls auf den abenteuerlichen Pfad der ganzheitlichen Medizin begeben und war deshalb offen für derartige Hinweise. In einem späteren Gespräch erklärte er mir, daß er das Röntgenbild im nachhinein noch einmal befundet hatte. Mit dem Wissen um das praktische Ergebnis waren dort ohne weiteres Veränderungen zu entdecken, für die er aber erst sensibilisiert werden mußte. Er bestätigte meine Erfahrung, daß man oft durch die Herausforderung feinstofflicher Tests auch einen neuen klinischen Blickwinkel in der etablierten (Zahn-) Medizin gewinnt.

Grundsätzlich ist der Test von Zahnstörfeldern ebenso einfach wie der Narbentest.

Um überhaupt nach Störungen im Zahnbereich zu fahnden, legen Sie als Tester den Zeigefinger Ihrer freien Hand außen auf die Wange auf die einzelnen Zahnquadranten, dann überprüfen Sie den Arm. Gibt der Arm bei einem oder mehreren der Quadranten nach, muß weiter differenziert werden. Dazu fordern Sie den Patienten auf, mit der Spitze seines Zeigefingers die einzelnen Zähne des geschwächten Quadranten der Reihe nach zu berühren, während Sie jeden mit Test überprüfen. Logischerweise wird der Arm schwach bei Kontakt zum gestörten Zahn.

Natürlich ist die Methode nur zur oberflächlichen Orientierung geeignet. Zur genauen Beurteilung ist die Kompetenz eines ganzheitlich arbeitenden Zahnarztes gefragt, das Weitere bleibt seiner Erfahrung und Entscheidung vorbehalten. Ich freue mich immer wieder, daß gerade in der Zahnheilkunde relativ viel Offenheit herrscht gegenüber ganzheitlichen Zusammenhängen. Viele (und hoffentlich immer mehr) Zahnärzte wissen um die Wechselwirkungen zwischen Zahngesundheit und Organgesundheit, und komplementärmedizinische Ansätze haben bei Zahnmedizinern schon früher offene Türen gefunden als in der Humanmedizin.

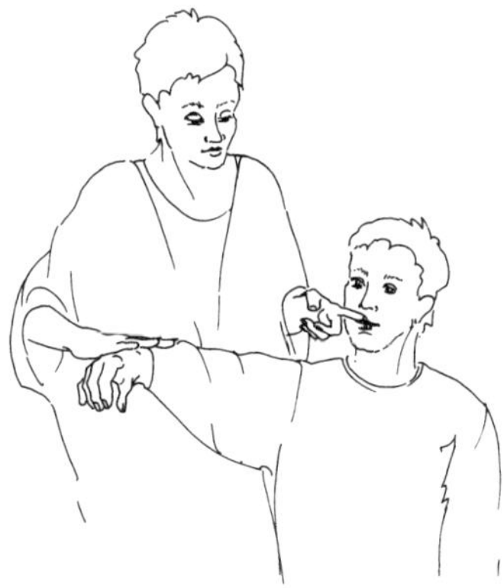

Quadrantentest

Der oben erwähnte Zahnarzt untersuchte einige Jahre später einen 40jährigen Mann, der wegen monatelanger heftiger Schmerzen, Kribbeln und Taubheitsgefühl im linken Daumen mit Ausstrahlung in den Arm zu mir kam. Meine Vermutung auf eine orthopädische Ursache ließ sich nicht verifizieren. Der Test ergab ein Zahnstörfeld (im linken oberen Quadranten der 4. Zahn), das auf dem Röntgenbild schon vor der Eröffnung zu erkennen war und umgehend saniert wurde. Ab sofort war und blieb der Patient beschwerdefrei.

Das Thema der Zahnstörfelder, der Zahngesundheit und ihrer Auswirkung auf den übrigen Organismus überhaupt und die immer mehr diskutierten Kontroversen über toxische Zahnwerkstoffe ist derart umfangreich, daß ihm sicher nicht im Rahmen dieses Buches genüge getan werden kann. Zum einen bin ich nicht in diesem Fach zu Hause, zum anderen gibt es von fachkompetenter Seite informative Literatur, zum dritten ist es ja nur ein Begleitaspekt des analytischen Testens.

Mit klugem Einsatz des Muskeltests könnten Zahnärzte Entscheidungen und Behandlungen ebenso optimieren wie in jedem anderen therapeutischen Bereich. Käme noch eine konstruktive Zusammenarbeit von komplementärmedizinischen Ärzten und Heilpraktikern mit ganzheitlich orientierten Zahnärzten zustande, könnte ein potentes Fundament für eine echte Gesundheitsreform geschaffen werden!

Externe Störfelder

Der 12jährige Mike litt seit über 2 Jahren unter einer gravierenden Nahrungsmittelallergie, so daß er beim Genuß bestimmter Speisen schwerste Durchfälle bis zum Kreislaufkollaps bekam. Problemati-

scherweise betraf das äußerst gängige Nahrungsmittel, nämlich Kartoffeln, Weizen und Roggen. Da die Reaktionen zum Beispiel bei versehentlicher Aufnahme immer bedrohlicher wurden, suchte die Familie mich mit der Bitte um Hilfe auf.
Mike war selbstverständlich vom Allergologen untersucht worden, die Allergie war durch eine Bluttuntersuchung mit Bestimmung der Antikörper konkretisiert worden. Diese lagen nach Aussage der Eltern so extrem hoch, wie sie der Facharzt nur in zwei weiteren Fällen seiner klinischen Erfahrung erlebt hatte. Die Familie hatte sich inzwischen darauf eingestellt, diese Nahrungsmittel akribisch zu meiden, Mike war dem mit strenger Disziplin gefolgt.
Auch mit dem Muskeltest bestätigte sich die beschriebene Allergie, folgende Alarmpunkte reagierten negativ: Allergie, Dünndarm, externe Störfelder. Ursache war nach Aussage der Modi ausschließlich eine energetische Störung, verbal konnte ich eine Energieverteilungsstörung im Organismus ausschließen.
Der nächste Schritt war eine gezielte Elektroanamnese. Zu diesem Zweck lasse ich mir eine Skizze der Wohnung aufzeichnen mit Schwerpunkt auf dem Schlafplatz. Erfahrungsgemäß wirken sich Einflüsse im Schlafbereich besonders fatal aus. Ich erfuhr, daß Mike wenige Monate vor dem Auftreten der ersten Symptome zum Geburtstag eine Elektronikausstattung bekommen hatte mit Stereoanlage, Fernseher und Computer, alle Geräte standen in seinem etwa 16 m^2 großen Zimmer, keines weiter als 2 m vom Bett entfernt.
Ich erklärte Mike und seiner Mutter, daß die Allergie offensichtlich durch eine erhebliche elektromagnetische Irritation des Immunsystems entstanden war. Nun sind Zwölfjährige in der Regel wenig einsichtig (und nicht nur sie!), wenn sie ihren persönlichen Freiraum einschränken sollen, zu dem in dieser Altersklasse auch das Privileg einer Elektronikausrüstung gehört. Mit Sicherheit hätte er auf diese Ausstattung nicht verzichtet, aber er ließ sich auf einen Kompromiß ein: Wir beschlossen, daß während der Nachtstunden alle Geräte vom Netz genommen werden sollten, und dies mindestens über einen Zeitraum von 6 Wochen, möglichst jedoch 3 Monate lang. Hiermit war er einverstanden, schließlich war auch er zumindest neugierig. Die bekannten allergieauslösenden Nahrungsmittel mußten natürlich weiterhin gemieden werden.
Nach 6 Wochen kam Mike zur Kontrolle. Der Störfeldpunkt reagierte jetzt stark, die Nahrungsmittel weiterhin schwach. Nach weiteren 6 Wochen waren auch Kartoffeln, Weizen und Roggen im Test positiv! – Mit bangem Herzen überprüfte ich immer wieder das Ergebnis,

über den Armtest allgemein, über Thymus und über den 3E-Kurzschlußtest sowie alle Alarmpunkte: Überall blieb der Arm stark. Auch der Allergiepunkt an sich reagierte positiv. Demnach sah es so aus, daß er jetzt diese Lebensmittel vertrug.
Ein Expositionsversuch stand an. Allerdings unter absoluten Sicherheitsvorkehrungen, das heißt, daß Erwachsene anwesend sein mußten, die Kliniken Normalbetrieb hatten und das Auto startklar war. Sie glauben nicht, was für eine Angst ich ausstand, daß ich eventuell etwas übersehen, den Test falsch interpretiert und damit ein Kind in Gefahr gebracht haben könnte! Wir vereinbarten, nach diesem Versuch miteinander zu telefonieren.
Ich hörte nichts mehr von ihnen. Meine Befürchtungen nahmen katastrophale Ausmaße an. Monate vergingen, bis ich eines Tages in den Ferien eine Karte aus Italien bekam, auf der einen Seite das Foto eines Jungen mit einem Topf Spaghetti über den Kopf geschüttet, auf der Rückseite „Wie Sie sehen, geht es mir ausgezeichnet!“.
2 Jahre später erfuhr ich von der Mutter, daß zwischenzeitlich die Laborwerte kontrolliert worden waren, die anfangs extrem erhöhten Antikörper waren nicht mehr nachweisbar.

Ein Highlight, zugegeben. Und sicher eine ungewöhnliche Situation. Denn eine so monokausale Ursache durch Elektrosmog für eine derart gravierende Erkrankung ist nach meiner Erfahrung eher die Ausnahme. Was man jedoch generell über die elektromagnetischen Einflüsse auf Gesundheit und Krankheit nicht sagen kann!
Bis zu meiner Arbeit mit dem Muskeltest habe ich den Begriff des Elektrosmogs überhaupt nicht gekannt. In der Fahndung nach Krankheitsursachen begegneten mir diese Störungen jedoch so häufig, daß ich mich gezwungenermaßen damit auseinandersetzen mußte. Ich konnte sowohl viele Beschwerden von Hypochondern und Simulanten auf energetische Einflüsse zurückführen wie auch handfeste klinische Symptome und Diagnosen.
Generell war mir zunächst nur geläufig, daß manche Menschen auch von ernster Krankheit genasen, wenn sie den Empfehlungen eines Rutengängers zur Vermeidung von Wasseradern gefolgt waren. Ich hatte es als ein Phänomen akzeptiert, das ich selbst zunächst nicht interpretieren konnte, mußte mich aber schließlich durch meine Testbefunde näher damit beschäftigen.
Unter den äußeren energetischen Störungen spielen die durch zunehmende Elektrifizierung und wachsende Dichte artifizieller Mikrowellen hausgemachten inzwischen die wesentlich größere Rolle als die erdgebunde-

nen einer unterirdischen Wasserader oder einer Verwerfung. Auf diese technischen Bereiche möchte ich mich nicht nur wegen ihrer Häufigkeit beschränken, sondern auch, weil wir hier in gewissem Umfang selbst aktiv werden können, um das Lebensumfeld günstig zu gestalten und das Bewußtsein für diese Art der Umweltverschmutzung zu wecken. Einige Gedanken dazu finden Sie im Kapitel „Glaubenskriege?“.

Wenn Sie bei einem Patienten durch den Test den Verdacht haben, daß elektromagnetische Störfelder Krankheitsursache sind (Alarmpunkt Störfeld –, energetischer Modus –), empfehle ich eine gezielte Elektroanamnese. Sollten Sie sich auf dieses Gebiet noch gar nicht vorwagen, können Sie natürlich auch direkt an einen Baubiologen und Radiästhesisten verweisen, nur lassen sich aus meiner Erfahrung eine ganze Reihe von gravierenden Einflüssen auch durch gezielte Befragung erfassen. Allerdings empfehle ich immer den Rat eines Fachmanns, wenn nach einer Beseitigung der verdächtigten Störquelle der Störfeldpunkt immer noch schwach reagiert.

Für die Elektroanamnese lasse ich mir eine Grundrißskizze der Wohnung, insbesondere des Schlafplatzes, aufzuzeichnen. Darin werden dann die elektrischen und elektronischen Geräte mit ihrem Standort markiert. Und ich muß sagen, daß wir in etwa der Hälfte der Fälle schon auf diese Weise „fündig“ werden, zumindest als Ansatz, der es wert ist, verfolgt zu werden. Dann entscheiden der weitere Verlauf und der Nachtest, ob die Anamnese und die daraus resultierende Konsequenz ausreicht. Konkret heißt das, daß wir beschließen, für eine überschaubare Zeit (meist 2–3 Monate) den störenden Einfluß zu eliminieren, z. B. indem das verdächtigte Gerät für diese Zeit vom Netz genommen oder vorübergehend der Schlafplatz gewechselt wird.

Einige „Elektrosünden“ haben derart in unsere Alltagsgewohnheiten Einzug gehalten, daß wir sie rasch identifizieren können, andere erfordern detektivische Kleinarbeit. Meine schnellsten Therapiesiege habe ich einer Geräteart zu verdanken, die heute zur Grundausstattung fast jeden Schlafzimmers gehört: den Radioweckern bzw. elektrischen Weckern überhaupt. Ihr Störfeld reicht je nach Bauart zwischen 2 und 3 Meter, manchmal auch noch weiter. Bedenken Sie, damit wird nicht nur der Schläfer an der Radioweckerseite beeinträchtigt, sondern auch sein Mitschläfer betroffen! Und wenn dieser „Störsender“ dann auch noch höchstens 1 Armlänge vom Kopf entfernt steht, kann man sich leicht vorstellen, was das für die elektronische Schaltzentrale des Zentralnervensystems bedeutet. Schlafstörungen sind häufig, oft auch Verspannungen, Kopfschmerzen, allgemeine Abgeschlagenheit (durch den nicht effektiven Nachtschlaf), Konzentrations- und Gedächtnisstörungen, Schwindel, Ohrgeräusche und vieles andere.

Ein junger Mann suchte mich wegen Cluster-Kopfschmerzes (anfallsweise heftigste Schmerzattacken einer Schläfenseite) auf. Der Test ergab interne und externe Störfelder, die internen resultierten aus dem Zahnbereich mit enorm vielen Füllungen, das äußere aus einem im Bett integrierten Radiowecker. Nachdem er den Wecker vom Netz genommen hatte, traten die Anfälle nur noch extrem selten auf, nach Zahnsanierung (plus Ausleitung) gar nicht mehr.

Zu Radioweckern gibt es viele und recht spektakuläre Erfahrungen. Dabei sind die Nebeneffekte oft noch interessanter als die eigentlichen Therapieerfolge, bei denen ja häufig Suggestion unterstellt wird. Aber welcher Suggestion unterliegt ein skeptischer Ehemann, der sich widerwillig dazu überreden läßt, seiner Frau zuliebe einen 6wöchigen Versuch ohne Radiowecker durchzustehen, und der dann feststellt, daß er seitdem morgens wesentlich frischer aufwacht und daß seine Schulterschmerzen verschwunden sind?

Ein schönes Beispiel rund um den Radiowecker bot auch eine Frau mittleren Alters, die über Schlafstörungen und Nervosität klagte. Neben zusätzlich vorhandenen Streßfaktoren waren hier wieder Störfelder vorhanden, der Verdacht fiel auf den Radiowecker. Da sie aber äußerst ungern auf dieses Gerät verzichtete, konnten wir uns auf einen Auslaßversuch nicht einigen. Der Kompromiß bestand darin, daß sie den Radiowecker möglichst weit von ihrem Kopf wegstellen wollte.

Etwa 6 Wochen später kam sie zum Nachtest. Sie war zum Teil sehr zufrieden, sie schlief leichter ein und fühlte sich nach dem Schlaf deutlich frischer und insgesamt ausgeglichener. Aber gegen Morgen wachte sie mit starkem Kribbeln in den Füßen regelmäßig auf und konnte dann auch wieder nicht mehr einschlafen. Sie haben es sicher schon erraten: Sie hatte den Wecker auf eine Kommode am Fußende gestellt.

Eine andere typische Konstellation, die sich besonders oft in Reihenhäusern und anderen Einfamilienhäusern wiederfindet, ist das Fernsehgerät in Stand-by-Schaltung im Wohnzimmer direkt unterhalb des Schlafplatzes (meist weniger als 3 m Luftlinie!) oder in Wohnungen sogar unmittelbar hinter der Wand des Bettkopfendes – bedenken Sie, Wände und Decken können die Wellen zwar verändern, aber nicht auslöschen.

Ebenso werden aus Platzmangel manchmal Computer in der Nähe des Schlafplatzes installiert, oft ebenfalls in Funktion, um permanent kommunikationsbereit zu sein. Jeder sollte sich fragen, sofern er diese Informationen ernst nimmt oder sogar unter Beschwerden leidet, ob der Luxus der Bequemlichkeit mit derartigen gesundheitlichen Risiken erkauft wer-

den soll. Die Konsequenz wäre ja nicht einmal der Verzicht auf die Nutzung generell, sondern nur der Gang zur Steckdose, um für die Nacht den Stecker vom Netz zu nehmen. Oder zumindest einen abschaltbaren Stekker dazwischenzukoppeln, bei dem durch einen Phasenprüfer jedoch gewährleistet sein muß, daß der Schalter die positive Phase unterbricht.
Nicht immer führt die Elektroanamnese auf die Spur, in einigen Fällen habe ich selbst jedoch schon mit Betroffenen die Situation durch einen Hausbesuch klären können. Das ist für mich selten möglich, da viele Patienten von weit her kommen, zum anderen reichen meine Kenntnisse nicht für eine umfassende Beratung vor Ort, geschweige zur Sanierung. Aber wenn es sich gerade anbietet, kann man auch da einen Glückstreffer landen.

So wie im Fall der 8jährigen Sylvia, deren Mutter im Februar zu mir kam und klagte, die Nerven der gesamten Familie lägen blank, ihre Tochter käme etwa 5- bis 6mal pro Nacht an ihr Bett, weil sie nicht schlafen könne. Dies gehe so seit einigen Monaten, genau könne sie das nicht festmachen. Der Test ergab Störfelder, die Ursache lag wahrscheinlich in der Nachtspeicherheizung. Da das Mädchen mit dem Kopf genau neben dem Ofen lag und das Zimmer extrem klein war, riet ich zunächst, daß sie das Kopfende ans Fußende verlegen sollte. Daraufhin schlief sie 2 Wochen ausgezeichnet, danach begann dasselbe Spiel von neuem. Vermutlich handelte es sich um einen vorübergehenden „Erholungseffekt", das heißt, schon diese geringfügig größere Entfernung von der Störquelle bedeutete eine Entlastung, die sozusagen ein Aufatmen bewirkte. Dies konnte natürlich nicht auf Dauer anhalten, da die Störung, wenn auch weniger, am neuen Kopfende noch wirksam war.

Ich bot der leidgeprüften Familie einen Besuch zu Hause an und stellte fest, daß das Bett des Kindes genau in einer starken Störzone lag, die vom Nachtspeicherofen ausging (ein Abschalten der Starkstromsicherung und der Reglersicherung ließen dieses Störfeld sofort verschwinden). Da Nachtspeicherheizungen ihrer Funktion entsprechend nachts nicht gerade abgeschaltet werden sollten, suchten wir für Sylvia mit dem Muskeltest eine Zone im Haus, in der sie probeweise eine Zeitlang auf einer Matratze schlief – völlig störungsfrei. Die Familie erholte sich zusehends und sucht derzeit nach einem neuen Zuhause.

Es gibt eine Reihe von Beschwerden, die typisch auf eine mögliche elektromagnetische Belastung hinweisen, andererseits ist sie bei keiner Erkrankung ausgeschlossen. Sehr anfällig aufgrund seiner elektrischen Funktion ist das Nervensystem, sowohl das Gehirn mit über 15 Mrd. elektrisch aktiven Zellen als auch das vegetative Nervensystem mit der Steuerfunktion der inneren Organe wie auch das periphere mit seinen langen Leitungsbahnen in die Gliedmaßen.

Ein 10jähriges Mädchen kam zu mir, weil es seit einigen Wochen unter einer klassischen Ischialgie litt. Julia hatte derart starke Schmerzen in typischer Ausstrahlung – völlig ungewöhnlich für dieses Alter –, daß sie sich nicht bücken konnte und auch nur in Trippelschritten ging. Ich vermutete erst aufgrund der Theatralik eine psychische Überlagerung, der Test wies aber auf ein Störfeld hin. Eine logische Erklärung fand ich auch in der Skizze des Zimmers nicht. Meine Neugier trieb mich dazu, mir die Lage vor Ort anzusehen, da die Familie in unserer Nachbarschaft wohnte:

Die Familie war erst kürzlich in den Altbau eingezogen. Einige Möbel waren noch nicht geliefert, so daß Julia auf einer Federkernmatratze auf dem Boden schlief. Das Kabel einer Nachtlampe verlief von der Steckdose an der Wand unter der Matratze hindurch zur freien Seite – und zwar genau unter dem Bereich der Lendenwirbelsäule der kleinen Patientin! Wir schlossen die Lampe mit einer Verlängerungsschnur an einer anderen Steckdose an, so daß das Kabel nicht mehr unter dem Bett verlief, und die Beschwerden verschwanden innerhalb von 2 Tagen!

Übrigens sind Kinder, deren Nervensystem noch in der Entwicklung ist, deutlich sensibler für elektromagnetische Belastungen. Sie reagieren häufig recht unmittelbar mit Schlafstörungen, Lern- und Verhaltensauffälligkeiten, aber auch mit Hauterkrankungen bis hin zur Neurodermitis und ebenso mit Beeinträchtigung der immunaktiven Zellen. Da sie schneller Symptome entwickeln als Erwachsene, kann bei entsprechender Kenntnis des Therapeuten auch frühzeitig gehandelt und das Kind rasch geheilt werden.

Ähnliche Überlegungen, wie ich sie hier zum Thema technischer Störfelder angestellt habe, gelten vermutlich auch für geopathogene Zonen, da diese mit einer Veränderung des Erdmagnetfelds einhergehen. Ich empfehle aber, sich bei Verdacht auf eine derartige Störung an einen Fachmann zu wenden. Viele Baubiologen haben heute das alte Wissen von erdgebundenen Störfeldern wieder aufgegriffen und in ihre Arbeit integriert.

Nachweis einer elektromagnetischen Störzone

Haben wir uns bisher mit den Auswirkungen von externen Störfeldern beschäftigt, so möchte ich jetzt zeigen, wie Sie diese Felder direkt durch

Test aufspüren können. Denn damit schaffen Sie sich ein eigenes Instrument, das Ihnen zeigt, ob Sie sich in einem derartigen Feld aufhalten und wie intensiv es auf Sie wirkt. Aus Ihren eigenen Untersuchungen können Sie dann, wenn Sie wollen, allgemeine Schlußfolgerungen über die Reichweiten dieser Schwingungen ableiten. Nur so können Sie sich ganz individuelle Sicherheit verschaffen und sich unabhängig machen von Dogmen jeglicher Richtung.

Prüfen Sie den Armmuskel auf seine starke / schwache Reaktion. Überprüfen Sie auch den Thymus, wenn der Punkt geschwächt ist, sollten Sie ihn durch Beklopfen der Region vorübergehend stabilisieren, um den Test verfeinern zu können.

Gehen Sie jetzt in die Nähe (auf knapp Armlänge) eines Lichtschalters. Lassen Sie Ihren Probanden die Handfläche auf den Schalter legen und testen den Arm: Er wird immer schwach sein (ausgenommen, wenn kein Anschluß an das Stromnetz besteht).

Lassen Sie nun Ihren Probanden die Handfläche einige Zentimeter vom Schalter zurücknehmen und testen wieder. Wiederholen Sie den Test mit zunehmendem Abstand – wann wird der Arm wieder stark?

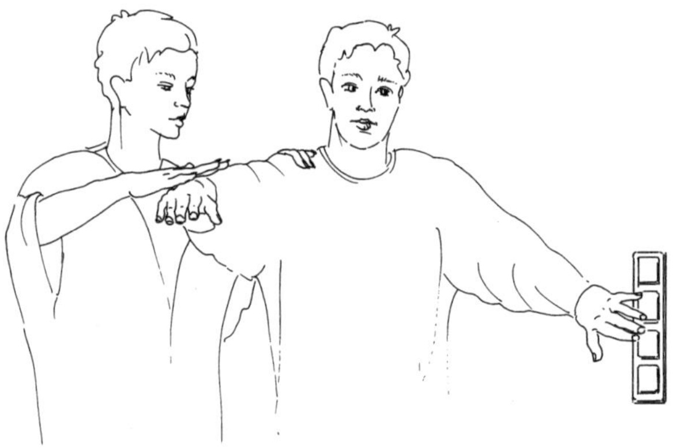

Lichtschaltertest

Wenn Sie den Abstand erreicht haben, bei dem der Muskel wieder sperrt, berühren Sie mit Ihrer freien Hand den Thymus des Getesteten. Er wird schwach reagieren, und dies wird wiederum bis zu einer gewissen Entfernung vom Schalter so bleiben. Das heißt: Bis zu dem 1. Abstand (bei einem Lichtschalter sind es etwa 20 cm) ist dieses Feld *absolut schädlich*; soweit der Thymus schwach testet (etwa 50 cm), ist es immerhin noch *relativ schädlich*. Zumindest ein Schlafplatz sollte aber so gestaltet sein, daß er für uns *völlig unschädlich* ist.

Wenn Sie jedoch prüfen wollen, ob ein bestimmter Platz (wie z. B. das Bett) belastet ist, empfiehlt sich der Handsensor weniger. (Dazu muß nämlich ständig beachtet werden, daß nur die Störungen registriert werden, auf die der Handteller ausgerichtet ist.) Am einfachsten läßt sich der Aufenthalt in einem Störfeld nachweisen, indem der ganze Körper als Sensor fungiert. Das heißt, wenn Sie aus einer störungsfreien oder störungsärmeren Zone in eine stärker gestörte eintreten, reagiert der Organismus mit Streß und neuromuskulärer Entkopplung. Schon der einfache Muskeltest weist das nach, allerdings muß der Test unmittelbar nach der räumlichen Veränderung durchgeführt werden, um der Adaptation zu entgehen.
Klarer, weil länger sensibel, ist der Thymustest. Testen Sie den Thymuspunkt in einer vermutlich störungsfreien Zone; falls er schwach reagiert, aktivieren Sie ihn vorläufig durch Beklopfen der Region. Gehen Sie dann in den Bereich, den Sie überprüfen wollen, wie zum Bett oder zum Arbeitsplatz. Wiederholen Sie dort den Thymustest: Wenn der Muskel stark bleibt, ist der Ort frei von elektromagnetischen und geopathogenen Reizen, wird der Muskel geschwächt, spricht dies für eine Störzone. Eventuell können Sie Geräte, die Sie in Verdacht haben, vorübergehend vom Netz nehmen und den Test wiederholen, denn sobald das Feld zusammenbricht, ist auch keine Auswirkung auf den Organismus vorhanden.
Wie gesagt, diese Beispiele sind immer noch sehr einfach und rasch logisch nachzuvollziehen bzw. zu demonstrieren. Meist ist die Situation vor Ort wesentlich komplexer und erfordert eine akribische Detektivarbeit. Das wiederum macht Spaß, fördert das Denkvermögen und motiviert zum Weitermachen.
Kann auch damit die Situation nicht geklärt werden, sollten Sie sich an einen Fachmann wenden. Bedenken Sie die Vielfalt einerseits allein der Hauselektrik, die ich unten stichwortartig zusammengefaßt habe, unter Umständen verstärkt und transportiert durch Bauwerkstoffe und metallische und wasserführende Installationen, andererseits der globalen Einflüsse von Sendern, Hochspannungsleitungen usw. – all das läßt sich im Einzelfall nur durch einen seriösen Spezialisten überschauen und lösen, den Sie möglichst durch Empfehlungen wählen sollten. Um wirklich beurteilen zu können, ob Sie bloß einen Stecker vom Netz nehmen müssen oder besser sich nach einer neuen Wohnung umschen, bedarf es einer fundierten Ausbildung, damit nicht Voreingenommenheit jeglicher Art diese Untersuchungen bestimmt.
Zusätzlich ist es natürlich hilfreich, sich selbst durch Literatur, Beratungen oder Kurse kundig zu machen, soweit die eigenen Möglichkeiten das zulassen. Meine Ausführungen möchte ich hiermit genug sein lassen. Denn

wozu haben Sie sich den Muskeltest angeeignet? – Mit ihm können Sie nicht nur meine Aussagen und die entsprechender Fachbücher überprüfen, sondern Sie können selbst Situationen und Zusammenhänge untersuchen und die Ergebnisse interpretieren. Ich möchte Ihnen nur Denkanstöße geben, über die auch sicher sowohl feinstofflich wie wissenschaftlich noch nicht das letzte Wort gesprochen ist.

Was tun?

Die logische Konsequenz nach einer erfolgreichen Elektroanamnese (oder nach Beratung durch einen Spezialisten) ist natürlich, so wenig wie möglich elektrisch betriebene Geräte am Netz zu lassen. Selbst ausgeschaltete Geräte können noch ein Feld aufbauen, wenn der Schalter die negative Phase unterbricht. Das ist besonders bei elektronischen Apparaturen wie Fernseher, Musikanlage, EDV wichtig, da ihr Feld durch ihren internen Aufbau sehr weit reicht.
Schlaf- und Ruheplätze sollten mindestens einen Abstand von 3–5 Metern von diesen Geräten haben, noch besser ist es, sie während der Ruhezeiten ganz vom Netz zu nehmen. Schließlich reagieren wir im Schlaf noch wesentlich empfindlicher, denn der Organismus ist auf Abschalten und Entspannung eingestellt, elektromagnetische Felder setzen ihn aber unter Spannung. Wem das zu umständlich ist, der kann eine abschaltbare Steckdosenleiste zwischenfügen, wobei zunächst kontrolliert werden muß, ob der Schalter die positive Phase unterbricht (dafür gibt es Phasenprüfer in Form eines Schraubenziehers).
Manchmal ist es ganz einfach, das elektronische Bombardement zu erkennen, in anderen Fällen können die subtilen Wechselwirkungen nur mit fachmännischer Hilfe durchschaut werden. Ich gebe Ihnen eine stichwortartige Übersicht von Einrichtungen und Geräten im Haus, die wesentliche elektromagnetische Auswirkungen haben können, sollten Sie mehr Informationen wünschen, empfehle ich Ihnen Fachliteratur (gute Erfahrungen habe ich gemacht mit „Elektrischer Strom als Umweltfaktor“ von H. König, „Elektrosmog, der unsichtbare Krankmacher“ von H. Steinig und „Gesund wohnen – gesund schlafen“ von Gottfried J. Wohlfeil).
Fernsehgerät – Computer – Musikanlage – Lautsprecher – Antennenanlagen – Fernbedienungen – Radiowecker und elektrische Wecker – Babyphon – Transformatoren (Halogenlampen!) – Leuchtstofflampen (Drosselspule!) – Starkstromleitungen – Ringleitungen – Sicherungskästen – Nachtspeicheröfen – Fußbodenheizung – Heizungsanlagen – Dimmer – Heizkissen und -decken – Bettmotoren – Rufanlagen jeder Art – laufende Motoren jeder Art – Kühlaggregate und etliches mehr.

Bedenken Sie auch, wie oben schon erwähnt, daß zwar die Felder mit den meisten Personen in gleicher Ausdehnung nachgewiesen werden können, daß aber nicht jeder auf diese Störung in gleicher Intensität mit Beschwerden und Symptomen reagiert. Neben konstitutionellen Faktoren entscheiden darüber vor allem Resonanzverstärker im Körper des Betroffenen, das heißt, alle Metallteile wie künstliche Gelenke, Operationsnägel, metallische Prothesenteile – und vor allen Dingen metallische Zahnfüllungen! Auf diese wirkt sich jegliches elektromagnetisches Feld im Sinne der Induktion aus, so daß sich dort eine neue Störquelle aufbaut (wie z. B. bei dem jungen Mann mit den Cluster-Kopfschmerzen). Pauschalempfehlungen werden, bis auf einige eindeutige Zusammenhänge, auch hier wieder nicht der persönlichen Situation gerecht, der Test macht individuelles Handeln möglich. Dennoch einige Tips für diejenigen, die etwas als Orientierungshilfe wünschen:

- Entfernen Sie alle elektronischen Geräte aus dem Schlafzimmer, meiden Sie Radiowecker, achten Sie auch auf das, was hinter der Wand steht.
- Babyphone sollten mindestens 3 m vom Kind entfernt stehen.
- Nehmen Sie elektrische und elektronische Geräte, die nicht im Einsatz sind, vom Netz.
- Wählen Sie strahlungsarme Geräte nach der Schwedennorm.
- Klären Sie mit einem Elektriker, ob das Leitungsnetz den angeschlossenen Verbrauchern angepaßt ist.
- Telefonieren Sie so wenig wie möglich mit dem Handy.
- Sofern Sie, z. B. am Arbeitsplatz, elektromagnetischen Einflüssen nicht entgehen können, sorgen Sie für Ausgleich durch Kontakt zur Natur und zur Erde (Gartenarbeit, Sport mit Bodenberührung mit nicht isolierenden Schuhen)

Symptomatische Behandlung

Es gibt Phasen, in denen kurzfristig eine Störfeldbelastung nicht sinnvoll behoben werden kann. So zum Beispiel, wenn eine Sanierung größere Investitionen beanspruchen würde und ohnehin ein Umzug bevorsteht. In diesen Fällen (und nicht statt Sanierung!!) ist es hilfreich, Arsenicum album D 30 einmal wöchentlich oder D 200 einmal monatlich zu verabreichen. Natürlich werden hierdurch nur organische Auswirkungen (vorübergehend?) korrigiert, die Störfelder werden dadurch nicht unwirksam. Es nützt auch überhaupt nichts, Arsenicum album auf den laufenden Fernseher zu legen!
Warum gerade *Arsenicum album*? – Beim Testen hatte sich mehrmals

dieses Mittel für Patienten mit sehr unterschiedlichen Erkrankungen ergeben, die nur eine Gemeinsamkeit aufwiesen, nämlich eine extern-energetische Belastung. Wenn Sie die homöopathische Charakteristik des Mittels nachlesen, finden Sie es wirksam bei allen Symptomen, wie sie auch besonders typisch durch Elektrostreß ausgelöst werden: Kopfschmerzen, Migräne, Neuralgien, diverse Augensymptome, Überempfindlichkeit gegenüber Licht und Geräuschen, generell die Kombination von Müdigkeit/Schwäche einerseits und Unruhe/Reizbarkeit andererseits, Spasmen der glatten Muskulatur sowie Verkrampfungen der Skelettmuskulatur, rheumatoide Schmerzen, Hautjucken mit Affektionen verschiedenster Art. Ein passenderes Simile dürfte sich für typische Elektrostreßbeschwerden kaum finden lassen!
Sie können es testen: Arsenicum album gleicht in der geeigneten Potenz sowohl den energetischen Modus wie auch den Alarmpunkt Störfeld aus.
Zum Schluß noch zwei Fallbeispiele zum Thema:

Das Ehepaar T. war seit längerem bei mir in Behandlung, er litt unter Bluthochdruck und dem Gefühl andauernder Spannung, sie unter Diabetes mellitus und vielfältigen nervösen Störungen. Beide machten gute Fortschritte durch Aufarbeitung psychischer Faktoren und durch Sanierung funktioneller Störungen. Aber ein Rest an Beschwerden blieb. Der Test hatte immer wieder auf Störfelder verwiesen, die Skizze ergab nichts Brauchbares, wir hatten diesen Punkt dann vernachlässigt, weil beide sich nicht für die Untersuchung eines Radiästhesisten entscheiden konnten, und für einen Hausbesuch war die Entfernung zu weit.
Harte Zeiten hatten wir gemeinsam zu bewältigen, als es um einen plötzlich anstehenden Umzug ging, der noch erheblichen Streß verursachte wegen der Terminierungen mit Handwerkern. Danach sah ich beide lange nicht, und bei einem Termin nach mehreren Monaten kam mir Herr T. freudestrahlend entgegen, um sich aus meiner Behandlung zu verabschieden. Seit sie in der neuen Wohnung lebten, ging es ihnen beiden hervorragend, so wohl hatten sie sich seit Jahren nicht gefühlt. Ob das wohl daran liegen könnte, daß direkt neben dem Haus, in dem sie zuvor gewohnt hatten, eine Hochspannungsleitung verlief?

Es kann auch ganz anders laufen:

Eine junge Frau, Barbara L., kam wegen ständiger Infekte zu mir. Neben funktionellen Belastungen, die wir ausleiteten, spielten externe Störfelder eine bedeutende Rolle. Die Elektroanamnese ergab keine klaren Hinweise, so daß sie sich entschloß, einen Baubiologen mit radiästhetischen Erfahrungen um Rat zu fragen. Er untersuchte ge-

wissenhaft ihre Wohnung – und zum ersten Mal in der Geschichte unserer Zusammenarbeit widerlegte er meine Ergebnisse, er fand keinerlei Störung im Wohn- und Schlafbereich!
Da die Patientin vom Testergebnis jedoch überzeugt war, bat sie den Baubiologen, sich auch noch ihr Büro anzusehen. Sie leitete ein Reisebüro in einem großen Bürokomplex. Das Ergebnis war eine extreme Belastung des Arbeitsplatzes, wesentlich stärker, als es allein durch die Auswirkung der zahlreichen Computer zu erwarten war. Der Baubiologe riet dringend, einen Elektriker zu konsultieren. Als Frau L. dem Vorschlag nachkam, wurde sie etwas mitleidig belächelt. Da sie jedoch auf einer Untersuchung bestand, gab der Elektriker ihrem Wunsch nach. Kurze Zeit später erstattete er Bericht – kreidebleich. Er ordnete an, daß vorübergehend in diesem Gebäude keine elektrischen Geräte betrieben werden durften: Die gesamte Elektroinstallation des Gebäudes war nicht geerdet!

Das sind die Geschenke, bei denen ich mir ein inneres Grinsen nicht verkneifen kann. Gibt es stimmigere Beweise?

Weitere energetische Störungen

Wenn der energetische Modus schwach reagiert, werden Sie üblicherweise auf die oben beschriebenen Störfelder stoßen wie Narben, Zähne, Elektrosmog, geopathogene Zonen. Daß dieser energetische Bereich noch weitere Überraschungen bereithält, mag Ihnen die Zauberheilung von Nadine veranschaulichen.

Zauberheilung

Ich kannte die 11jährige Nadine schon seit längerem wegen der üblichen Kinderkrankheiten, sonst war sie immer ein gesundes und äußerst aufgewecktes Mädchen. Eines Tages kam sie mit ihrer Mutter, die berichtete, Nadine sei seit 3 Wochen nicht mehr dieselbe. Das sonst sehr aktive und muntere Kind war ununterbrochen müde, nichts machte ihr Spaß, sie hing nur herum, in der Schule konnte sie nicht folgen, selbst am Reiten hatte sie keine Freude mehr. Sie hatte keine körperlichen Beschwerden, sie war nur „zu nichts zu gebrauchen".
Im Test waren fast alle Alarmpunkte geschwächt, ein alarmierendes Ergebnis für ein Mädchen in ihrem Alter. Die Ursache war ausschließlich energetisch. Ich versuchte, verbal zu differenzieren, ob die Störung von außen einwirke oder im Körper selbst bestand, und ich bekam bei beiden Aussagen ein „Jein", das heißt, eine Mischung aus einem starken und schwachen Muskel. Der Punkt für externe Störfelder im elektromagnetischen Sinne war nicht geschwächt. Ich

war ratlos. Wir überlegten gemeinsam, was sich in den Tagen und Wochen vor Beginn der Beschwerden ereignet hatte. Die einzige Veränderung war eine neue Zahnspange.
Mir dämmerte etwas, wußte ich doch, daß unter Umständen der Druck auf die Zähne eine energetische Rückwirkung auf dazugehörige Organsysteme haben konnte. Ich ließ die Spange herausnehmen und testete nach einigen Minuten erneut: Alle Alarmpunkte waren wieder stark!
Über verbalen Test wollte ich klären, ob der Druck auf die Zähne die Ursache für ihre Müdigkeit war, woraufhin ich ein klares „Nein" bekam. Schließlich fiel mir auf, daß die Gaumenplatte der Zahnspange aus leuchtend-nachtblauem Kunststoff bestand. Und genau dies bestätigte sich als Grund für Nadines Probleme! Am Gaumen liegen eng beieinander Reflexzonen des gesamten Organismus, so wie sie sich zum Beispiel auch an den Hand- und Fußflächen und an den Ohren wiederfinden; Blau ist – wie aus der Farbtherapie und Farbpsychologie bekannt – eine sedierende Farbe, die jetzt hier über einen langen Zeitraum auf die Reflexpunkte einwirken konnte!
Die Mutter zögerte zunächst, aus diesem Ergebnis Konsequenzen zu ziehen. Die Kosten einer neuen Spange würde die Krankenkasse sicherlich nicht übernehmen, und wie sollte sie die Kieferorthopädin überhaupt von der Notwendigkeit überzeugen? – Ich schrieb einige Sätze über meine Hypothese an die Zahnärztin, die zur Verwunderung von Nadine und ihrer Mutter mit dem Muskeltest (!) meine Vermutung überprüfte und zu demselben Ergebnis kam.
Wie die Kieferorthopädin gegenüber der Kasse argumentierte, habe ich nicht erfahren, zumindest hat sie mit Nadine eine neue Farbkombination ausgetestet, die sie von mir bestätigen ließ (eine fast farblose Platte mit verteilten Glimmerstückchen). Seit Nadine die blaue Zahnspange nicht mehr trug, war sie – wie ausgewechselt – wieder die alte!

Licht ist elektromagnetische Schwingung, Farben als Anteil des Lichts ebenfalls. Und so ist es nicht allzu verwunderlich, daß Farben eine Wirkung auf den Körper haben, nicht nur über die Sinneswahrnehmung unserer Augen, sondern auch über die Haut (Blinde „spüren" eine Farbe). Ich nehme an, daß Sie Farben als Krankheitsursache eher selten begegnen werden. Möglicherweise kommt jemand mit Schlafstörungen, der rote Bettwäsche liebt, oder Sie finden ähnliche Situationen wie bei Nadine. Doch dürfte sich das in bescheidenem Rahmen halten.
Mir half dieser ungewöhnliche Zusammenhang, überhaupt wach und of-

fen zu bleiben auch für andere Möglichkeiten, die noch nicht bekannt oder angedacht sind. Wer weiß, ob nicht ebenso Tonschwingungen, die ja im Positiven sogar schon therapeutisch genutzt werden, Beschwerden auslösen, wenn sie chronisch auf jemanden einwirken. Und wie verhält es sich zum Beispiel mit Ultraschall, der in der medizinischen Diagnostik ebenso großzügig verwendet wird wie bei der Vertreibung unliebsamer Insekten? – Hier gibt es noch so viel zu entdecken, zu erforschen, zu klären und zu erklären. Lassen Sie Ihrer Entdeckerfreude freien Lauf, nutzen Sie den Muskeltest, um das Leben kennenzulernen!

Weitere Testmöglichkeiten

In den vorangegangenen Kapiteln habe ich Ihnen hauptsächlich vorgestellt, wie Sie Belastungen in Organsystemen und deren ursächliche Herkunft nachweisen können. Dies ist für einen großen Kreis von Patienten eine absolut wirkungsvolle Hilfe, ganz besonders für alle chronisch Kranken.

Aber erstens brauchen wir nicht für alle Beschwerden a priori eine ursächliche Erklärung. Außerdem tut es gut, solange man selbst noch das Abc der Kinesiologie übt, ein schnelleres Feedback zu bekommen, um Sicherheit im Testen zu gewinnen.

Der analytische Muskeltest bietet Ihnen ebenso für den praktischen Alltag privat und besonders im therapeutischen Beruf eine Fülle weiterer Einsatzmöglichkeiten. Im Grunde genommen können Sie jegliche Entscheidung über den Muskeltest mitbestimmen lassen, sie können ihn zum Berater machen, wo sie nicht einem automatischen Schema folgen wollen.

Die Vorteile sind vielfältig.

- Zum einen kommen Sie schnell, einfach und stimmig zur bestmöglichen Alternative für jede Art des (Be-)Handelns.
- Zum anderen hilft das rasche Feedback, Möglichkeiten und Grenzen des Muskeltests kennenzulernen.
- Zum dritten erleichtert Ihnen der Einsatz in alltäglichen Praxissituationen, diese Methode publik zu machen. Ich habe gern in ruhigeren Sprechstunden immer wieder Patienten den Test auch bei Bagatellerkrankungen demonstriert; dadurch wurden sie allmählich mit dem Verfahren vertraut, so daß ich bei ihnen jederzeit auch mal kurz zwischendurch die Behandlung durch den Test ergänzen konnte.

Es lohnt sich sehr, für jeden Patienten etwas Zeit zu investieren, ihm den Muskeltest in einigen Sätzen theoretisch und dann an einfachen Beispielen praktisch vorzustellen. In dieser Kombination: erst logische Erklärung des Ablaufs (das dauert etwa 3 Minuten), dann Demonstration mit

einfachen Objekten (Smilie, Lügendetektor), wird der Muskeltest fast ausnahmslos akzeptiert – natürlich immer wieder mit dem gebührenden Erstaunen!
Dieses einmal vermittelte Grundverständnis spart später Zeit, die sonst möglicherweise mit endlosen Diskussionen und skeptischen Einwänden verbracht wird. Deshalb begleite ich übrigens so ziemlich jede Aktion des Tests und seiner Befunde mit Kommentaren und Erklärungen, der Patient bleibt in die Kommunikation eingebunden, kann alles nachvollziehen und ist bestens motiviert für die Form der ausgetesteten Behandlung.
Nicht zuletzt möchte ich neben der Zeit- auch die Kostenersparnis erwähnen, wenn Sie in akuten wie chronischen Fällen die Therapie optimieren. Dieses volkswirtschaftlich hochzurechnen, wenn vielleicht nur ein Viertel aller Ärzte, Zahnärzte und Psychotherapeuten so handeln würde, wäre geradezu provokant – und utopisch.
In vielen Situationen der Praxis kann der analytische Muskeltest helfen:

- beim Austesten der optimalen, auch allopathischen, Medikamente,
- beim Festlegen der optimalen Dosierung und des Einnahmemodus,
- beim Entscheiden über andere Therapieformen (z. B. Operation, Chiropraktik usw.),
- zur Lokalisation von idealen Injektionsstellen,
- zur Ernährungsberatung (Austesten unzuträglicher Nahrungsmittel),
- zur Allergiediagnostik
- und natürlich zur Klärung von Krankheitsursachen, dem Thema der vorangegangenen Kapitel.

Allopathischer Medikamententest

Der Muskeltest hat keine weltanschaulichen Vorbehalte. Er hilft, weise und unabhängig von Ideologien zu entscheiden, er liefert ein völlig objektives subjektives Ergebnis! Das heißt, der Test läßt Aussagen immer nur in bezug auf das Individuum zu, das mit seinem Unterbewußtsein entscheidet, was genau in diesem Falle genau zu diesem Zeitpunkt angebracht oder nötig ist.
So lassen sich u. a. optimale Kombinationen von Bluthochdruckmitteln oder Herzmedikamenten bis zur Insulindosis austesten. In einem Fall war ein Neurologe bereit, aufgrund des Tests ein Medikament gegen epileptische Anfälle zu wechseln, wodurch die Häufigkeit der Anfälle sich deutlich verringerte. Bei einer Patientin mit Colitis ulcerosa (eine schwerwiegende Darmerkrankung auf psychosomatischer Basis) empfahl der Test sogar zunächst, ein Kortisonpräparat beizubehalten, und hin und wieder

sprach er sich eindeutig *für* ein Antibiotikum aus.
Hier ein Fall, der die Grenzen meines Vertrauens in den Test herausforderte:

> *Frau R., eine 40jährige Asthmatikerin, habe ich über Jahre hindurch hausärztlich und mit Muskeltest begleitet. Eines Tages erkrankte sie, wie schon des öfteren, mit einer akuten schweren Infektion der Atemwege, sie hatte hohes Fieber und eitrigen Auswurf aus Nasennebenhöhlen und Bronchien. Üblicherweise hätte ich aufgrund des schweren Krankheitsbilds sofort ein Antibiotikum verordnet, zumal diese Patientin durch ihr Asthma erheblich gefährdet war. Da sie aber den Test bei vorangegangenen Ausleitungsbehandlungen bereits kennengelernt hatte und ihm vertraute, vereinbarten wir, die Antibiotika zu testen. Auf keines der getesteten reagierte sie positiv. Die verbale Kontrolle ergab, daß ein Antibiotikum nicht notwendig war, daß es eher nicht gegeben werden sollte. Die Patientin beschloß, sich nach dem Testergebnis zu richten.*
>
> *Ich untersuchte die Patientin täglich, an manchen Tagen mehrmals, da der Verlauf hochdramatisch war. Sie hatte jeden Tag Fieber, das nie unter 40 °C sank, sie wurde zunehmend hinfällig. Der Test sprach jeden Tag erneut gegen ein Antibiotikum, Frau R. entschied sich jedesmal nach dem Test.*
>
> *Mir wurde langsam mulmig, ich konnte diese Entscheidungen mit meiner Fürsorgepflicht nicht mehr vereinbaren. Die Laborwerte sprachen eindeutig für eine bakterielle Infektion, das klinische Bild verschlechterte sich täglich, eigentlich lag eine Krankenhauseinweisung nahe, wie schon so oft. Erstaunlicherweise hatte die Patientin trotz der dramatischen Erkrankung so gut wie keine asthmatischen Beschwerden!*
>
> *Am 11. Tag, kurz bevor ich entgegen ihrer Entscheidung auch trotz Testergebnis auf einem Antibiotikum bestehen wollte, war sie fieberfrei. Innerhalb einer weiteren Woche hatte sie den Infekt vollständig überwunden. Sie behielt zwar grundsätzlich ihr Asthma, was weiterhin besonders auf psychischer Ebene bearbeitet werden mußte, aber sie hatte während der folgenden 3 Jahre, in denen ich sie begleitete, nicht einen einzigen Infekt und keinen Krankenhausaufenthalt.*

Zugegeben, ein Härtetest, und auch nur möglich durch vorherige jahrelange Erfahrung mit dem Test, gewissenhafte engmaschige Kontrollen und die Überzeugung der Patientin.
Denken Sie noch einmal an die verschiedenen Möglichkeiten, die Ihnen allein mit dem Medikamententest offenstehen:

- der generelle Verträglichkeitstest,

- der Test, ob ein Mittel den schwachen Alarmpunkt ausgleicht,
- die verbale Klärung, ob ein Medikament notwendig, sinnvoll, optimal, schädlich ist,
- die verbale Klärung des Einnahmemodus.

Interessant finde ich übrigens die Beobachtung, daß zumindest in meiner Praxis allopathische Mittel zwar im Armtest stark waren, auch in der verbalen Abklärung als sinnvoll oder notwendig eingestuft wurden, aber nur in Ausnahmefällen die Alarmpunkte oder Modi ausgeglichen haben.

Verbale Differenzierung von Therapiewegen

Natürlich erschöpfen sich Behandlungen nicht in der Anwendung von Medikamenten. Sowohl in der konventionellen Medizin wie in der komplementärmedizinischen Arbeit gibt es ein weites Spektrum, bei dem es nicht um Substanztestungen geht. Da in diesem Fall nicht über den Kontakt getestet werden kann, müssen wir zum verbalen Abfragen greifen. Wobei wir natürlich voraussetzen, daß der Organismus weiß, was für ihn das Beste ist. (Ich glaube mehr denn je, daß er es besser weiß als jeder Fachmann!)

> *Eine junge Frau kam mit diffusen Unterbauchschmerzen und Durchfall in die Sprechstunde. Der Bauch war auf Druck besonders rechts schmerzhaft, der Verdacht auf Blinddarmentzündung lag nahe, war jedoch nicht eindeutig. Deshalb bot ich den Test an.*
> *Über verbale Aussagen arbeitete ich mich an das Problem heran: „Der Arm bleibt stark, wenn der Organismus mit Ja antwortet. Handelt es sich um eine Infektion? (+) Ist der Blinddarm betroffen? (+) Ist der Blinddarm derart betroffen, daß eine Operation erforderlich ist? (+) Ist die Operation dringlich? (+) Kann auch anders sinnvoll behandelt werden?“ (–) Hierüber ergab sich die klare Aussage, daß eine Operation nicht zu umgehen und auch nicht aufzuschieben war. Die Patientin wollte erst noch die Nacht über zu Hause abwarten und sich am nächsten Tag in der chirurgischen Ambulanz vorstellen, nach Test sollte sie schnellstmöglich operiert werden. Ich drängte sie, ins Krankenhaus zu fahren. Dort entschloß man sich zunächst, den Verlauf zu beobachten, da die Symptome und die Laborergebnisse nicht eindeutig waren. In der Nacht verstärkten sich die Schmerzen und sie bekam Fieber. Sie wurde notoperiert, der Blinddarm war akut in die Bauchhöhle durchgebrochen und hatte zu einer Peritonitis (Bauchfellentzündung) geführt.*

Weniger dramatisch, aber äußerst effektiv, sind verbale Abklärungen optimaler Therapien bzw. ihrer einzelnen Schritte. Ob zum Beispiel Krankengymnastik oder Massage, ob Neuraltherapie oder Chiropraktik zur Behandlung der Rückenschmerzen in Frage kommt. Bei der Chirotherapie können Sie sogar differenzieren, welche Wirbel in welcher Reihenfolge korrigiert werden sollen und mit welchen Griffen. Wichtig ist, daß sauber und eindeutig formuliert wird, denn die sonst entstehenden Mißverständnisse verleiden unter Umständen die gesamte Arbeit mit dem Muskeltest. Wenn Sie das beherzigen, steht Ihnen ein fast grenzenloses Feld offen!

Heilungsgeschichten

Ich möchte Ihnen noch einige typische oder besonders bemerkenswerte Fälle aus meiner Praxis vorstellen, einige Highlights, einige Überraschungen. Sie sollen Ihnen am Praktischen aufzeigen, wie vielfältig sich das Netzwerk von Gesundheit und Krankheit ausdrücken kann trotz grundsätzlich ähnlicher Bausteine. Sie sollen anregen und ermutigen. Ob Highlights oder Fleißarbeit: Es lohnt sich. Nach meiner internen Statistik werden etwa 50 % der schulmedizinisch austherapierten Kranken geheilt, 30 % der Beschwerden bessern sich erheblich, 10 % bleibt dieser Erfolg versagt, von weiteren 10 % habe ich nie wieder etwas gehört.
Sie finden hier keine Einteilung nach Krankheitsursachen wie in den entsprechenden Kapiteln, sondern eine bunte Auswahl aus dem Praxisalltag. Dennoch habe ich mich zur besseren Übersicht weitgehend auf einfache Krankheitsgeschichten beschränkt, aus denen sich leichter hochrechnen läßt auf komplexe Situationen, die vollständige Darstellung eines längeren Arbeitsprozesses dürfte eher ermüden als erhellen.
Ich hatte ja schon erwähnt, daß es beim Großreinemachen unseres Lebens nur in wenigen Fällen (wie z. B. kleinen Kindern) um ein Einzelgeschehen geht. Manchmal gehören Geduld und Beharrlichkeit dazu, Schritt für Schritt die Schäden aufzudecken und zu bearbeiten, manchmal erfordern die Erkenntnisse auch erhebliche Konsequenzen für den Patienten, und das will wohlüberlegt sein. Insgesamt halten sich Highlights und konsequentes „Dranbleiben" in etwa die Waage.

„Ihr Kind ist behindert..."

Sehr verzweifelt brachte mir Frau R. ihre zweijährige Tochter Conny in die Sprechstunde. Die Mutter war für sich selbst schon länger bei mir in Behandlung. Da ihr Mann „solchen merkwürdigen Methoden" gegenüber sehr skeptisch war, hatte sie bislang für die Kinder nur konventionelle Medizin in Anspruch genommen.

Conny war ein sehr ruhiges Kind, eher weinerlich und äußerst anhänglich, sie kränkelte ständig. Das eigentliche Problem war jedoch, daß sie nicht laufen konnte. Die Beinmuskulatur war extrem schwach ausgeprägt. Sitzen konnte sie, und so rutschte sie als Fortbewegungsmethode auf dem Po den Boden entlang, wobei sie sich mit den Armen abstieß. Auch krabbeln konnte sie nicht. Bei den Vorsorgeuntersuchungen hatte die Mutter darauf immer wieder hingewiesen, es war auch mit Bedenken registriert worden, aber man sah zunächst keinen Grund zum Eingreifen. Bei der letzten Konsultation des Kinderarztes wurde ihr schließlich empfohlen, dieses ungewöhnliche Verhalten doch in einer Spezialklinik vorzustellen.

Die Untersuchung in der kinderneurologischen Abteilung war sehr gründlich und gewissenhaft. Eine genaue Diagnose ließ sich nicht stellen, aber man informierte die Eltern darüber, daß diese Entwicklung für eine chronische Schädigung sprach. Man könne sicherlich durch gezielte Gymnastik einiges verbessern, werde sich aber darauf einrichten müssen, daß das Kind lebenslang behindert bliebe. Die Befunde sprachen dafür, daß es sich nicht nur um eine einfache Entwicklungsverzögerung handelte, sondern doch um eine angeborene oder erworbene Störung, die man evtl. kompensieren, aber nicht heilen konnte.

Meinem Testergebnis wollte ich selbst nicht recht glauben. Es kamen nur zwei funktionelle Ursachen heraus, nämlich eine Belastung mit Polio-Impfstoff und mit Streptokokken, einem bakteriellen Krankheitserreger. Conny erhielt die Nosoden Poliomyelitis D 200, 3 x im Abstand von 4 Wochen, und Streptococcinum D 100, 5 x im Abstand von je 2 Wochen, dazu ein Komplexmittel für das Lymphsystem. Nach Test sollte damit die Störung der Muskulatur wieder geheilt werden!

Um keine vorschnellen Hoffnungen zu erwecken, erklärte ich der Mutter zunächst, daß sich die Störungen auf das Immunsystem auswirkten, daß wir dies korrigieren konnten, und daß man ansonsten erst einmal abwarten sollte, was sich weiter entwickelte.

Ich sah Conny 3 Monate später zum Nachtest. Sie hatte seitdem keine gravierenden Infekte mehr durchgemacht, und die Mutter war damit sehr zufrieden. Stolz berichtete sie mir, daß Conny sich in der letzten Zeit häufig an Gegenständen hochgezogen und kurze Zeit auf den Beinen gestanden hätte.

4 Wochen später konnte Conny laufen!

Heute ist sie 5 Jahre alt und ein völlig normal und zeitgerecht entwickeltes Kind.

Ebenfalls „unheilbar“

Kerstin kam mit 8 Jahren zu uns in die Praxis wegen einer Sklerodermie. Dies ist eine überhaupt seltene Erkrankung mit einer Verhärtung der Hautschichten, für ein Kind eine absolute Rarität. Die Diagnose war durch die Untersuchung einer Hautprobe gesichert worden. Ihre Symptome zeigten sich in großen unelastischen Hautarealen, die sich entzündeten und stark juckten. Die Eltern hatten sich zunächst noch gegen die in der Uniklinik vorgeschlagene immunsuppressive Behandlung (künstliche Unterdrückung des Immunsystems, um damit auch diese gegen den eigenen Körper gerichteten Reaktionen zu unterbinden) entschieden, da hierbei erhebliche Nebenwirkungen vorauszusehen waren.
Der Muskeltest ergab Hinweise auf elektromagnetische Belastungen, die sich per Anamnese auch nachvollziehen ließen, und funktionelle Ursachen, nämlich eine Impfreaktion auf Haemophilus influencae und eine toxische Belastung mit Anilin, deren Herkunft jedoch nicht geklärt werden konnte. (Alarmpunkt Störfeld –, Thymus –, Modus funktionell und energetisch. Ausgleich des Thymuspunkts und des funktionellen Modus durch die Nosoden.)
Das elektrische Umfeld ließ sich nicht so rasch ändern, da es sich um Bahnoberleitungen in unmittelbarer Nähe des Wohnhauses handelte. Eine Versetzung des Vaters ließ jedoch einen Umzug in Aussicht stehen. Wegen der funktionellen Störung begannen wir mit der Ausleitungsbehandlung mit den Nosoden Hämophilus D 100 (übrigens hat diese Nosode häufig Bezüge zu Störungen der Haut!) und Anilinum D 200 sowie einem Komplexmittel zur Entlastung der Nieren und einem für das lymphatische System.
Wir sahen uns 2 Monate später. Kerstin war begeistert, der Juckreiz war so gut wie verschwunden, die Haut war wesentlich weicher geworden, die betroffenen Stellen deutlich kleiner. In der Universitätsklinik, wo die Eltern nicht über die zusätzliche Behandlung sprechen mochten, stand man vor einem Rätsel.
Nach Beendigung der Ausleitung und dem ohnehin geplanten Umzug der Familie normalisierte sich das Hautbild immer mehr, und bis zum heutigen Tag ist es zu keiner erneuten Verschlechterung gekommen.

Eigentlich unmöglich

Mark war 13 Jahre alt. Seit Jahren beobachtete man bei ihm auf dem Rücken die Entwicklung eines mächtigen Lipoms, einer eigentlich harmlosen Fettgeschwulst. Dieses Lipom reichte jedoch verdrängend in die Tiefe des Muskelgewebes, weshalb man es für inoperabel erklärte, man müsse zuviel gesundes Gewebe durchtrennen ohne Garantie, daß man das gesamte Lipom entfernen konnte.
Die Untersuchung zeigte einen dicken Wulst rechts neben der Wirbelsäule, die Grenzen ließen sich oberflächlich gut abtasten, und ich dokumentierte die Ausmaße mit 12,5 x 8,5 cm. Die Ursache war nach Muskeltest ausschließlich eine Narbe, die von einem lebensbedrohlichen Sturz im Alter von etwa 3 Jahren herrührte und die sehr verzogen über den Blasenmeridian lief.
Für mich erschien dieser Zusammenhang nicht sonderlich glaubwürdig, zumal ich mangels fundierter Kenntnisse der chinesischen Medizin die Entstehung eines Lipoms nicht dem genannten Meridian zuordnen konnte. Da die Art der Behandlung, nämlich eine Narbenentstörung durch Farblicht, kein Risiko außer eventueller Blamage bot, entschlossen wir uns – Mark, seine Mutter und ich – zu einem Versuch. Die Mutter konnte jedoch nicht die engmaschigen Besuche in meiner Praxis einrichten, so daß ich ihr eine Therapielampe auslieh.
Nach 6 Wochen sahen wir uns zur Kontrolle. Ich untersuchte Marks Rücken, grenzte das Lipom ab, war irritiert, weil es nicht meiner Erinnerung entsprach. Unfaßbar: Das Lipom hatte sich eindeutig verkleinert! Es war weicher geworden, und objektiv meßbar dehnte es sich nur noch 10 x 6 cm aus. Marks Mutter bestätigte meine Beobachtung, hatte es aber zunächst auch nicht glauben wollen.
Die Narbe war noch nicht vollständig entstört, wir setzten die Behandlung wie bisher fort. Der nächsten Kontrolle sah ich mit Spannung entgegen, und wieder hatte sich das Lipom verkleinert, jetzt 7 x 4,5 cm! Die ursächliche Narbe war nach Test ausreichend entstört.
Wir beendeten die Farblichtbehandlung und vereinbarten eine spätere nochmalige Kontrolle. Leider konnte Mark den geplanten Termin nicht einhalten, und ich habe seitdem (es ist jetzt etwa 2 Jahre her) auch nichts mehr von ihm gehört. Ich bedaure das sehr, denn so ist der Ausgang für mich offen. Wie auch immer, ein medizinisch so eindeutig nachgewiesener Tumor, der ausschließlich auf die Bestrahlung einer Narbe dahinschmilzt, ist für mich auch dann ein geradezu umwerfender Beweis dieses Zusammenhangs, wenn das gewünschte Feedback über die weitere Entwicklung aussteht.

Der Nebeneffekt

Herr J., 32 Jahre alt, kam wegen diffuser Ekzemneigung; der Test wies auf eine Schwermetallbelastung hin. Er hatte 3 Jahre zuvor bereits wegen der Hautprobleme die Zahnfüllungen aus Amalgam entfernen und durch Goldinlets ersetzen lassen. Allerdings hatte derzeit keine begleitende Ausleitung stattgefunden!
Herr J. erhielt Silberamalgam D 200, ein Lymph- und ein Nierenmittel, gleichzeitig begannen wir, einen tiefgreifenden psychischen Konflikt aufzuarbeiten, durch den er sich „in seiner Haut nicht wohlfühlte".
Soweit ist der Fall alltäglich, und die Behandlung ist auch noch nicht abgeschlossen.
Spannend war nur, daß ich beim Check-up neben Thymus, Niere, Dickdarm auch den Herzpunkt geschwächt fand, für den der energetische Modus (extern) reagierte, ebenso wie den Störfeldpunkt. Herr J. war sichtlich verblüfft, bestätigte dann, daß er seit einigen Monaten immer wieder Herzstolpern verspürte. Als ich ihn bat, mir eine Skizze seines Schlafbereichs aufzuzeichnen, öffnete er sein Jackett, um einen Kuli herauszuholen. Aus der inneren linken Brusttasche ragte ein Handy! – Herr J. war so von diesem Überraschungseffekt überzeugt, daß er das Handy nie mehr unmittelbar in Körperkontakt trug.

Auch trotz Muskeltest ein Rätsel

Der 55jährige Lehrer K. war äußerst skeptisch bezüglich des Tests, seine Frau hatte ihn zu mir geschickt, und er hielt von der Sache eigentlich nichts. Er war begeisterter Sportler und litt unter starken Schmerzen im rechten Knie. Der Orthopäde sah das als eine Überlastung an, behandelte wiederholt mit Spritzen und empfahl Herrn K, das Laufen einzustellen. Herr K. war davon nicht angetan und suchte nach anderen Möglichkeiten. Zumal ihm auch die Ruhephasen keine wesentliche Linderung brachten.
Durch den Test fanden wir eine funktionelle Ursache, also nicht strukturell, wie es bei einer mechanischen Überlastung der Fall wäre, und zwar eine alte Borrelieninfektion. Die Laboruntersuchung bestätigte diesen Befund, und wir leiteten mit der Nosode Borrelia Burgdorfferi D 200 aus, von einem Lymphmittel unterstützt. Die Beschwerden verschwanden innerhalb weniger Wochen, Herr K. lief wieder begeistert seine Runden und gewann den Pokal in der Seniorenmeisterschaft.

5 Jahre später sah ich ihn erneut, inzwischen war es ihm gut ergangen, das Knie hatte ihm nie wieder Schwierigkeiten bereitet. Jetzt hatte er erneut Probleme beim Laufen, diesmal handelte es sich um diffuse Schmerzen im Bereich der rechten Leiste. Schulmedizinisch waren ein Leistenbruch und eine Arthrose des Hüftgelenks ausgeschlossen worden, ebenso waren die Beschwerden nicht typisch für Zerrungen oder andere Sportüberlastungen. Die klinische Untersuchung machte auch mich insofern ratlos, weil ich die Probleme keinem Organ und keiner Gewebestruktur zuordnen konnte.
Ebenso erging es mir beim Testen, es gelang mir nicht, die Beschwerden zu lokalisieren. Alle Alarmpunkte reagierten positiv. Verbal hatte ich ebenfalls einen Leistenbruch ausgeschlossen wie eine Schädigung der Hüfte, ebenso wie muskuläre und lymphatische Ursachen, mehr Ideen hatte ich nicht. Der energetische Modus war schwach bei positivem Störfeldpunkt, das sprach für ein internes Störfeld, das sich schließlich den Zähnen zuordnen ließ.
Auch diesmal war Herr K. etwas skeptisch, zumal ich ihm ja eine einleuchtende Erklärung schuldig bleiben mußte. Zumindest war er jedoch bereit, sich zahnärztlich untersuchen zu lassen. Der Zahnarzt bestätigte den getesteten Zahnherd und sanierte ihn. Die Beschwerden in der Leiste verschwanden wie weggeblasen, nach wenigen Tagen lief Herr K. wieder wie in jungen Tagen.
Das Rätsel, was wir da eigentlich bewirkt haben, ist bis heute offen geblieben.

Ein schwindelnder Zufall

Martin Q., damals 20 Jahre alt, hatte frisch mit seinem Studium begonnen, als er in den Semesterferien zu Hause von massiven Schwindelanfällen heimgesucht wurde. Es steigerte sich derart, daß er ins Krankenhaus aufgenommen wurde. Dort besserten sich die Symptome, verschwanden aber nicht ganz, und waren mit unverminderter Stärke zu Hause wieder vorhanden. Seine Mutter, die schon positive Erfahrungen mit dem Muskeltest gemacht hatte, schickte ihn zu mir in die Praxis.
Der Test zeigte eine Schwächung der Alarmpunkte Thymus und Störfeld, nach der „Da-wo's-Methode" wiesen beide Ohren (Gleichgewichtsorgane) eine Störung aus, nur der energetische Modus war schwach.
Die Suche nach Elektrosmog bei dem jungen Mann blieb erfolglos. Seine Mutter ging aus eigener Erfahrung sehr sensibel mit elektrischen Geräten um und sorgte auch dafür, daß ihr Sohn alle elektronischen

Geräte nachts vom Netz nahm, ich fand nichts. Allerdings hatte Martin beobachtet, daß der Schwindel begonnen hatte, kurz nachdem der Nachbar seine Satellitenschüssel installiert hatte. Ursächlich ließ sich wohl kaum etwas für Martin tun, oder würden Sie den Nachbarn bitten, die Schüssel zu entfernen, weil Sie davon krank werden?
Martin zog in ein provisorisches Zimmer am anderen Ende des Hauses, und innerhalb von Tagen verschwand der Schwindel. Er ging daraufhin zurück in sein altes Zimmer, das ihm besser gefiel – und hatte 3 Tage später wieder die ersten Schwindelanfälle. Wieder tauschte er die Zimmer, wiederholte diese Prozedur sogar mehrmals: Im kleinen Zimmer blieb er beschwerdefrei, in seinem ursprünglichen großen trat der Schwindel wieder auf.

Einige Wochen später kam Herr G. in die Sprechstunde. Er litt seit einiger Zeit unter einem steifen Nacken mit Kopfschmerzen, konnte oft nachts nicht schlafen. Massagen und Krankengymnastik hatten ihm ebensowenig geholfen wie die Spritzen und Bestrahlungen beim Orthopäden. Ich fand seine Muskulatur tatsächlich extrem verspannt und bot ihm den Test an, der eine äußere energetische Ursache auswies. Die Elektroanamnese blieb unklar. Da er im Ort wohnte, bot ich ihm einen Hausbesuch an.
Als ich vor dem Haus von Herrn G. stand, blieb ich wie angewurzelt stehen: Eine riesige Satellitenschüssel zierte die linke Giebelseite, genau daneben in knappem Abstand stand das Haus von Martin und seinen Eltern, Martins Zimmerfenster in derselben Höhe wie die Antenne! Das Bett von Herrn G. stand unmittelbar mit dem Kopfende an der Außenwand, Luftlinie höchstens einen Meter von der Antenne entfernt. Ich demonstrierte Herrn G. vor Ort, daß er hier durch ein massives Störfeld belastet war, konnte auch den Zusammenhang mit der Schüssel herstellen, indem wir den Empfänger abkoppelten. Er fand das zwar überzeugend, glaubte aber nicht recht, daß es etwas mit seinen Beschwerden zu tun haben sollte. Ein Versuch zur Veränderung war ihm zu umständlich, ein Fachmann zu teuer. Ich habe ihn seitdem in meiner Praxis nicht mehr gesehen.

Von Martin habe ich gehört, daß er sich nach mehreren Versuchen schließlich für die kurze Zeit der Semesterferien mit dem weniger komfortablen Zimmer arrangierte und damit zufrieden war.

Sehr giftig

Eine ganze Familie kam zum Test, weil allen plötzlich büschelweise die Haare ausgingen. Der Test ergab bei allen eine recht akute Intoxikation mit Holzschutzmitteln (Nosode Xylamon D 15 für alle), nur wurde ich bei der Anamnese über den Wohnbereich enttäuscht: Weder im Haus noch um das Gebäude herum war jemals Holzschutzmittel eingesetzt worden! Außerdem wies die Potenz der Nosode mehr auf ein akutes Geschehen hin und kaum auf eine chronische Belastung.
Wieder einmal brachte gemeinsamer detektivischer Spürsinn es an den Tag: Der Haarausfall begann zum Jahresende, in den Herbstferien hatte die ganze Familie in den Bergen Urlaub gemacht. Dort war das Holzhäuschen gerade für die kommende Skisaison „aufgefrischt" worden.
4 Wochen nach Behandlungsbeginn (Ausleitung mit Nosode und Begleitmitteln) sprossen die Haare wieder.

Auch ziemlich giftig

Rita P. suchte mich auf, weil sie seit 2 Jahren unter Bronchialasthma litt. Sie arbeitete als Bäckerin und leitete selbständig ein Geschäft. Ein konventioneller Allergietest hatte keine Allergie auf Mehlstäube ergeben, dennoch verstärkten sich ihre Beschwerden meist in der Backstube erheblich, was allerdings schon durch die mechanische Staubbelastung zu erklären war.
Der Test ergab: Thymus –, Bronchien –, Dickdarm –, Leber –, jeweils mit negativem funktionellem Modus. Über die Anamnese kamen wir nicht weiter, Schwermetallbelastungen ließen sich nicht nachweisen, auch sonst gab es nichts Faßbares, ich mußte mich auf die aufwendige Suche mit meinen umfangreichen Testsätzen begeben. Schließlich fand ich 2 Toxinnosoden, die sämtliche Alarmpunkte und den funktionellen Modus ausglichen, es handelte sich um Mischnosoden von verschiedenen Pflanzenschutzmitteln.
Da Frau P. von Kindheit an in der Backstube ihrer Eltern mitgearbeitet hatte, könnten theoretisch derartige Substanzen aufgenommen worden sein, da ungespritztes Getreide ja kaum noch verarbeitet wird, aber andere Aufnahmequellen waren ebensowenig auszuschließen. Sie konnte es annehmen, mit den entsprechenden Nosoden behandelt zu werden, benötigte allerdings mehrere Ausleitungsmittel: für Lymphe, Leber und Nieren.
Ich sah sie nach 2 Monaten wieder, es ging ihr schon erheblich besser,

nach weiteren 6 Wochen war sie beschwerdefrei und blieb es, nach Auskunft einer befreundeten Patientin, bis zum heutigen Tag.

Zu billig

Mehr als einmal ist es in meiner Praxis vorgekommen, daß Patienten den Wochenendnotdienst wegen eines Herpes zoster (Gürtelrose) in Anspruch genommen hatten. Der akut behandelnde Arzt hatte ihnen dann in der Regel ein Musterpräparat mitgegeben, das gegen virale Erkrankungen wirken soll und sehr hoch dosiert verabreicht wird. Dieses Mittel ist extrem teuer, die Wirkung ist nach meiner Beobachtung unzureichend, die immer höher werdenden Dosierungsempfehlungen ändern auch nichts an der Tatsache, daß der Therapieerfolg meist ausbleibt.
Nach Muskeltest hatten wir bereits ein hervorragendes Therapieschema mit Patienten erprobt, und es stellte sich mit kleinen Variationen immer wieder in der gleichen Weise als äußerst wirksam heraus:
Die Patienten erhielten die Nosode Herpes zoster D 4, D 5 oder D 6 subkutan gespritzt, in den Anfangszeiten unserer Erfahrungen zunächst direkt an das Segment, wir beobachteten jedoch dieselben Erfolge bei einer Injektion an einer neutralen Stelle, nachdem einige Patienten die lokale Spritze wegen der Empfindlichkeit dieser Region ablehnten.
Zudem bestrahlten wir die Austrittsstelle des Nerven sowie den Verlauf, auf dem die Bläschen zum Vorschein kommen, mit Farblicht. Manchmal gaben wir nach Test ein homöopathisches Komplexpräparat hinzu, keiner unserer Patienten brauchte jemals ein zusätzliches Schmerzmittel.
Bedenken gab es nur bei den Patienten, die beim Wochenendnotdienst gewesen waren. Sie wußten bereits, daß das Präparat, das ich verordnen sollte, extrem teuer war, und sahen meinen Alternativvorschlag als Weigerung an, ihnen etwas Gutes zu gönnen. In 2 Fällen versprach ich, ihnen das teure Medikament auf jeden Fall zu verschreiben, falls sie nicht ohne zusätzliche Schmerztabletten auskämen, in beiden Fällen waren die Patienten einverstanden, und sie blieben schließlich aus Überzeugung bei der getesteten Therapie.

Vom Saulus zum Paulus?

Mira wurde als Säugling wegen einer Neurodermitis gebracht. Der Mutter war schon kurz nach dem Abstillen geraten worden, Sojamilch statt Kuhmilch zu füttern, dennoch wurde die Haut ihres Babys immer schlim-

mer. Von meiner Arbeit erhofften die Eltern Hilfe, zeigten jedoch wenig Bereitschaft, dafür irgendwelche Anstrengungen in Kauf zu nehmen.
Als erster Schritt ging es darum, überhaupt Linderung zu schaffen, das heißt, zunächst einmal Auslöser und Verstärker der Hautkrankheit zu eliminieren. Erfahrungsgemäß sind diese besonders in der Ernährung zu finden, aber auch in Kontaktstoffen wie Körperpflegemitteln.
Wir stellten über Surrogattest fest, daß Mira ein Waschmittel und den Weichspüler nicht vertrug, ein anderes Waschmittel kam vom Test her in Frage, auf Weichspüler konnte problemlos verzichtet werden. Die benutzten Körperpflegemittel waren verträglich.
Über das Ergebnis des Nahrungsmitteltests staunten wir alle: Kuhmilch und Quark blieben positiv, Sojamilch hingegen reagierte schwach! (Ich glaubte es selbst nicht recht, der Verlauf bestätigte es aber.) Ansonsten kam Kartoffel- und Gemüsebrei in Frage, Fruchtbrei war vom Test her ungünstig.
Die Alarmpunkte ergaben folgenden Status: externe Störfelder –, Amalgam –, Thymus –, Dickdarm –, Dünndarm –, Mykose –. Für Thymus waren die Modalitäten „Biochemie" und „Elektrik" geschwächt, für die anderen Punkte lagen nur funktionelle Ursachen vor. Arsenicum album D 200 glich den energetischen Modus aus, Amalgam D 200 und Haemophilus influencae (HIB) D 100 den funktionellen. Die Ursachen für die Neurodermitis lagen also vermutlich in einer angeborenen Schwermetallbelastung, der frühzeitigen Impfung gegen HIB und einem externen Störfeld.
Als elektromagnetische Ursache vermutete ich den Radiowecker am Bett der Eltern, in dem auch Mira schlief (wegen der nächtlichen Unruhe wollten die Eltern das Kind bei sich haben) sowie das Fernsehgerät (Stand-by-Schaltung) am Fußende des Bettes.
Miras Haut besserte sich schon deutlich, seit die Nahrungsmittel und Waschpulver nach Test umgestellt worden waren. Die Eltern waren nicht sehr motiviert, auf elektronische Unterhaltung zu verzichten, einer Ausleitung der Schadstoffe stimmten sie jedoch zu, wobei sie die ursächliche Zuordnung zu einer vorgeburtlichen Schadstoffbelastung und der Impfung nicht akzeptieren mochten.
Nach 3 Monaten sah ich die Familie wieder, Miras Haut hatte sich weiter gebessert, war aber lange noch nicht gesund. Eine Erweiterung der Nahrungspalette stand an, und die Eltern hatten jetzt den Wunsch, selbst den Muskeltest zu erlernen, um unabhängiger entscheiden zu können.
Als sie im Kurs von mehreren Teilnehmern die Auswirkungen elektromagnetischer Felder über den Lichtschaltertest demonstriert bekamen, entschlossen sie sich, den Schlafplatz endlich von den Störungen zu be-

freien. Bei der nächsten Sitzung erfuhr ich, daß Eltern und Kind seitdem wesentlich besser schliefen (es ist natürlich nicht auszuschließen, daß Mira schon allein deshalb ruhiger war, weil ihre Haut kaum noch juckte).
Die Eltern, die sich anfangs nur skeptisch und sehr zögernd mit dem Test und allen seinen Aussagen einlassen mochten, hatten „Feuer gefangen". Der Verlauf, der alle Einzelheiten des Tests bestätigte, hatte sie von der Richtigkeit überzeugt. Im Laufe weiterer gemeinsamer Arbeit öffneten sie sich auch dem emotionalen Anteil von Miras Hautsymptomen, der zu Beginn der Therapie sicher noch auf heftigen Widerstand gestoßen wäre und vermutlich zum Abbruch der Behandlung geführt hätte.
Später gründeten sie engagiert und mit viel Erfolg eine Selbsthilfegruppe für Eltern mit Neurodermitiskindern. Mira entwickelte sich zu einem gesunden Kind und geht heute längst zur Schule. Ihre Haut ist zwar noch empfindlich, aber Ekzeme sind nicht mehr aufgetaucht, ebensowenig wurde die Störung ins Körperinnere verdrängt, was häufig Folge der unterdrückten Hauterscheinungen ist. Die Eltern sind heute dankbar für all die Erfahrungen, die sie durch die Krankheit ihrer Tochter machen durften, sie nutzen sie, um gemeinsam ein bewußtes und engagiertes Leben zu führen.

Ein Überblick

Vielleicht vermissen Sie die „schwierigen" Fälle wie Rheuma, Karzinomerkrankungen und ähnliche. Sie gehören zu den Krankheiten mit komplexen Ursachenketten, vor allem sind sie nicht zu heilen ohne die Lösung der dahinterliegenden psychischen Konflikte, insofern greife ich bei der folgenden Kurzdarstellung etwas vor.
Ich bitte Sie weiterhin, all diese Beispiele als eine Möglichkeit des Heilungsweges zu verstehen, in keiner Geschichte steckt ein Pauschalrezept, das auf den nächsten Patienten ohne weiteres übertragbar wäre!

Einen jungen Mann behandelte ich wegen einer rasch fortschreitenden multiplen Sklerose mit Seh-, Gleichgewichts- und Gangstörungen. Ursachen: funktionell Amalgam, Poliomyelitis – beides ausgeleitet mit Nosoden und Drainagemitteln, Gebiß zahnärztlich saniert. Energetisch: massenhaft elektromagnetische Einflüsse im Schlafbereich, selbst nach Test saniert und vom Baubiologen kontrolliert. Emotional (8 Sitzungen): Angst vor einer gewünschten beruflichen Neuorientierung. Nach

Gesprächen und Bearbeitung der Kindheitsprägungen durch Streß-Release: Berufswechsel. Seitdem (7 Jahre!) kein erneuter Schub.

Eine 40jährige Frau kam wegen eines Mammakarzinoms mit Lymphknotenbefall. Funktionelle Ursachen: Tabacum (Raucherin), Ernährung (zuviel tierisches Eiweiß), Impfbelastung Variola (Pocken). Energetisch: mehrere Zahnherde, Radiowecker, Funkturm. Emotional: Sexualprobleme und massiver Partnerkonflikt mit Abwehr der eigenen Geschlechterrolle, persönliche Bedürfnisse wurden negiert.
Therapie: Brusterhaltende Operation ohne Bestrahlung oder Chemotherapie (auf Wunsch der Patientin). Symptomatische Begleitung mit Mistelextrakten. Sanierung der Zahnherde, Ausleitung der Belastungen mit Nosoden (Variola D 400, Tabacum D 200), Umstellung der Ernährungsgewohnheiten, Aufgeben des Rauchens. Psychotherapeutische Bearbeitung zunächst alle 4 Wochen, später sporadisch.
Keine Rezidive oder Metastasen innerhalb von 5 Jahren.

Eine 60jährige Frau suchte Hilfe wegen primär chronischer Polyarthritis.
Ursachen: funktionell Amalgam, Streptokokken, Ernährung (zu stark übersäuernde Kost). Energetisch: unterirdischer Wasserlauf unter Schlafplatz. Zur Bearbeitung emotionaler Hintergründe (freundliche Unterwürfigkeit in allen Beziehungen mit starkem Gefühl der Frustration und der Hilflosigkeit) bestand wenig Bereitschaft, z. T. aus Unverständnis der Zusammenhänge, z. T. aus Angst vor Veränderungen.
Etwa 50 % Besserung (kommt ohne Antirheumatika und ohne Kortison aus) nach Ernährungsumstellung, Zahnsanierung, Ausleitung (Amalgam D 200 und Streptococcinum D 200 mit Begleitmitteln) sowie Wechsel des Schlafplatzes.

Diese Heilungsgeschichten geben Ihnen einen kleinen Überblick über die Vielfalt der Themen, an die der Muskeltest heranführt. Bei den Hunderten von Patienten, die ich über den Test begleiten durfte, war auch nicht ein Verlauf wie ein anderer, gab es nie langweilige Routine, forderte jeder wach zum Mitdenken und Lernen auf. Und aus der Fülle dieser Erfahrungen ließen sich dann so einige Spuren verfolgen, die bei bestimmten Krankheiten immer wieder auf ähnliche Belastungen zurückführten. Aus ihnen lassen sich allgemeingültige Rückschlüsse ziehen, die sehr nachdenklich stimmen, wenn wir bedenken, welchen Stellenwert diese Faktoren in unserer heutigen Gesellschaft haben. Hierzu im Folgenden einige Gedanken.

Glaubenskriege?

Die jahrelange Arbeit mit dem analytischen Test hat mich immer wieder mit so manchen Testergebnissen konfrontiert, die mich überraschten, die sorgfältig recherchiert werden mußten und oft mein Urteil über vielerlei Gelerntes in Frage stellten. Es gab unglaublich viele Erfahrungen, die mich eines Besseren belehrten, ich möchte mich hier auf einige wichtige Schlußfolgerungen beschränken, die ich aus meiner täglichen Praxisarbeit und dem Austausch in Kursen und Arbeitsgruppen gezogen habe. Ich möchte sie Ihnen als Anregung zum Nachdenken und Diskutieren vorstellen, nicht mit dem Anspruch auf Allgemeingültigkeit.

Amalgam ist nur im Abwasser giftig

Das „heiße Eisen" Amalgam ist von vielen Institutionen untersucht worden, Befürworter und Gegner liefern sich zum Teil erbitterte Kämpfe, radikale Vertreter gibt es auf beiden Seiten, einseitige Darstellungen ebenso. Ich füge meinen Blickwinkel hinzu, wie er sich aus der Praxis ergeben hat.

Anfangs hatte ich Amalgam gegenüber überhaupt keine Meinung, weil ich mich zuvor noch nie damit beschäftigt hatte. Ich wurde jedoch beim Test der Nosoden unverhältnismäßig oft auf Amalgambelastungen hingewiesen. Natürlich schließt das nicht aus, daß diese Stoffe, wie sie sich auch im Amalgam finden (Amalgam ist eine Legierung aus vielen Metallen, darunter sind Quecksilber und Zinn die giftigsten), nicht aus den Zähnen stammen, sondern anders in den Körper gelangt sind. Nur waren viele der Betroffenen in einer gezielten Anamnese weder Thunfischfans, noch hatten sie Fieberthermometer zerbrochen, reichlich Füllungen in den Zähnen hatten sie aber alle.

So kristallisierte sich im Laufe der Zeit eine bestimmte Konstellation von

Symptomen oder Diagnosen heraus, für die immer wieder das Amalgam als (Mit-)Ursache getestet wurde. Hierzu gehören ganz besonders: Allergien jeglicher Art, chronische Infektanfälligkeit, verschiedene Hauterkrankungen, besonders „Neurodermitis", chronische Mykosen, rheumatische Erkrankungen, multiple Sklerose (in Kombination mit Polionosoden), Gedächtnis- und Konzentrationsstörungen, motorische Unruhe und Verhaltensauffälligkeiten und etliche andere, die aber nicht überproportional vertreten waren.

Eine chronische Mykose ohne Schwermetallbelastung habe ich nicht ein einziges Mal gefunden, ebenso nicht eine einzige Neurodermitis (hier haben die Föten häufig schon die mütterliche Belastung durch die Plazenta und Säuglinge durch die Muttermilch übernommen).

Der Ausgleich der Alarmpunkte durch die Nosode Amalgam überzeugte mich, und ich setzte sie in den zahlreichen Fällen (mit Sicherheit mehrere hundert Patienten) kombiniert mit entsprechenden Ausleitungsmitteln ein. Fast immer waren Lymph- und Nierenmittel die passenden Begleiter.

In fast allen Fällen kam es durch diese Behandlung zu einer erheblichen Besserung, in vielen sogar zu einer vollständigen Heilung.

Oft jedoch hielt die Freude nicht ungetrübt an. Manche Patienten sah ich nach einer ersten beschwerdearmen oder beschwerdefreien Pollensaison in der darauffolgenden mit denselben Symptomen wieder, meist allerdings nicht so heftig wie ursprünglich.

Ich war damals noch sehr zaghaft, den Patienten teure Zahnsanierungen anzuraten, ich war mir nicht sicher, ob derart aufwendige Konsequenzen gerechtfertigt waren und ob ich dem Test in allen Belangen über den Weg trauen durfte. Aber immer mehr Patienten erschien es logisch, daß durch die Nachschubquelle im eigenen Körper die Störung wieder aufgebaut werden konnte. Sie ließen sich das Gebiß beim ganzheitlich arbeitenden Zahnarzt sanieren, begleitet von einer erneuten (ausgetesteten) Ausleitung – und die Besserung hatte diesmal Bestand.

Nur in wenigen Fällen war die Behandlung nicht zufriedenstellend, die Symptome besserten sich auch dann zwar, aber eher unwesentlich oder zumindest nicht unseren Wünschen entsprechend. Hier ergab sich die Frage, warum das so war.

Zum einen handelte es sich in den „therapieresistenten" Fällen jeweils um ältere schwerkranke Personen, die über sehr viele Jahre große Mengen an Füllungsmaterial getragen hatten. Möglicherweise konnte die Nosode, die ja nur einen Impuls zur Selbstheilung setzt, das schwer geschädigte Gesamtsystem des Körpers nicht mehr ausreichend stimulieren.

Ein anderer Aspekt war bei einigen Patienten eine gleichzeitige gravierende psychische Überlagerungen, zu deren Bearbeitung sie sich nicht in der Lage sahen. Ich stellte diese Patienten jeweils in Institutionen vor, die sich ebenfalls kritisch mit dem Amalgam auseinandersetzen. Dort wurden sie mit Medikamenten (DMPS und DMSA) behandelt, die Schwermetalle an sich binden und damit aus dem Körper ausschwemmen. Wiederum besserten sich die Symptome etwas, aber beschwerdefrei wurden diese Patienten bis heute nicht.

Erst nach einigen Jahren Erfahrung hatte ich den Mut, gezielt Kontakt zu anderen Therapeuten aufzunehmen, die sich mit dieser Thematik auseinandersetzen. Ich traf dort auf sehr konträre Ansichten. Der hauptsächliche Widerspruch lag in der Vorstellung von der Behandlung. Ich war absolut in der Minderzahl mit der Erfahrung, daß man ausschließlich mit fachgerechter Zahnsanierung, Nosoden und Ausleitungsmitteln einen Heilerfolg erreicht; die meisten vertraten die Ansicht, ohne die Chemie der Metallsalzbinder könne es nicht funktionieren. Viele Therapeuten setzen auch Spurenelemente und Mineralien zur Behandlung ein, um mit ihnen die unerwünschten Metalle zu verdrängen. Hierzu gehören insbesondere Zink und Selen. Nach Muskeltests waren sie manchmal „sinnvoll, aber nicht notwendig".

Allerdings gibt es für mich eine Indikation zum Einsatz dieser Substitution, ergänzt noch mit Vitamin C: schwangere Frauen mit Amalgambelastung. Eine Ausleitung während der Schwangerschaft ist (auch nach Test) kontraindiziert! Die Gabe erwünschter Elemente hingegen bietet dem Fötus ausreichend Substanzen zum Aufbau des Organismus und verhindert, daß aus dem Gewebe der Mutter chemisch ähnliche Stoffe zur Ersatz mobilisiert werden.

Ich weiß nicht, warum Metallsalzbinder in meinen Testungen immer wieder ausschieden und warum die von mir mit Nosoden behandelten Patienten überwiegend gesund wurden. Ich stelle meine Erfahrung einfach mal neben die der anderen Therapeuten, Sie sind aufgerufen, selbst zu testen und sich Ihre Meinung zu bilden.

Wie gesagt, unwidersprochenes Fazit ist, daß es auf lange Sicht ohne Entfernung der Füllungen keinen bleibenden Erfolg gibt. Davon haben sich alle Patienten überzeugen lassen, die durch eine Ausleitung eine erhebliche Besserung erlebten und den Rückfall nach etwa 2 Jahren spürten. Andererseits hat sich zum Beispiel ein junger Familienvater mit einem chronischen Ekzem beider Hände aus finanziellen Gründen dazu entschlossen, lieber alle 2 Jahre eine Ausleitung zu wiederholen, da er das Geld für die Sanierung nicht hatte. Die Haut bessert sich jedes Mal zusehends, verschlechtert sich etwa 1 Jahr nach Ende der Ausleitung wieder, hält sich insgesamt aber zur Zufriedenheit des Patienten.

Für mich bleibt unbestreitbar, daß Amalgam giftig ist. Dabei wird immer wieder über den fast 50%igen Quecksilberanteil diskutiert, für mindestens ebenso problematisch halte ich das Zinn, das nach meiner Meinung für Hauterkrankungen sogar die größere Rolle spielt (oft fand ich die Nosode Stannum = Zinn bei Babys mit Neurodermitis, deren Mütter massenhaft Amalgam trugen). Ebenso spricht die Tatsache, daß Zink in der Ergänzungstherapie einer Ausleitung sehr wirkungsvoll eingesetzt wird, für eine Zinnbelastung, denn Zink ist dem Zinn chemisch so ähnlich, daß das erwünschte Zink bei vermindertem Angebot oder Zinnüberschuß im Stoffwechsel durch Zinn ersetzt wird. Es stellt sich überhaupt die Frage, inwieweit sich das Zusammenwirken verschiedener toxischer Metalle beim Amalgam nicht nur summiert, sondern potenziert!
Befürworter des Amalgams bezweifeln immer noch, daß dieser Stoff überhaupt in schädlicher Menge in den Organismus gerät und dort toxisch wirkt. Sie tun die Betroffenen gern immer wieder als Spinner und Hypochonder ab, erkennen aber die Giftigkeit dieser Metalle an, wenn es darum geht, sie ins Abwasser einzuleiten. Im Körper eines Menschen kann Amalgam dann wohl nur noch über aufbereitetes Trinkwasser Schaden anrichten, aber nicht über die Füllungen ??
Mir ist es einfach zu billig, wenn dokumentierte Fälle von Heilung nach Amalgamsanierung mit Hinweis auf „Placebo“ und „Suggestion“ abgeschmettert werden. Was ist mit Patienten, die nach einer alleinigen Zahnsanierung ohne Beachtung gewisser zahnärztlicher Vorsichtsmaßnahmen und ohne Ausleitung oft stärkere Beschwerden hatten als je zuvor? Ohne den ernsthaften Glauben an einen Erfolg hätten sie sich doch wohl höchstens aus masochistischen Motiven dieser Tortur einschließlich der finanziellen Belastungen unterzogen! Warum hilft diesen Menschen erst die Ausleitung, von der sie zunächst gar nichts gewußt hatten?
Allein bekannte chemisch-physikalische Reaktionen dürften eine hinreichend logische Basis für die Theorie potentieller Amalgamvergiftungen sein. So werden die Metalle aus den Füllungen zum einen durch Abrieb beim Kauen verschluckt, durch heiße Speisen verdunstet das flüchtige Quecksilber und gelangt über den Riechnerv direkt ins Zentralnervensystem (dies geschieht auch während der Zahnbehandlungen, solange das Metall nicht ausgehärtet ist); zum anderen entsteht durch die leichte Säure des Speichels und die niemals hundertprozentig identischen Legierungen einzelner Füllungen ein Batterieeffekt im Mund, bei dem sich elektrisch geladene Teilchen durch die Säure aus dem Metall lösen, um an eine Stelle geringerer Konzentration zu gelangen. Nur erreichen diese Ionen ihr Ziel niemals, da sie inzwischen verschluckt werden.
Verstärkt werden diese Prozesse noch durch äußere Faktoren, die diese

Schäden begünstigen. Dazu gehört alles, was die Lösung von Ionen im Metall fördert. Das ist zum einen der Säuregrad des Speichels (in der Schwangerschaft zum Beispiel wird der Speichel saurer, und gerade deshalb sind die Föten besonders gefährdet!), der unter anderem durch Ernährungsgewohnheiten bestimmt wird, zum anderen sind es elektrolytische Prozesse zum Beispiel durch elektromagnetische Felder. Ionen werden verstärkt gelöst durch elektrische Einwirkungen, wie sie durch Elektrosmog entstehen.

Daß all dies in unserem Organismus keine Rolle spielen soll, in dem wenige Nanogramm (Milliardstel Gramm) einer Substanz elementare Auswirkungen zeigen wie z. B. bei Hormonen, will mir einfach nicht in den Kopf.

Es gibt offensichtlich zusätzlich zu äußerlich begünstigenden Faktoren eine individuelle Disposition, die eine Schädigung durch Amalgam fördert oder mildert, denn schließlich gibt es auch viele Amalgamträger, die symptomfrei sind und (noch?) keine Beschwerden haben – so wie es auch Menschen gibt, die trotz Rauchen gesund 90 Jahre alt werden!

So zeigt sich auch das Thema Amalgam wesentlich komplexer, als manchen Dogmatikern beider Seiten lieb ist. Ich denke, der Muskeltest ist ja gerade deshalb so hervorragend, weil er uns erlaubt, individuell in jedem Einzelfall zu beurteilen, er enthebt uns der Pflicht, Gesetze aufstellen zu müssen und alle Menschen in diese Regeln einzupassen.

Modekrankheit Mykose?

Vom Amalgam läßt sich vorzüglich zu den Pilzerkrankungen überleiten, denn beide stehen in engem Zusammenhang, nicht nur über die Tatsache, daß es auch hier wahre Glaubenskriege gibt.

Das Problem bei Pilzerkrankungen ist, daß ihnen in der Komplementärmedizin sehr viele Symptome zugeordnet werden, die sehr unspezifisch sind und auch hunderterlei andere Ursachen haben können. Viele Menschen, die sich in ihren Beschwerden von der Schulmedizin unverstanden fühlen, finden Zuflucht bei der Pilztheorie. Bücher über Mykosen sind zu Verkaufsschlagern geworden, begegnet doch so ziemlich jeder dort Symptomen, die er auch bei sich entdeckt. Die orthodoxe Medizin hingegen bestreitet die Verbreitung und Symptomatik der Mykosen, sie ordnet diese eher den Neurosen im Sinne hysterischer Auswüchse zu.

Ich bezweifle nicht, daß vieles an den Aussagen dieser Bücher richtig ist.

Ich sehe aber allzu viele billige Kochrezepte, Pauschalurteile oder unseriöse Panikmache. Diese äußert sich gern in Aussagen wie: „Der Pilz sitzt schon in der Lunge und in der Leber" und dergleichen mehr. Hier werden Mißverständnisse und Angst geschürt, denn die Schulmedizin versteht unter einem Organbefall mit einer Mykose eine lebensbedrohliche Akuterkrankung. Gemeint sind vermutlich Belastungen der genannten Organe durch Stoffwechselprodukte der Pilze, dies kommt recht häufig vor, ist jedoch nicht zu verwechseln mit einer Pilzinfektion an diesen Orten.

Hierzu möchte ich aus meinen Erfahrungen zwei Anmerkungen machen:

- Erstens halte ich es für fragwürdig, die Mykosen für alles und jedes verantwortlich zu machen, für das wir vorerst keine andere Erklärung haben.
- Zweitens – und für mich entscheidend – ist auch der Pilzbefall für mich nur ein Symptom, und ein Symptom kann nicht die Ursache sein, sondern muß eine Ursache haben.

Sicherlich trifft es zu, daß heute sehr viele Menschen unter Pilzerkrankungen der Haut und der Schleimhäute leiden und daß häufig Pilzreservoirs im Darm zu finden sind. Vermutlich sind auch mehr Menschen davon betroffen, als medizinisch diagnostiziert werden. Aber für mich kann sich die Konsequenz nicht nur in einer Behandlung, sprich Dezimierung der Pilze beschränken, sondern sie muß eine Klärung der Ursache einbeziehen. Das heißt, viele Verfechter der Pilztheorie haben sicher schon gut beobachtet, meiner Meinung nach sind sie jedoch stehengeblieben, ohne der Frage nach dem Woher bis ins Letzte zu folgen.

Eine dieser Ursachen liegt unumstritten in den viel zu großzügigen Behandlungen mit Antibiotika schon bei Bagatellerkrankungen, wodurch die natürliche Darmflora in ihrem Gleichgewicht gestört wird und Pilzen das geeignete Milieu verschafft.

Eine weitere ist sicherlich in der Ernährung zu finden, die ebenfalls maßgeblich das Darmmilieu beeinflußt und damit einen entsprechenden Nährboden bereitet.

Eine dritte – und aus meiner Erfahrung besonders bei Befall mit Candidahefen gewichtige – ist die Belastung mit Schwermetallen, wie z. B. mit dem weitverbreiteten Amalgam. Vermutlich wird auch hier das Pilzwachstum durch Milieuveränderung begünstigt, aber es gibt auch noch eine andere Hypothese:

In der makroskopischen Umwelt fällt auf, daß Pilze bevorzugt Schwermetalle binden. Könnte es sein, daß dies auch bei den mikroskopisch kleinen Pilzen im Darm geschieht? Und daß diese Bindung im Körper sogar einen Sinn macht, nämlich durch diese Bindung den Organismus vor weiteren Schäden zu bewahren? – Ich bin nicht die erste und einzige, die sich diese Gedanken macht, erfreut habe ich erfahren, daß es sogar schon Studien darüber gibt, die diese These belegen. (Z. B. hat Dr. Rau, der Leiter der Paracelsusklinik St. Gallen /Schweiz, den Zusammenhang zwischen Pilzbefall und Schwermetalltoxinen durch seine Untersuchungen zweifelsfrei nachgewiesen.)

Wie gesagt, eine Belastung mit Schwermetallen habe ich bei fast jeder Mykose als (Mit-) Ursache nachgewiesen. (Konkret heißt dies: Der Mykosetestpunkt wurde bei Kontakt mit der Amalgamnosode stark!) Meist verschwand sie vollständig nach einer Ausleitungsbehandlung der Metalle, hin und wieder mußten wir im Anschluß daran die Darmflora aufbauen. Nur in den seltensten Fällen blieb darüber hinaus auf der funktionellen Ebene noch etwas zu tun, die Patienten wurden einfach gesund (was manchmal allerdings noch etwas Arbeit an emotionalen Problemen erforderte, mit denen Mykosen häufig verbunden sind).

Und damit sehe ich auch die empfohlenen Behandlungen von Mykosen in einem ganz anderen Licht. Trotz einleuchtender Ursachen gibt es kein Pauschalrezept für die Therapie: Nystatin räumt Erreger weg, ändert aber nichts an dem Boden, auf dem sie gedeihen, kann also nur als Notfallmedikament sinnvoll sein.

Eine kohlenhydratfreie Diät ist so sinnvoll wie das Abhacken der Hand, um die Wespe darauf loszuwerden. Das Verweigern (auch für den Menschen!) lebensnotwendiger Kohlenhydrate, indem man weder Süßigkeiten noch Brot oder Teigwaren oder Obst oder Kartoffeln zu sich nehmen darf, ähnelt einem Wettlauf, wer eher verhungert, der Pilz oder der Mensch. Der Pilz lacht sich ins Fäustchen, indem er jahrzehntelang keimfähige Sporen bildet – und der Mensch?

Krankmachende Vorbeugung

Ebenso trefflich läßt sich streiten über das Thema „Impfungen".

In meiner persönlichen Geschichte habe ich auch recht radikal auf der einen Seite begonnen, bin aber weniger radikal auf der anderen Seite gelandet. Während meiner Landpraxis wünschte ich mir immer schon, Krankheiten zu verhindern, anstatt sie zu bekämpfen, und so waren Impfungen für mich damals eine sinnvolle Vorbeugungsmaßnahme. Ich glaube, in nur wenigen Praxen im weiten Umkreis waren die Patienten so lückenlos gegen Tetanus durchgeimpft wie bei mir. Mich überzeugten die Argu-

mente, daß durch eine willkürliche Konfrontation des Körpers mit einem Virus(fragment) Antikörper gebildet wurden, um bei echter Infektion eine sofortige Abwehr bereitzustellen.
Um so mehr wunderte ich mich, als im Muskeltest sehr viele Gesundheitsstörungen auf Impfung zurückzuführen waren. Konnte denn so eine gutgemeinte und eigentlich logische Maßnahme auch unerwünschte Folgen haben? – Und wenn ja, warum?
Ohne einen feinstofflichen Test wäre ich nie auf die Idee gekommen, hätte ich diese Verbindung nie hergestellt. Und doch war nicht zu übersehen, daß bei bestimmten Krankheitsbildern immer wieder Impfnosoden ansprachen, daß sich oft dramatische Krankheitsverläufe auf Impfschäden aufbauten. Bei MS-Patienten zum Beispiel testet fast immer die Nosode Poliomyelitis (+ Amalgam) positiv, bei Ekzemen im Kleinkindalter die HIB-Nosode (Haemophilus influencae, ein bakterieller Erreger von Erkrankungen der oberen Atemwege), bei chronischer Bronchitis oft Tuberculinum und etliches mehr. Ganz allgemein kommen jedoch alle Arten von Impfstoffen für alle möglichen Störungen des Immunsystems in Frage.
Die Beobachtung, daß Impfungen krank machen können, hat einige Therapeuten veranlaßt, Impfungen grundsätzlich abzulehnen. Impfgegner argumentieren immer wieder (und führen Nachweise), daß bestimmte Infektionskrankheiten nicht aufgrund der Impfungen dezimiert wurden, sondern durch Veränderung hygienischer Bedingungen oder auch einfach spontan, zumindest nicht proportional zur Durchimpfung der Bevölkerung. Andererseits würde das Auftreten einiger chronischer Erkrankungen mit der Häufigkeit bestimmter Impfgewohnheiten korrelieren.
Impfungen sind ein widernatürlicher Eingriff, darüber gibt es nichts zu diskutieren. Das zeigt sich schon darin, daß die Abwehrstoffe, die beim Durchleben einer Krankheit gebildet werden, für eine lebenslängliche Immunität sorgen, während die von den Impfstoffen provozierten durch Auffrischimpfungen immer wieder neu aktiviert werden müssen.
Zum anderen werden die meisten Impfstoffe injiziert, was ebenfalls nicht die natürliche Eintrittspforte für die Krankheitserreger ist (außer bei Tetanus, bei dem das Bazillus durch eine abgeschlossene Stichwunde beigebracht wird).
Wissen wir denn wirklich schon, welche subtileren Einflüsse das in unserem Organismus hat? – Und können wir die Auswirkungen der Kombinationsimpfungen nachvollziehen? Ist nicht auch dies eine völlig widernatürliche Konfrontation für das Immunsystem, wenn drei, vier oder sogar fünf Impfstoffe gleichzeitig bearbeitet werden müssen?
Auch nach Erkenntnissen der orthodoxen Medizin birgt jede Impfung

Risiken, was unschwer aus dem Beipackzettel zu entnehmen ist. Daß hier nur die unmittelbaren, kurzfristig auftretenden Schäden aufgeführt sind, ist naheliegend, weil die langfristigen, subtileren Störungen ja ohnehin nur mit nicht anerkannten Methoden nachzuweisen sind.
Daß man aber, obwohl jede Impfung potentiell auch schaden kann, dennoch unreflektiert auch gegen völlig harmlose Krankheiten impft, das kann ich nur schwer nachvollziehen.
Warum müssen Jungen gegen Röteln geimpft werden? Warum Mädchen vor Bestimmung eines Rötelntiters? Warum Mädchen gegen Mumps? Warum gegen Haemophilus influencae, ein Bakterium, das gegebenenfalls mit Antibiotika behandelt werden kann? Warum gegen Hepatitis B, die in ihrer Häufigkeit bei Kindern in keiner Weise mit klassischen Kinderkrankheiten zu vergleichen ist, heute aber als Standardimpfung empfohlen wird? Warum wird immer noch in einigen Entbindungsstationen das unreife Immunsystem der Neugeborenen mit BCG zur Verhütung einer Tuberkulose traktiert, obwohl die Erkrankungshäufigkeit mehr vom sozialen Milieu abhängt als von Impfkampagnen? – Fragen gäbe es noch viele.
Es gibt Menschen, die zahlen monatlich so viele Versicherungsprämien, daß kein Geld mehr übrig bleibt für lebensnotwendige Ausgaben. Tun wir nicht unserem Immunsystem Ähnliches an, wenn wir lieber Schäden durch den künstlichen Eingriff der Impfung in Kauf nehmen als das minimale Risiko, durch eine Kinderkrankheit Komplikationen zu erleiden? Ich bin überzeugt, daß detaillierte Untersuchungen beweisen könnten, daß nur solche Kinder eine schwerere Komplikation durchmachen, deren Immunsystem bereits zuvor nicht intakt war. Geimpft – und damit dem natürlichen Training vorenthalten – werden die Kinder jedoch in einem Ausmaß, das keine eigene Immunaktivität mehr zuläßt.
Wir sollten doch bedenken, daß es ein ganz normaler und natürlicher Vorgang ist, sich mit Infektionskrankheiten auseinanderzusetzen. In meiner Kindheit sprach mein Kinderarzt davon, daß sich das Immunsystem dadurch trainiert, und er war zudem überzeugt, daß Kinder während der üblichen Kinderkrankheiten einen Reifungsschub durchmachen, was wiederum viele Eltern bestätigen.
Andererseits werden die meisten Menschen, die geimpft worden sind, nicht chronisch krank, und auch nach Test hinterlassen nicht alle Impfungen negative Spuren. Ich sehe es wie mit jedem anderen Risikofaktor (Rauchen, Ernährung, Alkohol, Schwermetalle, Umweltgifte, Elektrosmog): Entweder sorgt eine Summe aus vielen kleineren Belastungen für ein Ungleichgewicht des organismischen Systems oder einzelne große, die für sich allein gravierend genug sind.

Ob und in welcher Weise eine Impfung Teil eines Krankheitspuzzles ist, ist ebensowenig vorherzusehen, wie wir wissen können, ob ein langjähriger Raucher Durchblutungsstörungen der Beine bekommt oder Lungenkrebs oder einen Herzinfarkt, oder ob er ziemlich gesund bleibt.
Für Impfkandidaten ist es nicht einfach, sich im Einzelfall zu entscheiden, noch schwieriger ist es, Entscheidungen durchzusetzen, wenn sie nicht der herkömmlichen Meinung entsprechen. Sehr betroffen bin ich immer wieder, wenn ich von Kollegen höre, die besorgte Mütter bezüglich ihrer Rückfragen zu Impfungen lakonisch zurückweisen, mit der Vorstellung der schlimmsten Krankheiten unter Druck setzen, potentielle Nebenwirkungen gezielt verschweigen, und das alles mit dem Argument, nur das Beste zu wollen. Haben sie vielleicht vergessen, daß Arztsein etwas mit Dienen zu tun hat, oder haben sie sich gar in einer militärischen Vergangenheit verloren?
Für mich als Ärztin und als Mutter heißen die Konsequenzen:
Ich differenziere in der Wertigkeit zwischen Impfungen, die gegen lebensbedrohliche Erkrankungen eingesetzt werden, und Impfungen gegen gängige Kinderkrankheiten. Impfungen gegen Tetanus und Polio halte ich für eher vertretbar als gegen Masern, Mumps, Röteln, Tuberkulose, Hepatitis, Keuchhusten, HIB. Sich gegen die Grundimpfungen (DTP) zu stellen, bringt gerade Kinder häufig in ein soziales Abseits, viele Schulen bestehen bei Klassenfahrten auf einem Impfnachweis, nicht geimpfte Kinder fühlen sich oft ausgegrenzt. Um dem zu entgehen (weniger weil ich befürchte, daß tatsächlich eine Infektion mit Tetanus eintritt), habe ich schließlich auch meine eigenen Töchter impfen lassen.
Allerdings gibt es für mich eine Bedingung: Ich kläre vorab durch den Muskeltest, ob die Impfung überhaupt und zu diesem Zeitpunkt in Ordnung ist. Wenn schon der Alarmpunkt Thymus geschwächt ist, kommt ohnehin eine Impfung nicht in Frage. Testet er stark, gehe ich verbal weiter: „Wird eine Impfung gegen ... jetzt ohne Schaden für den Organismus vertragen?“ Danach überprüfe ich durch Rastervorgabe („Der Arm bleibt stark bei... “), welche Impfstoffe zu demselben Zeitpunkt kombiniert werden können. Die Frage, ob eine Impfung notwendig ist, habe ich noch nie mit einem starken Arm beantwortet bekommen!
So läßt sich ein geeigneter Kompromiß finden zwischen körperlicher Verträglichkeit und sozialer Vertretbarkeit.

Streß mit dem Elektrostreß

Auch zu diesem Thema entladen sich gewaltige Gewitterfronten, auch hier steht eher Polemik und Machtkampf im Vordergrund anstatt sachliche Auseinandersetzung.
Es gibt inzwischen aus den Erfahrungen von Krankheitsverläufen heraus so viele Beweise für den Elektrostreß, daß es ignorant ist, diese Tatsachen immer wieder auf Suggestion zu schieben. Objektive Forschungen wären sicherlich nötig. Jedoch besteht verständlicherweise von seiten der Wirtschaft, die ja letztlich der treibende (finanzierende) Motor wissenschaftlicher Forschung ist, wenig Interesse, einen derartigen Wachstumsmarkt wie den der Elektrizität und Elektronik durch kritische Betrachtungen der Nebenwirkungen zu gefährden. Unter dem Blickwinkel wirtschaftlicher Opportunität kann ich es deren Lobby nicht verdenken, daß schädliche Auswirkungen abgestritten oder verharmlost werden und daß Forschungsergebnisse in ihrem Auftrag auch eher zu ihren Gunsten ausfallen.
Andererseits gestehe ich zu, daß die Untersuchungen, nach denen ehrliche Grenzwerte festgelegt werden könnten, auch nicht einfach sind. Wissenschaftliche Objektivität basiert u. a. darauf, daß Wirkung und Ursache eindeutig und monokausal miteinander verknüpft werden können, aber das gelingt bei offenen biologischen Systemen so gut wie nie, weil Komplexität und die Wechselwirkungen verschiedener Faktoren bewußt ausgeklammert werden (müssen?).
Im geplant angelegten Tierversuch kann man derartige Versuchsanordnungen entwerfen, trifft aber aus mehrerlei Gründen nicht die Verhältnisse beim Menschen. Wir leben nicht unter Laborbedingungen, die Vielfalt von synergistischen Lebenseinflüssen kann man nicht willkürlich ausklammern, weil das nicht der Realität entspricht.
Jedes Problem auf seine Einzelteile zu reduzieren und jedem einzelnen Teil seine Unschädlichkeit zu attestieren, sagt nichts über das komplexe Zusammenwirken. Kein Arzt würde es zum Beispiel wagen, einem Patienten während der Einnahme eines Digitalispräparats (ein Extrakt aus der Fingerhutpflanze zur Behandlung von Herzschwäche) Kalzium zu spritzen, da er weiß, daß das den Patienten in Lebensgefahr bringen kann. Aber Kalzium ist unschädlich, und Digitalis in therapeutischer Dosis ebenfalls.
Die Vernetzung aller Einflüsse unseres Lebens zu mißachten, führt wissenschaftliche Forschung im Bereich der Gesundheit nach den bestehenden Kriterien eigentlich ad absurdum und macht neue Ansätze notwendig.

Ein weiteres Problem ist die einseitige Interpretation von Gesundheitsschädlichkeit. Es nützt zum Beispiel nichts, nur *eine* Wirkqualität wie die thermischen Auswirkungen zu untersuchen und andere Eigenschaften bewußt zu übergehen. Und es ist ebenso unsinnig, sich in der Beurteilung des krankmachenden Potentials ausschließlich an *einer* Krankheitssymptomatik zu orientieren.

Kurioserweise werden fast ausschließlich immer wieder Krebserkrankungen, die ganz besonders durch vielschichtige Ursachen charakterisiert sind und seltenst linear einem elektromagnetischen Einfluß zugeordnet werden können, als Kriterium gewählt. Andere, wesentlich typischere „elektrische" Erkrankungen werden dagegen kaum beachtet, wie z. B. Schlafstörungen, Hautkrankheiten, Anfallsleiden, Neuralgien, Tinnitus (Ohrgeräusche), Schwindel, Herzrhythmusstörungen, Allergien, Weichteilrheumatismus (Fibromyalgiesyndrom!), Lern- und Konzentrationsstörungen, psychische Reizbarkeit und Nervosität, Muskelverspannungen und viele andere. Und fatalerweise sind auch diese Krankheiten nicht monokausal nur elektrischen Ursachen zuzuordnen. Somit fehlt der Forschung in diesem Bereich nicht nur eine finanzstarke Lobby, sondern auch ein wirklich effektiver Arbeitsansatz.

Was uns aber bleibt und was jedermann zugänglich ist, sind logische Schlüsse aus bekannten Fakten:

Wir sind heute umschwirrt von elektromagnetischen Impulsen. An jedem Winkel der Erde sind wir per Handy erreichbar, können Rundfunk- und Fernsehprogramme empfangen und Telefongespräche über Satellit führen, nirgendwo müssen wir auf elektrisches Licht verzichten. Also ist der gesamte Erdball von einem Netz technischer Schwingungen überzogen, mit dem sich dann auch noch die individuelle Elektrifizierung unseres Wohnumfelds überlagert. Es bedarf nur einer Resonanz in unserem Körper, und schon sind wir in das Netz dieser Schwingungen einbezogen. Und diese Resonanz besteht schon aufgrund dessen, daß unser Organismus ein elektrisch arbeitendes Wesen ist, das selbst elektrische Potentiale aufbaut und nur durch diese lebensfähig ist, zum anderen dadurch, daß viele unserer Strukturen wie Antennen wirken und damit Funkwellen verschiedener Länge anziehen.

Die Logik allein gebietet schon, Bedenken gegen die Ausweitung von Funk, Radar und Elektrizität nicht einfach vom Tisch zu wischen. In Flugzeugen ist die Benutzung von Handys ebenso verboten wie in anderen elektronischen Steuerungszentralen. Wo Menschen mit elektronischen Hilfsmitteln ausgestattet sind, wie z. B. Herzschrittmachern, wird dringlich geraten, keine Handys in der Brusttasche zu tragen, keine Reizstromtherapie anzuwenden, elektronische Kaufhaussicherungen zu meiden, zu

Haartrocknern einen Sicherheitsabstand zu halten und auf den Umgang mit Bohrmaschinen ganz zu verzichten.
Das heißt, die Irritation durch elektromagnetische Felder wird nicht prinzipiell negiert, sondern nur deren Auswirkung auf den lebenden Organismus!
Merkwürdigerweise verlieren im lebenden Organismus offenbar auf einmal alle physikalischen Gesetze, wie z. B. der Induktion, ihre Gültigkeit. Dort geschieht die Leitung nervaler Impulse durch den Aufbau eines elektrischen Potentials entlang der Zellwände der Nervenzellen. Gelten für diese Ionen andere physikalische Gesetze? Das natürliche Reizleitungssystem unseres Herzens wie auch die elektrischen Potentiale der anderen Nerven- und Muskelzellen scheinen glücklicherweise immun gegen solche Attacken zu sein! – Wer übernimmt die Verantwortung für die Behauptung, beim Menschen sei „das alles ganz harmlos"?
Aber angenommen, daß das Nervensystem als oberste Steuerzentrale des Organismus in seiner Feinarbeit beeinträchtigt wird, werden dann nicht letztlich auch alle nachgeschalteten Systeme (Hormone, Muskeln, innere Organe) in ihrer Funktion gestört?
Das Argument, die Schädlichkeit elektromagnetischer Felder auf den Menschen und das Leben sei nicht erwiesen, beinhaltet nicht, das die Unschädlichkeit bewiesen wurde. Wie oft steht im Beipackzettel von Medikamenten, daß Nebenwirkungen nicht bekannt sind, was nicht ausschließt, daß sie nach jahrelanger Anwendung zu einem späteren Zeitpunkt auftreten. Viele Medikamente mußten einige Jahre nach ihrer „Unbedenklichkeitsprüfung" an Tausenden von Versuchstieren vom Markt genommen werden, weil ihnen eindeutig schwere Begleiterscheinungen zugeschrieben werden konnten.
Nur wer nimmt die Einflüsse aus Funk und Elektrifizierung „vom Markt" wie eine ungeeignete Pille? Wir alle sind unmittelbar oder mittelbar (über Veränderungen der Natur) betroffen. Immer mehr Menschen, auch Fachleute, erkennen diese Gefahren, man steht mit diesem Thema längst nicht mehr allein. Der riesige Komplex der wirtschaftlichen Interessen und Verflechtungen ist jedoch so träge, die Segnungen der elektrifizierten Bequemlichkeiten so verlockend, daß es immer wieder bewußter Entscheidungen bedarf, um die Entwicklung in heilsame Richtungen anzustoßen. Im Unterschied zu den oben aufgeführten „Glaubenskriegen" hat hier der individuelle Entscheidungsspielraum recht enge Grenzen, wir können der globalen Elektrifizierung nicht entgehen. Wir können jedoch, vielleicht mit Hilfe des Muskeltests, unser eigenes Umfeld so unbelastet wie möglich gestalten und unseren Teil beitragen zu einem neuen Bewußtsein im Umgang mit diesem unsichtbaren Krankmacher.

1001 Ernährungslehren?

Hier möchte ich nicht Eulen nach Athen tragen, aber ein paar Gedanken über herkömmliche Ansichten im Vergleich zu den Testergebnissen sind lohnenswert. Diesem komplexen Thema, dem schon Tausende von Veröffentlichungen gewidmet sind, in dem es Hunderte von Ansichten gibt, möchte ich weder eine neue Lehre hinzufügen noch eine von ihnen propagieren. Auch hier finden so etliche Ideologien ihren Zündstoff, wohl weniger radikal und einseitig wie bei den oben geschilderten Kontroversen. Mir geht es hier weniger um das Für und Wider, sondern darum, in einem umstrittenen und ideologisch sowie wirtschaftlich heiß umkämpften Markt Orientierungshilfen anzubieten.

Es gehört schon einiges an Engagement dazu, sich durch den Dschungel der Ernährungsphilosophien durchzuarbeiten. Jeder argumentiert logisch, jeder hat sinnvolle Gründe für seine Hypothesen. Und doch sind alle nur ein Blickwinkel, eine Möglichkeit, die notwendigen Bausteine für unseren Organismus bestmöglich anzubieten.

Was bei allen Ideologien untergeht, ist die Individualität, nur wenige Ernährungslehren berücksichtigen Konstitutionstypen, wie z. B. die ayurvedische Medizin. Auch was unsere Ernährungswissenschaftler einmal für unumstößliche Wahrheit hielten, hat sich im Laufe weniger Jahrzehnte oft wieder überholt. Ich will hier keine Entscheidungen treffen, was für Sie oder Ihre Patienten „richtig“ ist, wenn ich Ihnen einige erstaunliche Testergebnisse aufzeige, dann nur, um anzuregen, sich selbst damit auseinanderzusetzen.

Vor allem mußten wir so einige Vorurteile revidieren, und die möchte ich Ihnen nicht vorenthalten.

Allen kinesiologischen Lehren zum Trotz: Nicht bei jedem Probanden wird der Muskel unmittelbar durch ein Stück Würfelzucker geschwächt (im Thymustest hingegen schon). Manche benötigen mehrere Stücke gleichzeitig, damit der Arm nachgibt. Interessant ist dies zum Beispiel bei Kindern mit Süßigkeiten: Sie können ihnen vorführen, wie viele Gummibärchen oder Schokoladenstücke der Körper zu diesem Zeitpunkt verkraftet. Vor allem bei einem intakten Organismus scheint die Toleranzgrenze höher zu liegen als bei bereits vorhandenen Belastungen.

Nicht alles, was „Bio“ ist, muß automatisch gut sein, nicht alles aus konventionellem Anbau ist schlecht. Ich habe zu meinem Erstaunen so manchen Apfel aus dem Supermarkt positiv getestet, allerdings hatten diese Äpfel dann keine halbe Weltreise hinter sich und sahen noch wie Äpfel und nicht wie Stilleben aus.

Selbst in Bioläden gibt es Produkte, die nichts mehr mit „Lebensmitteln“ gemeinsam haben, wie z. B. Puffreiswaffeln oder Popcorn. Beides biologisch angebaut, aber der Muskeltest zeigt den Aufschrei des Körpers. Nicht erst beim Thymustest, sondern unmittelbar. (Vermutlich, weil durch das plötzliche Erhitzen des Korns Zellstrukturen gewaltsam gesprengt werden.)

Unser größtes Erstaunen galt dem *Biobrot*. Um uns nicht mißzuverstehen: Ich liebe es geradezu und finde alles aus den Großbäckereien und vorgefertigten Backmischungen nur noch pappig. Um so mehr hatten mich die Testergebnisse irritiert, wenn wir bei uns selbst, bei Patienten und in Kursen weißes Baguette gegen körniges Vollwertbrot getestet haben. Das Weißbrot ließ den Arm bei den meisten Personen nicht unmittelbar, sondern erst beim Thymustest nachgeben. Beim Biobrot gab der Arm aber sofort nach!

Sehr ungläubig haben wir es immer wieder getestet, auf die Ergebnisse in den Seminaren gewartet, wir trauten unseren Armen nicht. Bis der „Zufall“ eines Tages nachhalf: Ich hatte nicht mehr genug Brot für alle Arbeitsgruppen, und so hatte ich das letzte vorhandene Stück in mehrere kleine Teile gebrochen. Auf einmal änderten sich die Testergebnisse, es gab Gruppen, in denen der Arm nachgab, und welche, in denen er stark blieb. Die Nachforschungen zeigten, daß in der „starken“ Gruppe Brot ohne Rinde getestet wurde, die anderen hatten mehr den Rindenbereich erwischt.

Erst diese Beobachtung half uns bei einer möglichen Erklärung: Das Weißbrot war zwar nicht gesund, aber nicht unmittelbar schädlich. Im Vollwertbrot sind dagegen durch die Ausnutzung des vollen Keims sehr viele organische Stoffe enthalten, die offensichtlich durch den Prozeß der Verbrennung auf der Oberfläche des Backguts direkt toxisch und damit für den Organismus schädlich werden. Wann immer wir Biobrot ohne Rinde getestet haben, blieb es positiv, auch auf dem Thymus oder beim Energie-Aufbautest.

Auch anderes mußten wir relativieren (wenn wir eines durch den Muskeltest gelernt haben, dann ist es möglichst weitgehende Unvoreingenommenheit):

- Obwohl *Alkohol* in größeren Mengen bekanntermaßen ungesund ist, bleibt der Arm bei guten Weinen und Bieren stark: Testen Sie Ihren optimalen Tafelwein! Alkoholfreies Bier schneidet im Test sogar schlechter ab als herkömmliches mit Alkohol.
- Nach *Fleisch* gelüstet es den Körper, wenn man den Muskeltest fragt, nur selten, ebenso nach der Fülle von Milchprodukten. Einigen meiner Patienten mit schweren Stoffwechselstörungen einschließlich Dia-

betes konnte allein dadurch geholfen werden, daß sie für einen längeren Zeitraum nur tierisches Eiweiß mieden und durch mehr Salat, Kartoffeln und Gemüse ersetzten (der Test hatte dazu ermuntert). Butter und Sahne waren reichlich erlaubt, und nur durch Verzicht auf tierisches Eiweiß, sei es auch noch so „fettarm“, sank der Blutzucker bei einer Patientin in den Normalbereich und Cholesterin von über 380 mg % auf 220! (Dazu interessante Ausführungen bei Prof. Lothar Wendt, „Die Eiweißspeicherkrankheit“)

- Ebenso waren wir zunächst überrascht in etlichen Fällen von *Milchallergie*. Obwohl diesen Patienten, oft Kindern, der Genuß jeglicher Milchprodukte von Allergologen untersagt war, reagierten sie nach Test nur negativ auf Milch, Joghurt und Frischkäse. Quark und Schnittkäse waren vom Test her verträglich, was sich auch im Expositionsversuch bestätigte. (Ich vermute, daß durch Fermentierung die Eiweißmoleküle, die eine Allergie bewirken, verändert werden.)

Testen Sie, probieren Sie, suchen Sie mit dem Muskeltest Ihr eigenes Konzept!

Denn eines wurde durch unsere Testerfahrungen immer klarer: Auch wenn Hunderte von Ernährungslehren angeboten werden, von denen jede für sich bewiesen und ebenso widerlegt werden kann, gibt es nur wenig Allgemeingültiges: Naturbelassene Lebensmittel aus der eigenen Region und der Jahreszeit entsprechend werden durchweg vom Test bevorzugt gegenüber denaturierten, geschönten Produkten der Nahrungsmittelindustrie.

Und ob Sie sich darüber hinaus vegetarisch ernähren, nach den Regeln der Trennkost, nach der 5-Elemente-Lehre, makrobiotisch, nur mit Rohkost oder Sonnenkost (ausschließlich Früchte und Samen), oder ob Sie alles schlemmen, wonach Ihnen gelüstet – es ist Ihre persönliche Entscheidung, mehr eine Frage der Weltanschauung als einer wahrhaftigen Erkenntnis.

Lassen Sie sich vom Muskeltest beraten, und treffen Sie Ihre Entscheidung, wie sie sich mit Ihrem Verstand überein bringen läßt.

Und Sie können sicher sein, wenn Sie dem Test – d. h. Ihrem Unbewußten – vertrauen, werden Sie seltener auf die glorreichen Versprechungen unserer Werbung hereinfallen, Sie werden kaum verhindern können, sinnvolle und gesunde Empfehlungen Ihres Körpers zu empfangen. Wie Sie mit ihnen umgehen, untersteht Ihrem freien Willen.

Glaubenskriege finden Sie sicher zu allen Bereichen, die durch feinstoffliche und holistische Betrachtung unseres Lebens im Gegensatz stehen zur herkömmlichen Anschauung. Die vorgestellten Themen jedoch

werden erstens besonders kontrovers umkämpft, zum anderen betreffen sie so ziemlich jeden in unserem Kulturkreis und haben dadurch auch enorme volkswirtschaftliche Verflechtungen.
Nicht jeder Lebensphilosophie steht eine mächtige Wirtschaftslobby entgegen, in den oben angeschnittenen Fragen wären jedoch erhebliche Konsequenzen zu erwarten, wenn diese Vermutungen sich als berechtigt erweisen. Es wäre derart revolutionär, daß ich es gut verstehen kann, wenn viele Vertreter der Wirtschaft und des Gesundheitssystems von vornherein vehement dagegen argumentieren, ohne sich wirklich offen diesen Thesen zu stellen.
Andererseits wird es die Gesundheitsprobleme unserer Gesellschaft in eine immer tiefere Sackgasse führen, wenn wir derartige Beobachtungen einfach ignorieren und deren Vertreter diffamieren.
Obwohl ich mich nicht scheue, Stellung zu beziehen, liegt mir Panikmache und Polemik fern. Ich plädiere nicht für einen Umsturz, sondern nur für ein Innehalten in blindwütigen Automatismen wie der Ignoranz gegenüber Schadstoffen oder einer Impfmanie. Der Zug unseres Medizinwesens muß in eine neue Richtung gelenkt, nicht aus den Gleisen gekippt werden.

Und deshalb bin ich dankbar, über den Muskeltest subjektiv für jeden Patienten entscheiden zu können, was ihm zur Gesundung verhilft, und hier gibt es eben kaum Pauschalempfehlungen. Der Test entscheidet undogmatisch, individuell und stimmig. Nur hier wage ich anzusetzen, nur das halte ich für realisierbar, und eben dieser Ansatz kann langsam zu einer Evolution ganzheitlich orientierter Medizin führen, die die bestehende nicht sprengt, sondern ergänzt und vielleicht eines Tages in vielen Disziplinen sogar ablöst. So könnte eine Synthese zwischen konservativer Wissenschaft und feinstofflicher Weltsicht verwirklicht werden.

Die Perspektive des Muskeltests

Durch die offene Arbeit mit dem analytischen Muskeltest mußte ich in meiner therapeutischen Arbeit und generell in meinem Leben neu Stellung beziehen, einen anderen Blickwinkel einnehmen, wodurch sich so mancher Standpunkt und so manche Einstellung drastisch geändert hat. Mit dieser Erfahrung stehe ich nicht allein, ich kenne viele Menschen, die sich ernsthaft auf den Muskeltest und seine Informationen eingelassen haben und dadurch Impulse bekamen, ihre vertraute Sichtweise in Frage zu stellen und sich für neue Denkrichtungen zu öffnen.
Sollte Ihnen diese Vorstellung nicht behagen, dann lassen Sie lieber die Finger davon, denn zu Risiken und Nebenwirkungen dieser Reise kann ich mich nicht festlegen.
Es fing ja schon damit an, daß der Test überhaupt funktionierte, obwohl es für mich keine plausible (wissenschaftliche) Erklärung gab. Es hörte aber noch lange nicht auf mit all den praktischen Erkenntnissen. Die bewiesene Glaubwürdigkeit durch schulmedizinisch nachvollzogene Ergebnisse waren mein Fundament, auch die nicht alltäglichen, eher ungewöhnlichen, manchmal provokanten Testbefunde ernst zu nehmen. Und wenn man das ganz ernst nimmt und bis in die letzte Konsequenz durchdenkt, dann tut Umdenken mehr als not.
Viele Menschen – und immer mehr – fühlen sich in der nüchternen Verwissenschaftlichung nicht mehr aufgehoben und suchen nach Alternativen. Können sie alle irren? Ist es nicht ein bißchen einfach, alle diejenigen als Dummköpfe abzustempeln, die sich mit den bisherigen wissenschaftlichen Statements nicht mehr zufriedengeben? Woher nehmen konservative Wissenschaftler, besonders in der Medizin, das Recht, die Wahrheit für sich zu beanspruchen, wo doch allzu bekannt ist, daß die Wahrheit von heute oft der Irrtum von gestern ist?
Ob Recht oder nicht: Immer mehr Menschen suchen nach neuen Wegen. Gerade in der Medizin und Gesundheitsfürsorge, der psychischen Begleitung und Lebensberatung tummeln sich Methoden und Anbieter in Mas-

sen, der Selbsthilfesektor boomt nur so. Vieles, auch Ungewohntes, hilft. Manches allerdings mehr den „Erfindern“ und Anwendern durch eine angenehme Kontenfüllung.
Natürlich brauchen wir zum Gesundwerden nicht unbedingt den Muskeltest. Akute Krankheiten heilen fast immer spontan, ohne daß wir uns darüber Rechenschaft abgeben. Die konventionelle Medizin verschafft in ihrem Sinne vielen Patienten ebenfalls Linderung oder Freiheit von Beschwerden, ebenso trägt eine Fülle von Naturheilverfahren und paramedizinischen Methoden dazu bei, gesünder zu werden. Wir können wählen zwischen klassischen Verfahren, wie Abhärtung, Bewegung, Wickel, Ernährungslehren, Schröpfen, Massage, Kneipp-, Felke- und Schroth- und Mayrkuren. Ergänzt durch spezifischere Therapierichtungen, wie Phytotherapie, Neuraltherapie, Sauerstoff- und Ozonbehandlungen, Symbioselenkung, Heilfasten, Homöopathie, Chirotherapie, Eigenblut- und Eigenurinbehandlung.
Zu ihnen gesellen sich die bekannten, aber nicht unbedingt anerkannten Methoden, wie Irisdiagnose, Physiognomik, Elektroakupunktur, Bioresonanz, Kirlianfotografie, anthroposophische Medizin. Der Kontakt zur fernöstlichen Medizin bietet Akupunktur, Ayurveda, Shiatsu, Qigong.
Hinzu kommen unüberschaubar viele neuere oder wiederentdeckte „Außenseitermethoden“, wie Bachblüten, Reiki, Kristalltherapie, orthomolekulare Medizin, Aromatherapie, Touch for Health, Geistheilung, Reinkarnationstherapie, Aura Soma, Neurolinguistisches Programmieren, Klangtherapie, Radionik, Rolfing, Reflexzonenbehandlung, Neue Homöopathie nach Körbler, Tachyonensubstitution, Dauerbrause, Nahrungsmittelergänzungen und unzählige andere. Der Markt quillt über von medizinischen und komplementärmedizinischen Therapieangeboten!
Wozu dann also noch den analytischen Muskeltest? – Er kommt nicht *dazu*, sondern er bietet die Möglichkeit, unter all den Angeboten individuell und stimmig zu wählen. Weil er darüber hinaus *keine Therapieform* ist, sondern *ein Instrument* zu ganzheitlichem Verstehen und umfassender Heilung, kann er helfen, die Verantwortung für die eigene Gesundheit, und sogar für die Gesundheit von Natur und Umwelt, wieder zu übernehmen.

> Wenn wir aufhören, ausschließlich an Helfer zu delegieren, die uns gesund machen sollen, wenn wir statt dessen zusätzlich hinschauen, warum wir eigentlich krank geworden sind, wird sich nicht nur das persönliche Leben ändern, sondern die Konsequenzen werden ein immer weiteres Umfeld einbeziehen.

Zweifellos nützt es dem Kranken, Beschwerden und Symptome zu bekämpfen, und es ist nicht nur Wunsch, sondern auch Pflicht jeden Heilers, Schmerzen und Leiden zu lindern. Wenn jedoch die Wogen bedrohlicher Symptome geglättet sind, ist die Frage nach dem Woher vordringlich.

Wenn eindeutig in einer Wohlstandsgesellschaft Stoffwechselkrankheiten, wie Gicht, Diabetes, Arteriosklerose, zunehmen, kann die erbliche Komponente kaum verantwortlich gemacht werden. Immer neue Medikamente „dagegen" zu entwickeln, mag zwar Laborergebnisse schönen und oberflächlich Gefahren bannen, aber wir werden kaum allein durch ein medikamentöses Gegenhalten die Spätfolgen eines Diabetes oder einer Gicht verhindern können, wenn keine Einsicht besteht, z. B. die Ernährung umzustellen.

Diese Tatsachen sind jedem Laien inzwischen bekannt, Medizinern sollten sie selbstverständlich sein, werden oft genug allerdings sowohl in der konventionellen Praxis wie auch bei „Alternativen" vernachlässigt, da der Glauben an die Macht der Medikamente oder der Methode überwiegt. So einfach, wie das Beispiel der Gicht oder des Diabetes mellitus erscheint, ist aber die Herleitung von Krankheitsursachen nicht immer, und Möglichkeiten der individuellen Analyse sind gefragt.

Vielleicht ist einigen Lesern der Gedankenansatz, daß für jede Krankheit ein tieferer *Grund*, ein spezieller Nährboden vorhanden ist, noch ungewohnt, und doch wird vermutlich jeder in sich spüren, daß wir nur so beständige Heilung erreichen können.

Die heutige Medizin bleibt mit ihrer Ursachenforschung bei der Feststellung des grobstofflichen Auslösers, eines Agens stehen (Viren, Stoffwechselprodukte, Hormone u. a.). Woraus man allerdings weder Medizin noch Wissenschaft einen Vorwurf machen muß. Mit den herkömmlichen Nachweismethoden von Tierversuchen oder chemischen Analysen können wir schwerlich weiterkommen, da in diesen Versuchsanordnungen Einzelfaktoren und deren lineare Auswirkung verfolgt werden. Unser heutiges Leben ist jedoch derart komplex vernetzt, daß wir nur mit speziellen Verfahren die Spuren einzelner Komponenten nachvollziehen können. Versuchen Sie einmal, in einer fertigen Suppe aus vielen zerkochten Zutaten diejenige herauszufinden, die die Suppe verdorben hat!

Für diese Zwecke sind wir darauf angewiesen, auch unkonventionelle Nachweisverfahren wie den Muskeltest zu akzeptieren, denn bislang ist mir kein Verfahren bekannt, das in gleicher Verläßlichkeit derartige lineare Verknüpfungen anstellen kann.

Wenn ich auf meine Testergebnisse etlicher Jahre zurückblicke, dann gleicht die offene Anwendung des analytischen Muskeltests der Spurensuche in der fertigen Suppe. Über die Fährten der Modalitäten und z. B.

der Nosoden oder Stressoren läßt sich immer wieder ein Ariadnefaden zurückverfolgen, der nicht beim Auslöser Halt machte, sondern zu den wirklichen Ursprüngen einer Krankheit führte.
Es ließe sich seiten- und kapitelweise vertiefen und verbreiten, was alles über Gesundsein und Kranksein bestimmt, jeder Baustein der Gesundheit könnte ganze Bücher füllen (und die meisten tun es bereits). Deshalb möchte ich mich zur Abrundung meiner Überlegungen auf eine schematische Darstellung, die Gesundheitssäule, beschränken, die alle wesentlichen Aspekte enthält, ohne sie im einzelnen noch einmal zu bewerten.

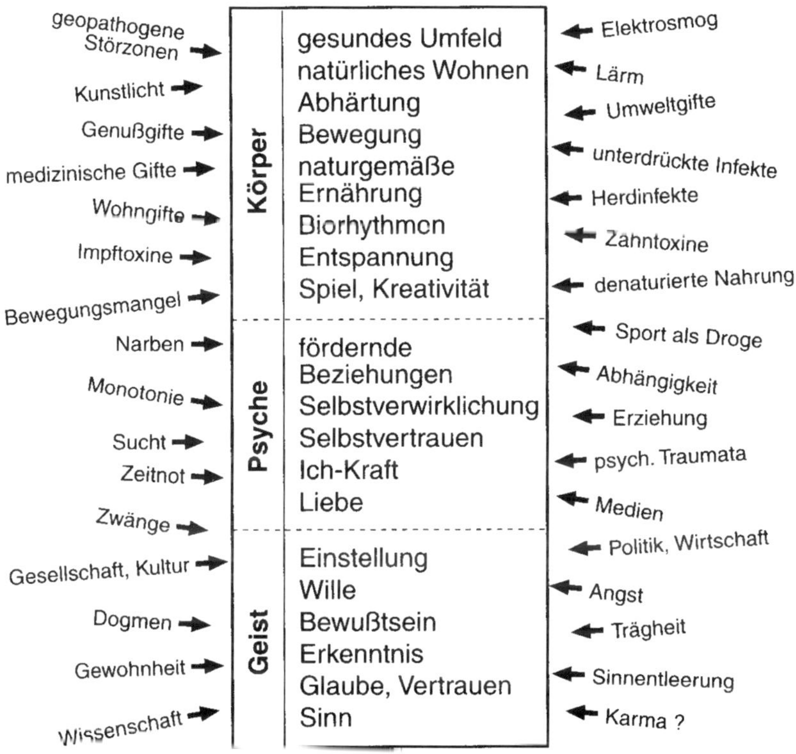

Natürlich ist nicht jeder Mensch allen genannten Faktoren in gleicher Weise ausgesetzt. Es ist wie bei unserem Bankkonto: Jeder hat seine Art der Einkünfte (Stärken) und seine Art der Ausgaben (Belastungen). So bringt einer eine dicke Erbschaft im Sinne einer starken Konstitution mit, schon davon kann er lange zehren. Andere müssen kräftig dafür arbeiten, um ihr Konto zu füllen, sie müssen aktiv etwas für ihr Gesundheitskonto tun. Die einen sind sparsam mit Belastungen, andere verausgaben sich rasch, gehen verpflichtende Ratenzahlungen psychischer Abhängigkeit ein, zehren sich auf durch unkluges Wirtschaften mit den eigenen Kräften.

Wie beim Konto, so kommt auch bei der körperlichen Energie der Punkt, an dem das Limit überschritten wird. Beim Konto müssen wir dann Sollzinsen zahlen, beim Organismus mit Krankheit. So ist es dem Körperkonto egal, ob Sie Ihr Guthaben für einen anstrengenden Beruf, für chronische Vergiftungen, für Ehekrisen oder Radiowecker leergeräumt haben oder für alles zusammen. Wenn eine kritische Grenze erreicht wird, fehlt die Reserve, um die nächste Ausgabe zu bewältigen. Wenn uns dann ein Virus heimsucht, wird es einen dankbaren Nährboden finden, während der Nachbar, der besser haushaltet, verschont bleibt. Nicht das Virus macht krank, sondern die Summe der Faktoren, die ihm den Boden bereiten!

Seit ich erkannt habe, daß der Test mich, sofern ich nicht anders entschied, immer wieder zur Entstehung der Krankheit dirigierte, wurde mein Behandlungsansatz ein völlig anderer. Es ging nicht mehr darum, ein Symptom „irgendwie“ auf möglichst unschädliche Weise zu „beseitigen“, weder mit konventioneller noch mit feinstofflicher Medizin, sondern Grundsätzliches hinter der Krankheit zu verstehen, das ins Gleichgewicht gebracht werden mußte. Sei es eine Korrektur der Ernährungsgewohnheiten, das Vermeiden bzw. Ausleiten eines Toxins, die Sanierung einer Schadstoffquelle oder eines Störfelds, die Erkenntnis und Auflösung eines psychischen Konflikts. Die Krankheit bekam wieder die Funktion eines Signals, daß etwas im Leben nicht in Ordnung ist, vergleichbar einer Signalleuchte am Armaturenbrett des Autos.

Die Suche nach effektiven Behandlungsformen kann zwar Not lindern und als zusätzliche Hilfe nützlich sein, kann aber das Verständnis für das eigentliche Signal nicht ersetzen. Was nützt es, wenn wir dem Patienten immer wieder kalte Umschläge anbieten, während er sich fortlaufend weiter auf den Daumen hämmert?

In der unüberschaubaren Vielfalt von selbstgemachten und fremdbestimmten Einflüssen auf unser Leben gilt es, einen Faden zu packen, an dem wir unser persönliches Wohl oder derer, die uns anvertraut sind, verfolgen können.

Dabei bietet der analytische Muskeltest die unglaubliche Chance, ganz

individuell mit dem Wesentlichsten anzufangen und aus dem, was viele Menschen „wesentlich" betrifft, allgemeingültige Rückschlüsse zu ziehen. Hieraus wiederum wird zwangsläufig ein Umdenken erfolgen, vielleicht erst bei wenigen, vermutlich aber bei immer mehr Betroffenen. Und nur ein Umdenken an der Basis, bei den Menschen, die letztlich diese Gesellschaft formen, kann durchgreifende Forderungen an die Politik und die Wirtschaft bewirken, kann neue Werte postulieren und neue Prioritäten setzen, kann durch Handeln überzeugen.
Somit hat Krankheit nicht nur eine Ursache, sondern vielleicht auch einen *Sinn*. Er liegt in der Erkenntnis, daß wir uns der Verantwortung und der Macht bewußt werden, die in unserem eigenen Handeln liegt, daß wir Krankheiten nicht ausgesetzt sind, sondern daß wir sie selbst bewirken, zum Teil individuell, zum Teil global.
Je mehr Menschen erkennen, daß wir in diesem weltumspannenden Netz mit unseren Entscheidungen einen wenn auch kleinen Beitrag leisten, desto größer wird die Summe derer, die einen Gegenpol setzen gegen den entseelten Umgang mit der Natur, die das Fundament unserer Existenz ist.
Ganz konkret könnte das zur Folge haben, daß wir immer weniger überflüssige Produkte kaufen, daß wir als Konsumenten auf Umweltverträglichkeit achten, daß wir uns informieren und im Rahmen eigener Möglichkeiten unser Bestes tun, zum eigenen Wohl wie zum Wohl des Ganzen. Jeder einzelne hat es in der Hand, sich in den Fragen des Alltags individuell zu entscheiden, und auch wenn diese einzelnen noch nicht in der Lage sind, das riesige Rad wirtschaftlicher und politischer Verflechtungen in eine andere Richtung zu drehen, so ist es ein erster Beitrag zum Umdenken und zur Veränderung. Wenn jeder vor seiner eigenen Tür kehrt, wird am Ende die ganze Straße sauber!
Und wenn über die individuelle Erkenntnis und Veränderung hinaus sich immer mehr Menschen – Betroffene und Therapeuten – fänden, die sich nicht scheuen, ihre Erkenntnisse mit-zu-teilen und sich darüber auszutauschen, dann blieben die Konsequenzen sicher nicht auf Einzeltherapien beschränkt. Dann könnten sich möglicherweise Türen öffnen für ein neues Bewußtsein, einen neuen Umgang mit den Ressourcen unserer Welt, um vielleicht das längst fällige globale Umdenken zu katalysieren.
Die offene Arbeit mit dem Test bleibt, sofern man sich seinen Empfehlungen fügt, nicht bei materiellen und auch nicht bei psychischen Aspekten stehen, ich glaube, daß es letztlich keine Facette des Lebens gibt, die nicht mit ihm ausgeleuchtet wird.
Ich möchte Ihnen eine Krankheitsgeschichte – oder vielleicht besser: Heilungsgeschichte – vorstellen, die mich nachdenklich gemacht und die

Frage wieder geweckt hat nach tieferen bzw. höheren Prinzipien feinstofflicher Verfahren.

Fehldiagnose?

Else K. war vom 1. Tag meiner Allgemeinpraxis bei mir Patientin, damals war sie Anfang 50. Ich durfte sie durch Höhen und Tiefen begleiten, schwere chronische Rückenschmerzen, degenerative Gelenkprobleme, chronische Magenbeschwerden und immer wieder Depressionen schufen reichlich Herausforderungen. Selbstverständlich gehörte sie auch zu den ersten, denen ich meine neuesten Erkenntnisse angedeihen ließ, angefangen von der Neuraltherapie über die Elektroakupunktur bis schließlich zum Muskeltest.
Wir konnten so manchen Sieg erringen durch Ausleitungen, Zahnsanierung, Störfeldbeseitigung, psychische Bearbeitung. Viele ihrer Symptome besserten sich, sie fühlte sich wohler als in den Jahren zuvor, blieb aber anfällig für statische Beschwerden.
Besonders ihr Lebensgefühl und ihre Stimmungslage wandelten sich zusehends, sie lernte erstmals in ihrem Leben, eigene Bedürfnisse wahrzunehmen, zuzulassen und zu äußern, sie wurde selbstbewußter und immer lebendiger. Sie vertraute mir und auch der Arbeitsweise des Muskeltests. Eigentlich war alles in Ordnung.
Im Jahr 1991 war beim Gynäkologen ein kleiner Knoten in der Brust festgestellt worden, der unter Beobachtung bleiben sollte. Da auch der Frauenarzt den Befund zunächst für harmlos hielt, sahen wir keinen Anlaß, darüber etwas zu testen.
Knapp 2 Jahre später war der Knoten von der Größe her fast „explodiert“. Ich riet Frau K. dringend zu einer erneuten Untersuchung einschließlich Mammographie, außerdem vereinbarten wir einen Testtermin.
Der Test zeigte keine Resonanz zu meinen Karzinomnosoden, die auch eine Differenzierung der verschiedenen Krebstypen ermöglichen.
Die Mammographie ließ keinen Zweifel an einem Tumor mit vielen kleinen Verzweigungen. Mir war schulmedizinisch völlig klar, daß es sich um eine sehr bösartige Geschwulst handelte. Ich wiederholte den Nosodentest, bekam aber wieder dasselbe Ergebnis: keine Resonanz. (Obwohl ich, von der Erwartungshaltung her, völlig überzeugt war von einem sogenannten szirrhösen Karzinom, das eben diese typischen Ausläufer zeigt.)
Frau K. und ich konnten dieses Ergebnis schwer nachvollziehen. Sie bat mich darum, einiges über Therapiemöglichkeiten zu testen.
Der verbale Test ergab folgende Aussagen: Eine operative Entfernung

des Tumors ist sinnvoll, aber nicht notwendig zum Heilprozeß. Strahlentherapie und Chemotherapie sind nicht sinnvoll und nicht notwendig. Weitere adjuvante Maßnahmen sind sinnvoll, aber nicht notwendig. Ich fühlte mich äußerst unwohl mit diesen Aussagen und konnte sie mit Blick auf meine medizinischen Kenntnisse nicht stimmig interpretieren. Der Gynäkologe und auch der Chirurg drängten verständlicherweise zur Operation, und rein aus meiner klinischen Erfahrung riet ich Frau K. ebenfalls dazu, ganz besonders auch deshalb, weil ich das Testergebnis nicht verstand.

Frau K. kam nach kurzem stationärem Aufenthalt in sehr guter Verfassung wieder nach Hause. Beim Lesen des Entlassungsberichts schwankte ich zwischen Bestürzung und ungläubigem Staunen: Der Tumor bestätigte sich als sehr bösartig, es war das befürchtete szirrhöse Karzinom, und zwar in der Größe einer Walnuß. Was aber völlig unbegreiflich war: Es war so gut vom gesunden Gewebe abgegrenzt, alle Ausläufer waren eingehüllt in eine bindegewebige Kapsel, daß dieser gesamte Komplex „herausgeschält" werden konnte, ohne die Brust abzunehmen! Es war außerdem kein einziger Lymphknoten befallen, keine einzige Metastase zu finden, alle Laborwerte einschließlich Tumormarkern waren völlig normal.

Ich saß Frau K. mit großer Betroffenheit gegenüber. Zum einen war ich für das Vertrauen dankbar, daß sie trotz dieser „Fehldiagnose" wieder zu mir gekommen war. Zum anderen fand ich spontan keine Erklärung für diesen Verlauf. Deshalb fragte ich sie schließlich, wie sie selbst die Widersprüche von Test und Tumorbefund beurteilte, und ihre Antwort war: „Erstens ist die Operation doch wesentlich leichter verlaufen als erwartet, üblicherweise hätte man doch die ganze Brust abgenommen. Vielleicht hatte der Körper den Krebs ja auch schon besiegt. Und wenn nicht, ich glaube, aus irgend einem Grund mußte es so kommen. Wenn es nicht Gottes Wille gewesen wäre, wäre es sicher anders verlaufen."

In mir entbrannte ein innerer Kampf. Seit langem bin ich schon überzeugt, daß es keine „Zufälle" gibt, daß unser Leben eingebunden ist in geistige Kräfte, die uns tragen und begleiten. Aber durfte ich es mir so einfach machen, jeden eigenen Versager auf göttlichen Willen oder das Schicksal zu schieben? – Andererseits hatte ich doch jederzeit nach bestem Wissen und Gewissen gehandelt!

Ich entschloß mich schließlich nach mehreren Gesprächen mit Else K., ihre Aussage anzunehmen. Mir stellte sich inzwischen ernsthaft die Frage, ob nicht der Test, entgegen aller klinischer Erfahrung, völlig recht hatte, daß eine Operation überflüssig war. Der Operateur hatte ebenso wie die behandelnden Onkologen und der Frauenarzt über den

Operationsbefund gestaunt, war doch gerade diese Tumorart bekannt für besonders frühe Streuung und ein infiltrierendes Wachstum. Schon dieser Befund, der nach äußerem Augenschein überhaupt nicht zur Gewebeuntersuchung paßte, war des Nachdenkens wert.
Sollte es tatsächlich so sein, daß der Körper selbst das Tumorwachstum gebremst und „im Griff" hatte? – War es möglich, daß Frau K.s kontinuierliche Arbeit an sich selbst immunologische Kräfte mobilisiert hatte, die den Tumor „überflüssig" machten? – War es vielleicht sogar denkbar, daß die offensichtliche rasche Vergrößerung des Tumors durch die Bildung der Bindegewebshülle entstanden war? – Fehlte die Resonanz auf Nosoden, weil die Tumorzellen vom Körper als „nicht mehr relevant" betrachtet wurden?
Der klinisch äußerst ungewöhnliche Befund und der Verlauf – auch heute noch, 5 Jahre später, ist Frau K. frei von Rezidiven und Metastasen – sprechen dafür. Viele ähnliche Heilverläufe werden von Ärzten beschrieben, die sich mit den Patienten auf die Sinnsuche begeben, warum sollte der sorgsam durchgeführte Test letztlich nicht doch weiser sein als unsere klinische Betrachtungsweise?

Ich stelle den Fall als Diskussionsgrundlage vor, mehr als Frage denn als Erklärung. Situationen wie diese sind mir, wenn auch weniger dramatisch, hin und wieder begegnet, sie waren für mich immer wieder eine Herausforderung, über das Prinzip des Tests nachzudenken. Natürlich hatte ich mich zunächst selbst in Verdacht, daß ich irgend etwas falsch gemacht hatte. Aber so sehr ich lange Zeit auch gewissenhaft alle erlernten Fehlermöglichkeiten im Umgang mit dem Muskeltest technisch berücksichtigte, traten scheinbare Fehlaussagen immer wieder auf, so daß ich sie nicht mehr der praktischen Handhabung zuschreiben konnte. (Noch einmal zur Erinnerung: Derartige unerklärliche Ergebnisse blieben weiterhin ein verschwindend geringer Prozentsatz, dennoch bedurften die „Fehler" einer Aufklärung!)
Ich habe es mir sicher nicht leicht gemacht, die Fehler zu interpretieren, mein kleiner Selbstkritiker saß immer im Nacken und warnte mich vor Ausreden und Wunschdenken. Dennoch kam ich nicht umhin, einige merkwürdige Puzzlesteine meiner Testarbeit in dasselbe Bild einzufügen:

- Die erstaunliche Tatsache der nonverbalen Kommunikation, die sich immer wieder nachvollziehen und reproduzieren läßt.
- Der merkwürdige „Zufall", daß gerade in Zeiten größter Zweifel an der Glaubwürdigkeit der Testaussagen das größte positive Feedback von Patienten kam, die unglaublichsten Highlights bestätigt wurden.
- Die Erfahrung, daß die meisten der sogenannten Fehlergebnisse sich im nachhinein als richtig herausstellten.

- Die Beobachtung, daß das Testergebnis immer genau einen Schritt über die bisherige Überzeugung des Patienten hinausging und damit die Tür für ein neues Bewußtsein öffnete, ohne zu überfordern.
- Die Tatsache, daß ich in einer Phase der „Testomanie“, in der ich anfing, mich vom Test auch in persönlichen und banalen Entscheidungen abhängig zu machen, viele unsinnige Aussagen bekam.

Selbst so etwas Technisches wie der einhändige Eigentest – alles das ist schwerlich mit technischen Voraussetzungen zu erklären, für mich bedeutet es eine sinnvolle Einbindung in ein weises System.
Je länger und intensiver ich mich mit dem Muskeltest und seiner Steuerung auseinandergesetzt habe, desto klarer wurde mir die Weisheit der Führung durch das Un(ter)bewußte. Nun kann ich mir zwar gut vorstellen, daß mein Unbewußtes entscheidet, wie *ich* beim Muskeltest reagiere. Ich kann auch noch nachvollziehen, daß ich über Schwingungsfelder in nonverbaler Kommunikation stehe mit der getesteten Person. Daß ich aber zum Beispiel Dinge ausgetestet habe, die zu dem Zeitpunkt weder mir noch dem Patienten ein Begriff waren, die sich jedoch später als korrekt nachweisen ließen, das geht über die Hypothese eines isolierten gemeinsamen Feldes hinaus.

Ein metaphysisches Gehirn?

Es muß etwas geben, das – sofern wir uns darauf einlassen – die Steuerung des Tests übernimmt. Wir können zahlreiche Sicherungsmaßnahmen einbauen in den technischen Ablauf des Tests, und wir werden dennoch Unerklärliches behalten, mal abgesehen davon, daß das gesamte Verfahren dadurch wesentlich komplizierter und damit auch anstrengender wird. Wenn jedoch diese nicht näher benannte Kraft oder Instanz mit in den Test einbezogen wird, wird nicht nur der Arbeitsablauf flüssiger, effektiver und überzeugender, sondern nur mit dieser Annahme findet sich eine Synthese für all die scheinbaren Widersprüche zwischen Ergebnissen und Verstandeswissen.
Wie wir uns diese Instanz genau vorzustellen oder zu benennen haben, lasse ich offen. Wortreiche Definitionen scheinen mir nicht das geeignete Vehikel, um sie zu erfassen, vergleichende Bilder bieten Analogien, können aber auch nicht vollständig sein. Natürlich ist mir klar, daß einige Kritiker dies wieder als windige Ausrede betrachten, weil ich eben nicht „wissenschaftlich“ genug denke. Aber jeder dieser Kritiker möge mit Worten beschreiben – so, daß ich es mir vorstellen kann –, wie eine Tomate schmeckt, wie eine Sinfonie von Mozart klingt, wie eine Lilie riecht, wie Boris Becker aussieht.

In diesem Sinne sind Hypothesen mein einziges Hilfsmittel, und die orientieren sich für mich an Bekanntem, müssen also Analogien sein. Wäre es nicht denkbar, daß wir alle mit Bewußtsein und Unbewußtem Teil eines komplexen Ganzen sind, der dieselbe Information in sich trägt wie der Plan des Universums? Daß unser Gehirn über die bekannten Funktionen hinaus über metaphysische Fähigkeiten verfügt, die zu diesen universellen Informationen Kontakt aufnehmen können?
Ganz absurd ist dieser Gedanke nicht. Wir wissen zum Beispiel, daß jede Zelle in der DNS des Zellkerns die gesamte Information für den Bau und alle Funktionen des Organismus enthält und dennoch nur eine spezielle Fähigkeit entwickelt, das heißt, sie „entscheidet" sich, zur Leber- oder Nervenzelle zu werden und dieses zu bleiben. Die Information der Chromosomenstränge birgt aber grundsätzlich das Potential, sich zu jeder beliebigen Zelle des Körpers auszudifferenzieren, ja, sogar wieder ein komplettes Organ oder ein ganzes Individuum derselben Art zu schaffen. Wäre es nicht naheliegend, daß wir Menschen, ähnlich den einzelnen Körperzellen, ebenfalls Anschluß haben an die Urform, Ur-in-formation? Daß es nur bestimmte Voraussetzungen braucht, um diese Verbindung herzustellen, so wie im regenerationsfähigen Organismus auch?

Und so verstehe ich die analytische Kinesiologie als ein äußerst sensibles Kommunikationsinstrument, das zwischen dem Selbst des Klienten, der allgemeinen Urweisheit des Lebens und dem Tester als Übersetzer vermittelt. Alle Bausteine des Lebens werden darin berücksichtigt, alle Ebenen des Seins finden darin ihre Würdigung.

Natürlich entferne ich mich wieder ein Stück weiter von wissenschaftlicher Anschauung in Richtung Philosophie. Und nachdem ich über Jahrzehnte in meinem schulmedizinischen Werdegang lernen sollte, beides säuberlich zu trennen, stehe ich heute wieder vor der Erkenntnis, daß das gar nicht möglich ist. Im Gegenteil, je mehr wissenschaftlich nachvollziehbare Hinweise und Aussagen ich gesammelt habe, desto mehr erstaunt mich die Weisheit der Antworten, desto ehrfürchtiger stehe ich vor dem, was Leben, Seele, Geist vermögen, desto klarer wird mir die Notwendigkeit der Synthese statt der Trennung.
Niemand zwingt Sie, wenn Sie sich auf die Arbeit mit dem analytischen Muskeltest einlassen, dieses Statement auch für sich (schon) zu akzeptieren, Sie können sich entscheiden, ganz auf der mechanistischen Ebene zu arbeiten. Ich bin ziemlich überzeugt davon, wenn mir jemand zu Beginn meiner Testkarriere von geistigen Grundsätzen erzählt hätte, wäre ich vielleicht wieder auf Abstand gegangen, weil mir nichts ferner lag, als in einer trüben Suppe zu fischen und ominösen Theorien nachzuhängen.

Da ich aber bei keiner Aussage stehenbleiben mochte, ohne sie mit einem Warum zu durchleuchten, seien es Testergebnisse oder Klärung von Verfahrensfehlern, wurde ich unweigerlich mit Fragen nach dem Sinn und dem Prinzip dieser Erscheinungen konfrontiert.
Für mich liegt die Antwort darin, daß Leben keine zufällige mechanistische Entwicklung ist, sondern der Ausdruck einer allumfassenden Energie, eines schöpferischen Willens, einer bewußten geistigen Kraft. Wir sind Ausdruck und Teil dieser Kraft, und als dieser leisten wir unseren Beitrag zu seiner Existenz, so wie die Zellen des Körpers Teil von ihm sind und doch jede einzelne notwendig ist, um den Körper zu bilden, so wie jede dieser Zellen in ihrem Kern alle Informationen enthält, die den gesamten Organismus formen.
Wenn wir uns mit dem Test an diese Kraft anbinden, werden wir sinnvoll geführt. Dann werden wir den Zugang zu Patienten finden, der unserem Potential entspricht. Dann werden wir vieles um- und neu lernen, um dieses Potential zu realisieren. Dann wird es unumgänglich, die Verantwortung für unser eigenes Tun in jeglicher Hinsicht zu übernehmen, gleichzeitig dürfen wir unserem Gegenüber seine Verantwortung für sein Leben zurückgeben.
Das entbindet uns nicht, uns mit unseren Fähigkeiten und Begabungen bestmöglich einzusetzen, aber nicht, indem wir dem anderen, dem Patienten, die Kompetenz absprechen und für ihn handeln müssen, sondern indem wir ihn kraft unserer Kompetenz informieren und begleiten, so daß er seine eigene Verantwortlichkeit wiederentdecken kann. Und nur in der Begleitung, nicht im Machertum, sehe ich die Chance für wahre Gesundheit und Heilung. Es nützt dem Kranken nur wenig, wenn wir ihn chauffieren, es hilft ihm wirklich, wenn wir ihm beistehen beim Laufenlernen.
Hatte nicht schon Sokrates gefordert:

„Frage den Kranken erst,
ob er bereit ist,
alles aufzugeben, was ihn krank macht.
Erst dann darfst du ihm helfen."

Und so danke ich allen Menschen und allen Kräften, die mich geführt haben, den Muskeltest als einen Zugang zu Heilung und Bewußtsein kennenzulernen, die mir geholfen haben, diese Brücke zu bauen, die von Wissen und Logik über Erfahrung und Fragen zu Erkenntnis und Weisheit führen kann. Ich danke allen, die über diese Brücke gehen, um neue Wege zu finden.

Glossar

adjuvant: unterstützend (nicht ursächlich)
Axille: Achselhöhle
dorsal: zum Rücken hin
Endokrinum: Hormonsystem
Epigastrium: Magengrube (unterhalb Brustbein zwischen Rippenbögen)
Head-Zone: Ausstrahlungszone innerer Organe in Haut und Muskeln
iatrogen: durch einen Arzt bzw. die Medizin selbst verursacht
infiltrierend: durchdringend (bei zerstörend wachsenden Tumoren)
Jugulum: Drosselgrube (Grube oberhalb Brustbein zwischen Schlüsselbeinen)
Karzinom: Krebserkrankung
lateral: seitlich
Mamille: Brustwarze
medial: zur Körpermitte hin
Metabolismus: Stoffwechsel
Metastase: gestreute Krebsgeschwulst
Mykose: Pilzerkrankung
Nasolabialfalte: Verbindung vom Nasenflügel zum Mundwinkel
Neuro-: Nerven-
neuromuskulär: dem System von Muskeln und Nerven zugehörig
Onkologe: ärztlicher Spezialist für Krebserkrankungen
Physiologie: Lehre von Organfunktionen
Rezidiv: wiederholtes Auftreten derselben Krebserkrankung am selben Ort
Sternoklavikulargelenk: Gelenk zwischen Brustbein und Schlüsselbein
Sternum: Brustbein
Symphyse: Schambein
Syndrom: Komplex verschiedener zusammengehöriger Symptome
Tragus: knorpelige Erhöhung vorn vor dem Gehörgang

Literatur

Batmanghelidj, F.: Wasser, die gesunde Lösung. Freiburg 1996
Becker, R. O.: Der Funke des Lebens. Elektrizität und Lebensenergie. München 1991
Bremer Umweltinstitut: Gift im Holz. 1995
Pyrethroide. 1995
Kunststoffe. 1995
Bruker, M. O.: Unsere Nahrung – unser Schicksal. Lahnstein 1987
Buchner, Christina: Touch for Health im Kopf und in der Tasche (Lernspiel). Freiburg 1996
Capra, Fritjof: Wendezeit. München 1983
Cornelius, Peter: Nosoden und Begleittherapie. Heidelberg 1990
Coulter, Harris L.: Impfungen – der Großangriff auf Gehirn und Seele. München
Daunderer, Max: Handbuch der Amalgamvergiftung. Landsberg 1993
Delarue, F. und S.: Impfungen – der unglaubliche Irrtum. München 1993
Dennison, Gail und Paul: Brain Gym. Freiburg 1990
ds: Befreite Bahnen. Freiburg 1987
Diamond, John: Der Körper lügt nicht. Freiburg 1995
Dosch, Peter: Lehrbuch der Neuraltherapie nach Huneke. Ulm 1964
Frank, Kai-Uwe: Altchinesische Heilungswege. Wiesbaden 1992
Hansel, G. S.: Von der morphologischen zur kybernetischen Medizin. Erfahrungsheilkunde 1/89
Kinadeter, Harald: Heilung – Dimensionen einer neuen Medizin. München 1992
König, Herbert L., Enno Folkerts: Elektrischer Strom als Umweltfaktor. München 1992
Leibold, Gerhard: Vorsicht Lebensmittel! – Praktische Hilfen für Ihr Kaufverhalten. Wiesbaden 1995
ders.: Sanfte Hilfen für die Seele – Homöopathische Therapien bei Angst, Depression und anderen psychischen Störungen. Wiesbaden 1993

Lesch, Matthias und Gabriele Förder: Kinesiologie – aus dem Streß in die Balance. München 1994
Norretrander, Tor: Spüre die Welt – Die Wissenschaft des Bewußtseins. Reinbek 1997
Ravi Roy: Homöopathischer Ratgeber Impfschäden. Murnau 1992
Rose, Wulf-Dietrich: Elektrosmog – Elektrostreß. Köln 1990
Rossaint, Alexander: Ganzheitliche Zahnheilkunde. Heidelberg 1985
Sankaran, Rajan: Das geistige Prinzip der Homöopathie. Bombay 1991
Scheffer, Mechthild: Bach Blütentherapie. München 1990
Sheldrake, Rupert: Das schöpferische Universum. München 1983
Silva, Kim da: Gesundheit in unseren Händen. München 1991
Smrz, Peter: Amalgam – die verharmloste Zeitbombe. Ulm 1989
Steinig, Heinz: Elektrosmog, der unsichtbare Krankmacher. Freiburg 1994
Talbot, Michael: Das holographische Universum. München 1992
Thie, John: Gesund durch Berühren – Touch for Health. Basel 1983
La Tourelle, Maggie, und Anthea Courtenay: Was ist angewandte Kinesiologie? Freiburg 1996
Voll, Reinhold: Topographische Lage der Meßpunkte der Elektroakupunktur. Uelzen 1976
Watzlawick, Paul: Wie wirklich ist die Wirklichkeit? München 1991
Wendt, Lothar: Die Eiweiß-Speicherkrankheit – Proteothesaurismosen. Heidelberg 1984
Wohlfeil, Gottfried Joachim: Gesund wohnen – gesund schlafen – Elektrosmog und Wohngifte vermeiden. Wiesbaden 1997
Zukav, Gary: Die tanzenden Wu Li Meister. München 1993

Informationen über Kurse und andere Ausbildungen in analytischer Kinesiologie über:

Akademie für experimentelle und angewandte Kinesiologie
Mölderplatz 1
D-46483 Wesel

oder Dr. med. Christa Keding-Pütz
Mölderplatz 1
D-46483 Wesel
Tel. 0281-164 37 14
Fax 0281-164 37 15

Register

A
Adaptation 33 ff., 88
Aktualbewußtsein 36
Akupunktur 23
Akupunkturpunkte 57
Alarmpunkte 58 ff., 86 f.
Alkohol 161
Allergie (sonderpunkt) 61, 63
Allergietest 93 ff.
Amalgam 147 ff.
Amalgam (Sonderpunkt) 61, 63
Armlängentest 41
Arsenicum album 125
Aufbautest 85

B
Bach, E. 103
Bachblüten-Essenzen 102 f.
Behandlung, symptomatische 125 ff.
Belastung (Sonderpunkt) 61, 63
Belastungstest 93 ff.
Bewußtseinspyramide 36 f.
Bier 161
Biobrot 161
Bioläden 161
Blasenmeridian 61
Blockade 52 f.
Brain Gym 21

C
Chi 57
Cluster 75

D
Dennison, G. und P. 21
Diamond, J. 20
Dickdarmmeridian 60
Dreifacher Erwärmer 61, 94 f.
Dünndarmmeridian 61

E
Eigentests 42 ff.
Einhandtest 44
Einnahmeempfehlungen 92
elektrische Krankheitsursachen 105 ff.
Elektroakupunktur nach Voll 23
Elektroanamnese 118 ff.
elektromagnetische Störzone 121 ff.
Elektrosmog 106, 117 ff.
Elektrostreß 157 ff.
emotionale Krankheitsursachen 99 ff.
Endokrinum (Sonderpunkt) 61, 63
energetische Krankheitsursachen 105 ff.
Energie 106, 112
Ernährung (Sonderpunkt) 61, 63
Ernährungslehren 160 ff.
Erwartungshaltung 54 ff.

F
Farbtherapie 112
Fleisch 161

G
Gallenmeridian 60
Goodheart, G. 19
Gouverneursgefäß 59

H
Herzmeridian 60
Heulie 31
Homöopathie 75
Huneke, F. 106

I
Impfungen 153 ff.

K
Kind, Untersuchung 47
Kinesiologie 19 ff.
Kinesiometer 23
Konzeptionsgefäß 59
Krankheitsursachen, funktionelle 73 ff.
Krankheitsursachen, strukturelle 71 ff.
Kreislauf-Sexus-Meridian 59

L
Lebermeridian 60
Lichtschaltertest 122
Lügendetektor 36 ff.
Lungenmeridian 59

M
Magenmeridian 60
Medikamententest 88
Medikamententest, allopathischer 131 f.
Meridiane 57
Milchallergie 162
Milz-Pankreas-Meridian 60
Modalitäten 66 ff.
Modi 66 ff.

Muskeltest 22 ff., 25 ff., 28 ff.
Muskeltest, analytischer 57 ff., 130 f.
Mykose 151 ff.
Mykose (Sonderpunkt) 61, 63

N
Narben 106 ff.
Narbenentstörungen 111 ff.
Narbentest 108 f.
neurolymphatische Punkte 19
neurovaskuläre Punkte 19
Nierenmeridian 61
Nosoden 74 ff.
Nosoden, Differenzierung ff.
Nosodentest 78

P
Pilzerkrankungen 151 ff.
Potenzierung 74, 75 f.
Procain 107, 109, 112
Pulsdiagnostik 24

Q
Quadrantentest 114 f.

R
Radiowecker 118 f.

S
Schwingungsfeld einer Person 40
Smilie 31
Sonderpunkte 61, 62 f.
Störfelder 113
Störfelder, externe 61, 63, 115 ff.
Stressor 20
Streß 65, 157 ff.
Streßreiz 26, 30
Substanztest 85 ff.
Substanztestungen 39 ff.
Surrogattest 45 ff.
Switching 53 f.

T
Tagesbewußtsein 37
Testbehältnis 97 f.
Testfehler 50
Testkasten 78, 81
Testkontakt 96 f.
Testposition 28 f.
Testtechnik 50
Thie, J. 20
Thymus (Sonderpunkt) 61, 62, 87
Thymustest 87, 123
Touch of Health 20, 57
Toxingruppen 83

U
Unbewußtes 38
Unterbewußtsein 37

V
Vollwertbrot 161

W
Waagetest 32
Wasser 52
Wassermangel 51 f.
Wein 161
Weißbrot 161

Z
Zahnspange 128
Zahnstörfelder 113 ff.
Zahnstörfeldtest 114
Zinn 150
Zonentest 64 f.
Zwischenbewußtsein 37